보험, 왜 싸우는지?

―― 대표 분쟁 사례 해설 ――

전우현

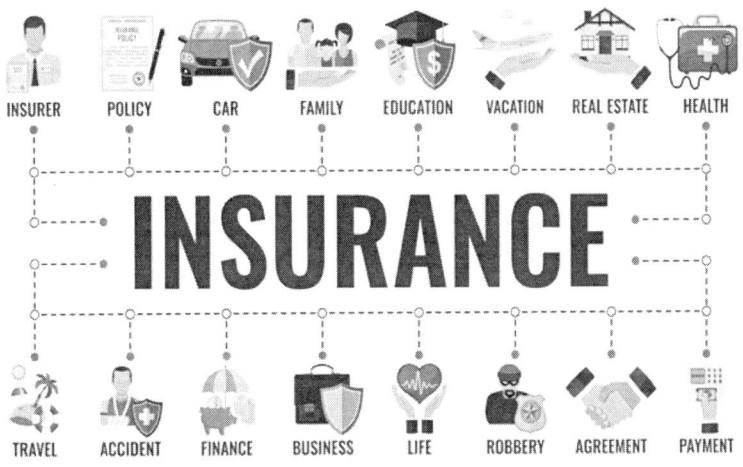

머 리 말

이 책에서는 보험에 관한 대표적인 분쟁사례를 법적으로 분석하고 해설하였다.

규범학의 과제는 무엇인가? 사회발전에 발맞추어 구성원간의 이익충돌을 이치에 맞추어 해결하는 것이라고 믿는다. 보험약관과 그 해석도 마찬가지다. 그 해결의 실마리는 건전한 상식과 법치주의다. 이를 논리적으로 해명하고 싶었다. 참으로 하루가 다르게 격변하는 시대다. 사회적으로 자유, 평등, 행복의 가치 증진, 기술측면에서 전기자동차와 자율자동차의 등장, 스마트 전자기기의 발전, 경제측면에서 생산, 분배, 소비, 투자의 선순환 구조, 경제성장 가치의 재인식, 기업의 중요성과 그 자리매김, 환경측면에서 질병(바이러스)으로부터의 안전, 환경오염 해결, 정치 법률적으로 법치주의, 민주주의와 공동선의 덕성함양 등이 이 시대의 주된 과제이다. 보험(손해보험, 인보험 등)은 이 모든 점에 관련되어 있다. 이를 도외시한 보험계약은 예기치 못한 난관을 만나게 된다(보험소비자의 저항, 분쟁과 국민들의 보험에 대한 몰이해와 비난).

어떤 사회 집단에서도 개인의 성취 차이에서 발생하는 갈등, 투쟁이 여러 모습으로 전개된다. 어떤 사람이나 사회, 국가도 여기에서 자유롭지 않다. 한국기업의 경쟁력, 싱생 그리고 글로벌 리더쉽을 유지 발전시키려면 리스크의 안정적 관리(법치주의, 시장경제, 국제협조주의, 보험 등 안전보장 구축)가 필수다. 융합적 사회통합에서 중요한 것은 첫째 경제이고, 둘째 언어 사회생활을 통한 통합, 셋째 사회 안전망 구축이다. 보험은 그 세 가지 이슈 모두에 공통된다(경제적 안정 추구, 사회통합에 기여, 안전망의 핵심로서의 손해보험과 인보험). 인간에게서 정신적인 면과 경제적인 면을 나눌 수 없다. 다만, 인간은 부분적으로는 경제적 창조물이지만 동시에 정신적 욕구를 가진 존재이고 이것이 우선한다. 자유 정신이 없이 물질적인 의식주 풍요를 누린다는 것은 불가능하다. 자유 정신 없는 풍요를 누리는 예외가 가끔 있기도 하다. 그러나, 언젠가는 균열과 모순 때문에 그 풍요의 기초가 파괴되고 만다. 그렇다면 우리 개인은 자유를 누리되, 자신의 선택에 대해 책임을 져야만 한다. 학자나 저술가(특히 보험에 관한 저작)의 첫 번째 책무는 인간의 본성을 이해하는 것이다. 사람을 다수의 일부분으로 획일적으로 간주하는 것은 바람직하지 않다. 개인에게 자유와 존엄을 돌려주어야 한다. 그리고 정신적인 면이나 물질적 면에서 사람의 발전이 외부의 힘으로 좌우되지 않는다는 점을 믿고 (보험)계약을 하고 약속한 룰(단체성의 원칙, 대수의 법칙, 신의성실의 원칙)에 의해 이것을 유지함에 동의할 때 공동체가 성립하고 발전할 것이다. 사회과학 이외의 영역을 본다면 수학이야말로 인간정신이 수행한 가장 오래되고도 고귀한 활동이자 발전의 원동력일 것이라 본다. 20세기 이후 컴퓨터의 결합으로 응용수학은 엄청난 비약을 보여주었다. 수학에 왕도는 없다(유클리드). 법학, 경영학, 경제학 등 보험관련 학문도 그러할 것이다. 수학(대수학)을 활용한 사회과학의 대표적 성과물이 보험이다. 사회 공동체 안 누군가는 확률적으로 직면할 수 밖에 없는 리스크에 대비한 것이기 때문이다(생명보험, 손해보험의 설계). (보험)학문이 오늘날의 모습을 띠게 된 것이 마치 본연의 참된 이념에 따른 논리적 귀결인 것처럼 보이지만, 오늘날 수립된 학문과 대학의 발전(제도화: 우리나라의 경우 대학의 역사, 학문의 과정을 본다면 더욱 그러하다)은 여러 사건과 노력에 따른 결과이다. 과학의 고유한 과제는 자연을 설명할 뿐만 아니라, 자연을 제어하여 인간에게 오는 리스크를 최소화하는 것이다. 예컨대, 도구 제작자가 가능한 한 유용한 도구를 제작하는 것이다. 사회과학은 어떠한가? 보험연구는? 보험계약, 약관의 현실을 더 잘 설명하고 입법과 해석에 반영하는 것이 그 역할이다. 상황은 변하고 상황에 의해 만들어진 문제도 변한다. 그러나 그 해결을 위한 원칙은 변하지 않는다. 황금율(Golden Rule)이나 십계명, 아리스토텔레스의 정치학은 여전히 이 시대에도 교훈을 준다. 어떤 새로운 사상도 개별적으로 만들어진 게 아니라 오랜 시간 준비되어 왔다. 하늘 아래 새로운 것은 없다!! 그러니 도전을 할 때 이전의 것과 달리 전혀 새롭거나 다른 진리를 찾는 것에 집중할 것이 아니다. 이미 확립된 진리, 존재하는 진실을 적용하는 방법을 찾는 것이 훨씬 빠르고 유용하리라 본다. 멀리 볼 것도 없다. 생명보험 자살면책기간에 대해서 다시 보자. 상법은 고의에 의한 보험사고에 대해 보험자 면책을 규정하고 있으나, 생명보험표준약관은 자살면책기간을 2년으로 규정하여 자살을 방지함에는 역부족이라고 사료된다. 자살예방 및 그 위험을 완화하기 위해 자살면책기간 2년은 너무 짧다. 나아가 고질적인 보험사기를 예방하기 위하여 적극적인 노력이 기울여져야 한다. 보험사기를 철저히 막아야 한다는 사회적 공감대는 충분하므로 이를 사전에 차단하는 노력이 보험계약에서도 기울여져야 한다.

위험사회의 도래와 지속가능한 경제성장 과제에 대비하는 것도 필요하다. 과학기술의 발전과 윤리문제에 보험이 중요하다. 저출산·고령화 시대를 대비함에 있어서 보험 특히 인보험이 큰 역할을 한다. 사회과학외 공학, 인문학과 접목한 새로운 융합적 관점의 삶의 질을 모색하려면 위험과 보험에 대한 가치확인이 필요하다. 사회적 가치확립과 사회과학의 정립에 있어서 소통과 책임이 강조된다. 그런데, 소통과 책임은 위험에 직면한 개인의 행동양식에 크게 영향을 받는다. 예기하지 못한 위험을 어떻게 인식하고 대비하는가라는 인류의 영원한 과제 앞에서 보험사상이 어떤 역할을 하였는지 보여준다면 보험에 관한 논의는 인류사의 중요한 내용으로 자리잡을 것이다. 문명의 시작과 경쟁, 갈등 조정, 문자의 사용, 국가의 성립 또한 인류가 위험을 회피 내지 감소하기 위해 취한 방도이다. 보험 연구 또한 그 역할을 할 수 있지 않을까? 법치주의를 확립하고 사회적인 역량의 낭비를 막기 위해서라도 보험 분쟁의 최소화를 위해서 우리 모두 나서야 할 때이다.

    본 연구를 위해 후원해주신 사단법인 대산신용호기념사업회에 깊이 감사드린다.

2022. 12.

저자 드림

목 차

1. 즉시 연금보험계약에서의 약관설명의무 위반 여부 ·················· 1
2. 재해사망보험계약과 자살보험금 ···································· 29
3. 상속인의 보험금청구권과 고유재산 ·································· 56
4. 생명보험회사의 대출계약과 공정거래법 위반 여부 ···················· 71
5. 보험회사와 학교안전공제회 사이의 구상관계 ························ 85
6. 무보험자동차에 의한 상해에서 보험자대위 ·························· 102
7. 책임보험에 있어서 직접청구권의 법적 성질과 소멸시효 ·············· 120
8. 자동차손해배상보장법상 자동차운행자의 책임과 호의동승 ············ 139
9. 자동차보험 진료수가 청구와 건강심사평가권 공고규정의 구속력(부정) ···· 170
10. 보험약관의 설명의무 ·· 181
11. 암보험 약관 분쟁(보험약관상 고액암의 판정방법;암보험 약관상 원발부위 기준 조항의 해석 등) ·· 200

보험, 왜 싸우는지?
-대표 분쟁 사례 해설-*

전 우 현**

1. 즉시 연금보험계약에서의 약관설명의무 위반 여부

(서울중앙지법 2018가단5227486 판결; 이 외에도 즉시연금 판결로 서울중앙지법 2018가단 5276365 판결; 서울동부지법 2018가합 110309판결; 수원지방법원 2019가합 10937판결 등) ***

---

* 본 연구는 사단법인 대산신용호기념사업회의 후원을 받은 것임.
** 한양대 법학전문대학원 교수(상법).
*** 이책의 출간 직전, 이 소송(즉시 연금소송)에 관한 서울고등법원의 판결이 나왔다. 그 결론은 저자의 견해와 같다. 다만 이 저작과의 관련은 없다.

2 보험, 왜 싸우는지?

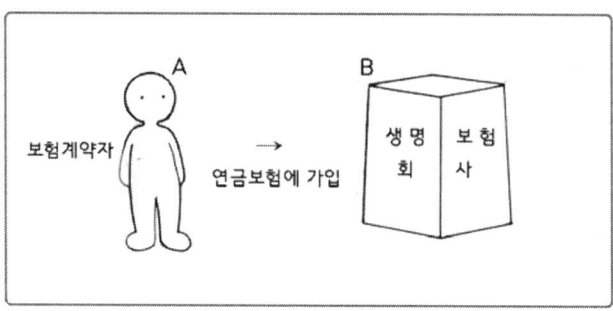

Ⅱ유형 연금보험에 가입한 고객 A(원고): "약관명시·설명의무 위반이다" 주장. ↔ 보험회사 B(피고) : "원고 A가 이미 이런 월별 지급 구조를 알고 가입하였다 + 약관 설명의무의 대상이 아니다" 라고 항변

Ⅰ 유형	Ⅱ 유형
상속 연금형(종신형) • 매월 받는 금액: 일부의 돈을 떼지 않고 지급 • 만기 시: 납입보험료 원금 전부를 지급 (x)	상속 연금형(만기형) • 매월 받는 금액: 만기에 지급할 돈을 위해 일부 떼어서 지급 • 만기 시: 납입보험료 원금 전부를 지급(o)

[쟁점]: 상속 연금형(만기형)에 가입한 고객에게 매월 지급받는 금액이 얼마인지 설명되었는가?／ 약관 명시, 설명의무 위반인가?／ 고객의 이러한 상품구조인 연금월납 지급에 관해 약관설명까지 하지 않아도 되는가?

Ⅰ. 사실관계

원고들(이 중 원고 D, E는 제외함) 및 사망자 N(원고 D의 부친이면서 원고 E의 남편)(이하 '원고들'이라고 함)은 보험업 등을 영위하는 피고(보험회사)와 별지 1목록 기재와 같이 보험계약을 체결하고, 각 보험계약의 보험료를 전액 납부하였다. 사망자 N은 이 사건 보험계약을 체결한 후 사망하였는데 원고 D가 지분의 2/13, 원고 E가 지분의 3/13 지분으로 공동상속하였다.

이 사건의 각 보험계약 약관의 주요 부분은 다음과 같다.

제3조(계약의 체결 및 보험료)
① 계약자는 다음에 정하는 보장계약과 연금계약을 동시에 체결하여야 합니다.
1. 보장계약 : 보험기간 중 피보험자가 제13조 제2호에서 정한 사망보험금을 지급받기 위한 계약
2. 연금계약
② 계약자는 제1항에서 정하는 보장계약의 보험료와 연금계약의 보험료를 합하여 일시에 납입하여야 합니다.

제13조(보험금의 종류 및 지급사유)
회사는 피보험자에게 다음 사항 중 어느 한 가지의 경우에 해당되는 사유가 발생한 때에는 보험수익자(보험금을 받는 자)에게 약정한 보험금(별표 1 보험금지급기준표 참조)을 지급합니다.
1. 피보험자가 연금지급 해당일에 살아있을 때: 연금지급 형태에 따른 생존연금
2. 상속연금형(종신형, 만기형)의 경우 보험기간 중 피보험자가 사

망하였을 때: 사망보험금
   3. 상속연금형(만기형)의 경우 보험기간이 끝날 때까지 피보험자가 살아있을 때: 만기보험금

   제16조(공시이율의 적용 및 공시)
   ① 이 보험의 연금계약 보험료, 연금액 및 연금지급개시 후 적립액에 대한 적립이율은 공시이율로 합니다.
   ② 제1항의 공시이율은 매월 1일 회사가 정한 이율로 합니다. 회사는 감독원장이 정한 객관적인 외부지표금리에 일정 이율을 가감한 이율과 운용자산이익율을 반영하여 아래와 같이 공시기준 이율을 산출하고 향후 예상수익 등을 고려한 조정율을 반영하여 공시이율을 결정합니다.

   제17조(해지환급금)
   ① 이 약관에 의해 계약이 해지된 경우에 지급하는 해지환급금은 보험료 및 책임준비금 산출방법서에 따라 계산합니다.

   제19조(배당금의 지급)
   이 계약은 무배당보험이므로 계약자 배당금이 없습니다.

   제35조(약관의 해석)
   ① 회사는 신의성실의 원칙에 따라 공정하게 약관을 해석하여야 하며, 계약자에 따라 다르게 해석하지 아니합니다.
   ② 회사는 약관의 뜻이 명백하지 아니한 경우에는 계약자에게 유리하게 해석합니다.

   제36조(회사가 제작한 보험안내자료 등의 효력)
   보험설계사 등이 모집과정에서 사용한 회사 제작의 보험안내자료 내용이 이 약관의 내용과 다른 경우에는 계약자에게 유리한 내용으로 계

약이 성립된 것으로 봅니다.

(별표 1)
1) 생존연금

상속 연금형	종신형	피보험자(보험대상자)가 매년 연금지급 해당일에 살아있을 때 연금개시 시점의 "연금계약 적립액"을 기준으로 공시이율을 적용하여 계산한 금액을 상속연금으로 매년 보험계약 해당일에 지급
	만기형	피보험자(보험대상자)가 보험기간(10년, 15년, 20년, 25년 또는 30년) 중 매년 연금지급 해당일에 살아있을 때 연금개시 시점의 "연금계약 적립액"을 기준으로 계산한 생존연금을 지급

2) 사망보험금(상속연금형만 지급)

상속연금형(종신형)

지급 사유	지급 금액
피보험자(보험 대상자)가 보험기간 중 사망하였을 때	일시납 기본 보험료의 10% × 상속연금형(종신형) 선택비율 + 사망당시 해당 연금계약 적립액

상속연금형(만기형)

지급 사유	지급 금액
피보험자(보험대상자)가 보험기간 중 사망하였을 때	일시납 기본보험료의 10% × 상속연금형(만기형) 선택비율 + 사망당시 해당 연금계약 적립액

3) 만기보험금

상속연금형(만기형)

지급 사유	지급 금액
피보험자(보험대상자)가 보험기간이 끝날 때까지 살아있을 때	일시납 기본보험료 × 상속연금형(만기형) 선택비율 해당액

주) 1. "연금계약 적립액"이란 산출방법서에서 정한 바에 따라 '연금계약 순보험료를 납입일부터 일자 계산에 의하여 "공시이율"로 적립한 금액'을 말합니다. 2. 생존연금의 계산은 '공시이율'을 적용하여 계산되므로 공시이율이 변경되면 생존연금액도 변경됩니다.

이 사건 각 보험계약의 약관에 따른 피고(보험회사)의 상속연금형(만기형) 생존연금액 지급방법에 관한 내용은 '피보험자가 보험기간(10년, 15년, 20년, 25년, 30년) 중 매년 연금지급 해당일에 살아있을 때 연금개시 시점의 연금계약 적립액을 기준으로 계산한 생존연금 지급'이다.

원고들(연금 등 지급 청구자)은 이 사건 각 보험계약에 따라 피고로부터 별지 3 목록 중 기지급연금액란 기재와 같이 생존연금월액을 각 지급받았다.

II. 당사자의 주장 내용

가. 원고들의 주장

피고(보험회사)는 순보험료[1]를 공시이율로 계산한 금액 중 일부만을 생존연금월액(年金月額)으로 지급하고, 나머지 일부를 만기보험금의 재원을 마련하기 위해 적립하였는 바, 원고들은 위와 같은 연금월액 지급방식에 대하여 설명을 받지 않았다. 약관에도 "연금개시 시점의 연금계약적립액을 기준으로 계산한 생존연금"이라고만 기재되어 있을 뿐 순보험료를 공시이율로 계산한 금액 중 일부가 연금월액이 아닌 만기보험금의 재원을 마련하기 위해 따로 적립된다는 점이 전혀 나타나 있지 않다. 따라서, 피고는 약관 별표 1의 각주 2에 기재된 연금의 계산방법에 따라 순보험료의 공시이율을 적용하여 계산한 금액을 연금월액으로 지급하여야 할 것인바, 원고들에게 위와 같이 계산한 금액에서 기지급연금액을 차감한 금액 및 지연이자 등을 지급하여야 한다.

나. 피고의 주장

① 이 사건 각 보험계약의 약관에는 연금월액을 지급함에 있어 만기보험금 지급재원을 공제하도록 규정하고 있고, 피고는 약관 및 산출방법서에서 정한 방법에 따라 순보험료에 공시이율을 적용하여 계산한 금액 중 일부를 만기보험금의 재원 마련을 위해 적립하였으므로 피고가 지급한 연금월액은 이 사건 각 보험계약에서 정하고 있는 연금월액 산정방식에 따른 것이다. ② 피고(보험회사)는 이 사건 각 보험계약 체결 당시 원고들에게 가입설계서 및 핵심상품설명서 등을 교부하였다. 원고들은 이 사건 각 보험계약 체결시 '연금월액 계산에서 만기보험금 지급재원이 공제된다'는 점을 알았다. ③ 원고들의 주장에 따르면 원고들에게 상속연금형(종신형)과 동일하게 계산한 연금월액을 지급해 달라는 것이다. 그러나 원고들에게 교부된 가입설계서 중 연금수령액 예시표에는 상속연금형(만기형)의 연금월액이 상속연금형(종신형)의 연금월액보

---

1) 최초 납부한 "납입보험료"에서 '사업비 및 위험보험료(= 계약 체결비용 + 계약관리비용 + 위험보험료 + 연금수령 기간 중의 관리비용)를 공제한 금액을 말함.

다 적은 점이 기재되어 있다. 원고들의 주장 방법에 따를 경우 피고는 원고들이 납부한 보험료와 이를 운용하여 얻은 이익 외에 별도의 재원을 통해 원고들에게 만기보험금을 지급하여야 한다. 원고들이 가입한 즉시연금 보험상품(무배당 상품으로 추가자산운용수익을 배당하지 않음)의 기본구조에 반한다. 보험상품의 수입 및 지출이 동일해야 한다는 수지상등의 원칙에도 반한다. 결국 약관에 기재된 '연금계약적립액을 기준으로 계산한 생존연금'이라는 문구는 연금월액의 산정방식을 충분히 명시한 것이다. 평균적 고객을 기준으로 할 때 만기형 보험상품은 종신형 보험상품보다 연금월액이 적게 지급된다는 점을 충분히 이해할 수 있으므로 피고 보험회사가 원고들에게 추가로 지급할 연금월액은 존재하지 않는다.

Ⅲ. 법원의 판단(서울중앙지법 2018 가단 5227486)

가. 이 사건 각 보험계약 상품의 특성 및 설계구조

이 사건 각 보험계약 상품은 즉시연금보험이다. 즉시연금보험은 보험계약자가 목돈을 보험료로 생명보험회사에 일시납입하고 즉시 또는 일정기간 거치 후 정기적으로 일정액을 보험금으로 지급받는 형태의 보험이다. 퇴직자나 노령층의 안정적인 자금관리와 노후생활을 보장하고 사회복지 증진에 기여한다는 정책적 목적 하에 정부 주도로 국내에 도입되어 개발되고 판매되고 있다....보험회사에서 판매하고 있는 즉시보험의 유형에는 종신연금형(사망보험금이 없고, 피보험자의 종신까지 연금을 지급받는 유형), 확정기간연금형(피보험자의 생존여부를 불문하고 확정기간 동안 연금을 지급받는 유형), 상속연금형(피보험자 생존시 연금이 지급되고 피보험자 사망시 사망보험금이 지급되는 유형[2]) 등이 있다…피고 보험회사는 국내 소비자들이 원금보장형 보험상품을 선호하는 것을 감안하여 상속연금형의 연금지급형태를 종신형과 만기형으로 설계하였다. 이 사건 각 보험계약 상품은 만기형이다.…이 사건 각 보험계약 상품은 즉시연금보험으로 보험계약자로부터 일시납입 받은 보험료를 재원으로 하여 보험수익자에게 매월 생존연금월액을 지급하는 것을 목적으로 하면서도 일정기간 이후 보험사고가 발생하거나 만기가 도래하거나 보험계약이 해지될 경우 납입보험료 상당액을 적립금으로 지급하거나 해지환급금으로 반환하는 원금을 보장해주는 상속연금형(만기형) 상품이고 무배당상품이다. 이 같은 특성을 고려하여, 이 사건 각 보험계약 상품은 매월 연금월액을 지급하면서도 만기에 원금 상당액을 만기보험금으로 지급하기 위하여, 연금월액의 일부를 연금계약 적립금으로 적립하는 형태로 연금월액 지급방법이 설계되어 있다. 보험자인 피고는 연금계약 적립금이 납입보험료(원금) 상당액이 되도록, 순보험료에 보험자가 매월 정하는 공시이율을 적용한 이익(이하 '공시이율 이익'이라고 함) 중 일정액을 연금계약 적립금으로 적립한다. 공시이율 적용이익 중 일부가 연금계약 적립금으로 적립되어야 하므로 만기형의 보험수익자에게 지급되는 연금월액은 종신형의 보험수익자에게 지급되는 연금월액에도 미치지 못한다. 이와 비교하여 피고 보험회사의 즉시연금상품 중 상속연금형(종신형)의 경우, 매월 발생하는 공시이율 적용이익이 전액 연금월액으로 보험수익자에게 지급되는 반면, 보험사고 발생시나 보험계약 해지시 순보험료 상당의 연금계약 적립금만 보험금으로 지급되거나 해지환급금으로 반환된다.

---

2) 상속연금형의 납입보험료는 보험사고에 대비한 위험보험료 부분과 저축보험료 부분으로 나뉜다. 납입보험료 중 위험보험료와 사업비를 공제한 순보험료가 저축보험료로서 연금액 형성의 재원이 된다.

나. 연금월액 산출방법을 명시·설명해야 하는지 여부 및 설명의 정도

일반적으로 보험자 및 보험계약의 체결 또는 모집에 종사하는 자는 보험계약의 체결에 있어서 보험계약자 또는 피보험자에게 보험약관에 기재되어 있는 보험상품의 내용, 보험료율의 체계 및 보험청약서상 기재사항의 변동사항 등 보험계약의 중요한 내용에 대하여 구체적이고 상세한 명시·설명의무를 진다. 다만, 이러한 명시·설명의무가 인정되는 것은 어디까지나 보험계약자가 알지 못하는 가운데 약관의 중요한 사항이 계약내용으로 되어 보험계약자가 예측하지 못한 불이익을 받게 되는 것을 피하고자 하는데 근거가 있다(대법원 2014. 7. 24, 2013다217108 판결 등 참조). 한편 연금보험에서 향후 지급받는 연금액은 당해 보험계약 체결 여부에 영향을 미치는 중요한 사항이므로, 연금보험계약의 체결에 있어 보험자 등은 보험계약자 등에게 수학식에 의한 복잡한 연금계산방법 자체를 설명하지는 못한다고 하더라도, 대략적인 연금액과 함께 그것이 변동될 수 있는 것이면 그 변동 가능성에 대하여 설명하여야 한다(대법원 2015. 11. 17, 2014다81542 판결 등 참조)... 위 법리에 비추어보면, 연금월액 산출방법에 관한 사항은 피고 보험회사가 명시·설명해야 할 중요한 내용에 해당한다. 피고가 보험료 및 책임준비금 산출방법서에서 정한 복잡한 연금월액 계산방법 자체를 설명하지 않더라도 산출방법서에서 정한 내용을 명시함과 함께 연금월액이 어떠한 방법으로 결정되는지 등에 관하여 명확히 설명하여 고객이 보험계약 체결 여부를 합리적으로 판단할 수 있게 하여야 한다. 따라서 상속연금형 중 종신형의 경우에는 공시이율 적용이익이 연금월액으로 지급되고, 공시이율이 변경되면 연금월액이 변경될 수 있다는 정도만 명시·설명하면 되지만, 만기형의 경우는 아래와 같은 사정을 고려하면 공시이율이 변경되면 연금월액이 변경될 수 있다는 점 외에 공시이율

적용이익 중 일부만이 연금월액으로 지급되고 나머지는 만기보험금으로 적립된다는 점까지 명시·설명하여야 한다.

① 공시이율이 하락할 경우, 최초에 연금월액을 계산할 때 가정했던 것보다 이자상당액은 적게 발생하고 만기보험금 지급재원은 더 많이 적립해야 하므로[3] 연금월액이 공시이율 하락에 비례해서 감소하는 것이 아니라 공시이율의 하락 폭보다 더 큰 폭으로 감소하게 된다.

② 공시이율이 1차연도에 3%, 2차연도에 4%, 3차연도에 3%로 변동한 경우, 1차연도와 3차연도에는 동일한 3%의 이율이 적용되지만, 3차연도에는 공시이율이 4%로 상승한 2차연도에 덜 적립한 만기보험금 지급재원을 추가로 적립해야 만기보험금 목표액에 도달할 수 있으므로 공시이율이 동일하더라도 3차연도의 연금월액이 1차연도 연금월액보다 적게 지급되는 현상이 발생한다.

다. '연금계약 적립액을 기준으로 계산'이라는 문구로 연금월액 산출방법에 관한 명시·설명의무가 이행되었는지 여부

이 사건 각 보험계약의 약관에는 생존연금 지급금액에 관하여 '연금개시 시점의 연금계약 적립액을 기준으로 계산한 생존연금 지급'이라고 정하고 있어 이와같은 보험약관 문구만으로는 연금월액 지급금액이 어떠한 방법으로 산출되는지를 전혀 알 수가 없다. 한편 피고가 원고 A에게 교부한 가입설계서에는 3.5%의 공시이율이 적용될 경우와 최저보증이율 2.5%가 적용될 경우의 각 초과연금액만 예시되어 있으므로 이

---

[3] 공시이율이 하락하는 경우 이자상당액이 감소될 뿐만 아니라 만기보험금 지급재원으로 차감하는 금액을 늘려야 목표금액에 도달한다. 즉, 만기보험금을 지급하기 위해 그 동안 적립한 금액은 기존의 공시이율이 그대로 유지될 경우를 상정하였으므로 공시이율이 하락할 경우 그 동안 적립한 금액에 전 달에 적립한 금액 그대로를 적립한다면 만기보험금에 미달하게 된다.

를 두고 상속연금형(만기형)의 경우 공시이율 적용이익 전액을 연금월액으로 지급하지 않고 일부를 만기보험금 지급재원으로 적립한다는 점 및 공시이율의 변화로 인하여 최저보증이율 적용시 예시금액보다 더 적은 연금월액이 지급될 가능성에 관하여 명시·설명이 이루어진 것으로 볼 수 없다.

라. 원고들이 이 사건 각 보험계약 체결시 '연금월액 계산에서 만기보험금 지급재원이 공제된다'는 점을 인식했는지 여부

을 제6 내지 14호증의 각 기재에 의하면, 원고들은 이 사건 각 보험계약 체결시 은행 담당직원들로부터 핵심상품 설명서를 제시받아 이에 원고들이 서명한 사실, A 등 원고들 일부는 P회사 등에 이 사건 보험계약과 유사한 상품에 가입한 사실은 인정된다. 그러나, 위 핵심상품설명서에 '연금월액 계산에서 만기보험금 지급재원이 공제된다'는 내용이 기재되어 있지도 않은 점, 위 담당직원들이 원고들에게 특별히 이러한 내용을 설명해주었다고 볼 아무런 자료가 없는 점 등에 비추어 위 인정사실만으로는 원고들이 이 사건 각 보험계약 체결시 '연금월액 계산에서 만기보험금 지급재원이 공제된다'는 점을 인식하고 있었다고 보기 어렵다.

마. 연금월액 산정 방법

보험자 또는 보험계약의 체결 또는 모집에 종사하는 자는 보험계약을 체결할 때에 보험계약자 또는 피보험자에게 보험약관에 기재되어 있는 보험상품의 내용, 보험료율의 체계 및 보험청약서상 기재사항의 변동사항 등 보험계약의 중요한 내용에 대하여 구체적이고 상세하게 설명할 의무를 진다. 보험자가 이러한 보험약관의 설명의무에 위반하여 보험계약을 체결한 때에는 그 약관의 내용을 보험계약의 내용으로 주장할 수 없다(상법 제638조의 3 제1항, 약관의 규제에 관한 법률(이하 '약관 규제법'이라고 함) 제3조 제3항, 제4항). 이와 같은 설명의무 위반으로 보험약관의 전부 또는 일부의 조항이 보험계약의 내용으로 되지 못하는 경우 보험계약은 나머지 부분만으로 유효하게 존속한다. 다만 유효한 부분만으로는 보험계약의 목적 달성이 불가능하거나 그 유효한 부분이 한 쪽 당사자에게 부당하게 불리한 경우에는 그 보험계약은 전부 무효(약관 규제법 제16조)가 된다(대법원 2015. 11. 17, 2014다81542 판결)……살피건대, 앞서 든 증거 및 변론 전체의 취지를 종합하여 알 수 있는 아래와 같은 사정을 종합하여 볼 때 피고 보험회사는 원고들에게 연금개시 이후 만 1개월 경과 계약해당일부터 매월 계약해당일에 연금개시시 연금계약 적립액을 기준으로 공시이율에 의하여 계산한 금액을 연금월액으로 지급함이 상당하다….앞서 본 바와 같이 연금월액의 산정방법에 관하여 명시·설명의무를 위반하였으므로 피고 보험회사 주장의 '연금월액 계산에서 만기보험금 지급재원 공제'부분은 이 사건 각 보험계약의 내용으로 주장될 수 없다….이 사건 각 보험계약의 약관 제35조 제2항은 약관의 뜻이 명백하지 않은 경우에는 계약자에게 유리하게 해석한다고 규정하고 있는 바, 이 사건 각 보험계약의 연금월액 지급금액 규정에서 '연금개시 시점의 연금계약 적립액을 기준으로 계산'의 의미가 다소 명백하지 않게 된다. 한편, 약관 별표 1의 각주 2에서 "생존연금의 계산은 공시이율을 적용하여 계산되므로 공시이율이 변경되면 생존연금액도 변경됩니다"라는 규정이 있다. 이 규정의 주된 목적은 공시이율의 변경에 따라 연금도 변경됨을 고지함에 있다고 보이나 부수적으로 연금을 계산할 때는 공시이율을 적용하는 방법을 사용한다는 것을 나타내고 있기도 하다. 따라서 보험계약자인 원고들에게 유리하게 위 규정을 사용하여 연금월액을 산정하는 것이 약관 제35조 제2항에 따른 해석이라고 볼 수 있다…상속연금형을 선택한 보험계약자로서는 종신형이든 만기형이든 이자 상당액 전액이 연금으로 지급되고 보험기간만 다른 것으로 이해할 개연성이 충분하다.....한편, 무배당이라는 보험구조, 수지상등의 원칙 등은 보험회사가 보험상품을 개발함에 있어 지켜야 할 원칙으로 이를 두고 보험계약자들에게 불리하게 해석해야 한다는 근거로 사용할 수 없다....즉시연금보험 중 상속만기형의 생존연금 지급과 관련된 유사사건에서 일부 보험사들은 금융감독원 산하 금융분쟁조정위원회의 조정결정 취지에 따라 순보험료에 공시이율을 곱한 이자 상당액을 이미 지급하였다.

바. 결론

앞서 든 증거에 변론 전체의 취지를 종합하면, 원고들이 지급받아야 할 생존연금월액(=순보험료 × 공시이율 × 해당기간 ÷ 365 × (1-연금유지비율[4]))은 별지 3 목록 중 '지급해야 할 연금액'란 기재와 같고, 여기서 같은 목록 중 '기지급연금액'란을 공제하면 미지급연금액은 같은 목록의 '미지급연금액'란 기재와 같다. 따라서 피고 보험회사는 원고들에게 별지 2 목록 중 '총 합계(①)'란 기재 각 돈 및 그 중 같은 목록 중 '미지급연금액(②) 란 기재 각 돈에 대하여 이 사건 소장부본 송달 다음날인 2019. 1. 25.부터 2019. 5. 31.까지는 개정 전 소송촉진에 관한 특례법이 정한 연 15%의, 그 다음날부터 다 갚는 날까지는 현행 소송촉진 등에 관한 특례법이 정한 연 12%의 각 비율에 의한 지연손해금을 지급할 의무가 있다. 그렇다면, 원고들의 청구는 이유 있으므로 이를 모두 인용한다.

[서울 동부지방법원 2018가합 110309판결도 위의 판결과 비슷하다. 이 결론만 간단히 본다.]

---
[4] 연금지급시마다 공제하는 사업비로, 원고 A, I, N은 0.95%, 나머지 원고들은 0.5%이다.

"....원고의 청구를 기각한다....보험약관에 별도로 연금계약 적립액의 정의 규정을 두고, 별표 1 보험금 지급기준표에 이 사건 보험의 연금월액을 보장개시일로부터 만 1개월 이후 계약해당일로부터 연금지급 개시시의 연금계약의 적립액을 기준으로 계산한 연금월액을 보험기간 동안 매월 계약해당일에 지급한다고 규정하고 있을 뿐, 구체적인 연금월액 등 산출방식이나 다른 보험금과의 상관관계 등을 전혀 기재하고 있지 않다....보험가입자는 정기예금의 대체수단으로 이 보험상품을 선택하였을 가능성이 충분... 해당 사항의 설명 여부가 보험가입자의 보험계약 체결여부에 영향을 미치지 않았을 것이라고 단정할 수 없다....평균적 고객의 이해가능성을 기준으로 일의적으로 해석, 도출되는 내용이라고는 볼 수 없다..."고 하였다.

IV. 쟁점

상속연금형(만기형)상품에 대한 월납금액이 왜 순보험료에서 일부를 공제하여 지급되는지가 약관에 명시되어 있어야 하고 또 설명의무의 대상인가, 연금보험계약(상속연금형: 만기형과 종신형의 차이)의 내용을 가입설명서 등을 통해(방카슈랑스 계약체결과정) 이미 알고 계약한 당사자에게도 약관의 중요한 내용이라고 하여 설명하여야 하는가, 약관의 해석과 관련하여 신의성실의 원칙, 체계적(객관적) 해석의 원칙, 작성자 불이익 원칙 등이 다투어지고 있다.

V. 해설

이 분쟁은 즉시연금 보험계약에서 매달 지급 금액이 얼마인가에 관한 것이다. 즉시연금이란, 연금의 일종이다. 연금의 특징을 지니면서도 가입자가 가입 직후 연금을 받게 되어 있는 상품이다. 즉, 연금보험 가입자가 일시에 목돈(예, 1억 원)을 납입하고 매달 생존연금으로 일정액(연금월액)을 받는 것이다. 생존연금과 별도로 보험계약 종료시 목돈을 받는 유형도 있고 받지 않는 유형도 있다.

즉시연금 상품 중 상속연금형(종신형)은 사망시에 보험수익자가 순보험료 상당액만 지급받는 대신 매달 발생하는 공시이율의 이익 전액을 매월 지급(연금월액)받는 것이다. 그 반면, 상속연금형(만기형)은 만기시에 납입보험료 상당액 전부를 만기환급금으로 지급받는 대신 매달 발생하는 공시이율이익 중 일부만을 생존연금으로 받는 유형이다. 상속만기형에서는 만기에 납입보험료 전액을 돌려주어야 하기 때문에 매달 발생하는 공시이율이익 중 일부를 남겨서 적립해야만 한다. 이렇게 떼어두지 않고 매달 발생하는 공시이율이익 전부까지 계약자에게 지급하는 상품은 보험상품인 한 존재할 수 없다.

구체적으로 보험가입자가 매달 받는 금액 계산을 어떻게 하는가? 이는 복잡한 산식에 의한다. 이를 보험자가 고객에게 정확하게 설명하기는 매우 고난도이고 이러한 산식을 설명한다고 하여도 보험가입자가 이해하기 어렵다. 대체로 상속연금형(만기형)에 대해 다른 상품과 비교하여 설명하였다면 이러한 복잡한 산식을 추가적으로 설명할 필요는 없을 것이다. 이 상품의 설명을 가장 잘 할 수 있는 것은 약관이 아니라 오히려 가입설계서이다. 요컨대, 이 사안에서 계약자는 정기예금처럼 권유받아 가입유형별 비교설명을 들은 사실이 없다고 주장하는데 보험회사의 주장은 산출방법서로 계산한 생존연금액을 가입설계서에 유형별로 비교예시, 계약자가 생존연금이 가장 적은 상속만기형을 선택하였다고 한다. 그러나, 정작 법원은 산출방법서 내용 자체를 평균적인 고객들이 이해할 수 없는 내용이라고 판단하여 산출방법서를 생각만큼 중요한 판단요소로 삼지는 않은 것 같다. 보험계약자가 어떤 방법으로든 계약 내용을 인지하게 하였다면 이것이 보험약관에 기재되어 명시 설명의 대상이 되지 않더라도 계약의 목적은 달성하는 것이다(합의의 도달 또는 계약자에 대한 정보제공의무 이행). 만약 이를 무시하고 약관만에 집착하여 설명의무를 지나치게 강조한다면 자연스런 거래관행과 부합하지 않는다는 비판을 면할 수 없다. 연금보험의 가입설계서를 통하여 이미 상품의 특징, 더 받고 덜 받고 등의 이해를 하게 하였다면 또다시 약관을 통하여 중복적인 설명을 요구할 필요는 없을 것이다. 이 사건 가입설계서에는 ⅰ) 유형이나 만기에 상관없이 동일한 공시이율이 적용된다고 하고, ⅱ) 유형별 그리고 만기별로 매달 지급하는 생존연금이 다르다고 기재되어 있다. 그렇다면 이 보험상품의 가입자가 이를 은행에서 취급하는 정기저축 상품과 같다고 오해할 여지도 거의 없게 된다.

요컨대, 즉시연금은 매달 받은 금액(연금월액)이 많으면(예, 200만원) 나중에 적게 받고(예, 9,000만원) 매달 받는 금액(연금월액)이 적으면(예, 180만원) 나중에 많이 받는(예, 1억원) 구조로 설계되어 있다. 이 사안에서 원고들은 여러 상품을 비교하고 선택하는 과정에서 이러한 구조를 모를 수는 없다고 본다. 만약 이 연금보험가입자(보험계약자)가 매달 받는 돈이 적은 것(위의 예에서 180만원)을 알았다면 '다 주지 않는다'(즉, 200만원이 아니라는 것)는 사실을 보험자가 명시·설명하지 않았다고 하더라도 약관 명시·설명의무의 위반이 아니다. 이 사건과 동일한 삼성생명, 한화생명의 즉시연금 사건에서는 서울중앙지법 제46 민사부가 보험회사 승소 판결을 선고하였다. 즉시연금 소송 중 가장 먼저 선고된 수원지방법원 2020. 9. 23, 2019가합 10937 판결에서 무배당이면서 원금이 보장되는 보험상품에 가입한 평균적인 고객은, 원금 보장을 위해 적립되는 금액이 배당이익이 아니라 공시이율이익에서 나온 그 일부임을 이해할 수 있다고 하였다.

사실관계에서 일부 원고 스스로 언급한 내용 중, '보험 판매자(아마도 방카슈랑스의 은행원[5]))가 계산기를 두들기면서 공시이율을 곱한 금액이 14만원이라고 말해주었고, 가입자가 가입한 상품은 그 중 12만원 정도만 받게 되는 상품이라고 하는 설명'이 있었다고 한다면 이 원고의 경우 상속종신형과 상속만기형이 다르다는 점을 알고 가입하였음이 추단된다. 상속만기형을 선택한 경우 생존연금(연금월액)이 적다는 것을 알면서도 만기에 많이 받기 위한 의도를 지녔을 것이다. 그 중에서도 10년짜리를 선택한 가입자는 생존연금(연금월액)이 특히 적어진다는 특징을 알면서도 10년 후 목돈(납입보험료 그대로의 원금)을 받기 위한 의사였을 것으로 짐작된다.

또, 일부 원고는 정기예금과 비교하여 이 상품에 가입했다고 주장한다. 정기예금이 매달 이자를 다 주니까 이 상품도 매달 이자를 다 주는 것으로 생각했다는 주장일 것이다. 그러나, 두 가지 상품(A 상품과 B 상품)이 나란히 있는데 매달 원금에 대한 이자를(A 상품과 B 상품 모두 똑같은 금액의 이자 예컨대 100만원) 전부 다 받으면서 또 만기에 가서 왜 원금을 다 받거나(A 상품: 상속 만기형 예컨대 5,000만원) 다 받지 못하는(B 상품: 상속종신형 예컨대, 4500만원) 차이가 있는지 알

---

[5] 이 사안에서 보험계약자는 보험모집인이나 보험대리점을 통한 것이 아니라 방카슈랑스(bankassurance)를 통하여 가입하였다. 방카슈랑스를 통하여 연금보험에 가입하는 경우 이를 담당한 은행원으로부터 여러 상품을 놓고 비교하는 설명을 듣게 된다. 방카슈랑스의 경우 원칙적으로 3개 이상 회사의 보험상품을 비교, 설명한다(보험업법 시행령 제40조 제9항, 보험업 감독규정 제4-39조 제4항 제2호 (바) 목).

앉다면 비록 그 저축적 성격을 염두에 두었더라도 이 상품을 정기예금과 같다고 생각하지는 않았을 것이다.

더구나 정기예금과 달리 보험상품에서 납입보험료(예컨대 5,000만원)를 기준으로 하는 것이 아니라 순보험료(예컨대, 4500만원)를 기준으로 함을 모르고 가입한 사람은 드물 것이다. 납입 보험료에서 영업보험료 등과 위험보험료(사망 등의 보험금을 마련하기 위해 떼어두는 보험료)를 뗀다는 정도의 설명은 들었을 것이다. 그리하여 그 보험적 성격을 이미 알고 가입하였을 것으로 보인다. 그렇다면 정기예금과 연금보험상품이 같다고 생각하여 가입하였다는 주장도 수긍하기 어렵다.

아마도 이 연금상품(상속 만기형)을 선택한 보험가입자는 상속 종신형에 비하여 매달 받는 금액은 조금 적지만, 그 대신 만기에 돌려받는 금액이 더 많다는 장점 때문에 이를 선택하였을 것이라 생각된다. 그러면 매달 받는 금액이 왜 상속종신형에 비하여 적은지, 공시이율이익에서 일부를 떼어내어서 그러한지까지 알아야만 했을까? 그렇지 않다고 본다. '공시이율 이익에서 일부를 떼어낸다'는 점을 몰랐더라도 '공시이율이익 전부(100%)를 매월 받지는 못한다'는 점을 알고서도 이 연금계약에 충분히 가입하였을 것이기 때문이다. 공시이율이익을 떼어서 적립한다는 것을 알았는지, 왜 설명하지 않았는지는 이 사안에서 상속연금(만기형)과 상속연금(종신형)이 다르다는 상품의 핵심(매월 받는 돈이 공시이율이익 전부는 아니라는 점)에 대한 부수적인 수학적(수리적) 보충 논리에 불과하다.

청구인(원고)들은 상속연금형(만기형)에서 공시이율이익을 전부 다 지급받지 못한다는 사실을 설명했어야 한다고 한다. 그러나, 상속종신형과 비교하여 매월 받는 금액(연금월액)이 소액(少額)이라는 사실을 알았다면 그에 추가하여 그 차이가 어디에서 오는지까지 세세하게 알아야만 했을까? 핵심은 매달 받는 돈이 '전부가 아니라 일부를 받는다'는 것이지 '왜 전부 다 못받는지 그 의문을 해소하라'는 것에 있지 않다. 가입 당시를 기준으로 하여 볼 때 보험가입자는 이 '전부가 아니라 일부'를 받는다는 것을 용인(容認) 내지 감수(甘受)한 상태이다. 상속종신형과 비교하는 설명을 이미 들었는데, 매달 받는 금액 차이가 구체적으로 무엇 때문인지(즉, 공시이율이익 일부를 떼어낸다는 것)을 그 가입 당시 알았더라도 이 연금보험 가입 선택을 달리 하였을까? 아니라고 본다.

약관의 설명의무 대상이란, 사회통념에 비추어 계약당사자가 이를 알았는지 여부가 계약체결에 영향을 줄 수 있는 사항이어야 한다(대법원 2008. 12. 16.자 2007마1328 결정). 고객이 약관의 중요한 내용을 알았거나 알 수 있었다면 비록 중요한 약관 내용이라고 하더라도 이를 설명할 필요가 없다. 즉시 연금 사건에서 해당 약관이 설명의무 대상이 되려면 보험가입자가 이러한 연금에 가입할 때 이 약관 내용을 아는 것이 필요하였고, 또 만약 알았다면 다른 의사결정을 하였어야 한다.

약관을 명시하고 설명하라는 것(약관의 명시 설명의무)은 약관의 중요한 사항이 보험계약자가 알지 못하는 가운데 계약의 내용이 되어 보험계약자가 이에 구속되는 억울한 사정이 생겨서는 안된다는 것이 그 근본 뜻이다(대법원 2016. 9. 23, 2016다221023 판결 참고). 그리하여 보험계약자가 이미 보험계약의 내용을 알고 있다면 따로 약관을 명시하고 설명할 필요가 없다(대법원 2005. 12. 9, 2004다26164, 26171 판결; 대법원 2013. 9. 26, 2013다26746 전원합의체 판결 등). 따라서 이 사안에서 보험계약자가 이 연금보험 상품의 구조를 알았거나 알 수 있었는지가 핵심 쟁점일 뿐이다. ⅰ) 공시이율이익이 무엇인가? ⅱ) 공시이율이익의 일부를 왜 떼어내는가? ⅲ) 공시이율이익 중 얼마를 떼어내는가? 를 미리 알았거나 알 수 있었는지는 이 연금보험 가입자의 가입 여부를 좌우한 관건은 아니다. 그렇다면 설명의무의 대상이 될 수 없다.

보험계약자와 보험자가 계약체결시에 가장 명료하고 쉽게 계약 내용을 설명하는 것이 있었다면(이미 설명하여 계약자가 了解하였다면), 보험약관에 기재되는 중요사항이라고 하여 다시 설명하게 요구함은 옥상옥(屋上屋)이 될 뿐이다(약관 명시 설명의무의 면제).

통상 보험약관 설명의무의 대상으로 드는 것은 면책조항(고의나 중과실, 음주 무면허 운전 등의 경우), 보상책임의 경감내용,[6] 약관을 사후에 변경한 것,[7] 고객의 권리행사 요건과 절차[8] 등인데 이러한 것들은 계약의 체결에 영향을 미치기도 하고 이를 모르면 가입자의 권리행사를 크게 제약하는 것이다. 그에 비하여 보험금 산정이 어떤 과정을 거치는가는 계약의 체결에 직접 영향을 미치지도 않고 이를 몰랐다고 하더라도 계약자의 가입에는 영향이 없으며 그의 권리행사에도 지장이 없다. 요컨대, 설명의무의 대상으로 함은 보험 가입자의 권리보호를 위한 것이지 그 권리행사에 지장이 없는 경우에도 보험자(보험회사)를 엄중하게 벌하려는 취지는 아니다. 또, 사실상 불가능하거나 불가능은 아니라고 하더라도 거래상 지장이 없는 범위에서라면 (보험)판매자나 구

---

[6] 대법원 2010. 7. 15, 2010다19990 판결; 대법원 2014. 11. 27, 2012다14562 판결 등.
[7] 대법원 2015. 12. 23, 2013다85417 판결 등.
[8] 대법원 2019. 1. 17, 2016다277200 판결 등.

매자의 부담을 심히 가중시키는 심층적인 절차를 요구하는 것도 상거래의 실정과 부합하지 않음을 고려해야 한다.

설명의무를 둔 본질적인 이유는 보험가입자가 생각하지 못한 불의의 타격(손해)이 있으면 안된다는 것이다. 그렇다면 보험가입자가 계약 체결시에 기대한 이익을 보장할 수 있다면 설명의무의 위반이 성립하기 어렵다. 설명의무 제도 취지는 보험가입자가 애초에 기대하지 않은 이익을 추가로 주려는 것이 아니다. 설령 일부 보험가입자(보험계약자)의 경우 이 연금상품이 정기예금과 같다고 오해한 사례가 있다고 하더라도 이는 보호가치 있는 합리적 이익일 수 없기에 설명의무 위반이 되기는 어렵다.

동일한 공시이율이 적용되고 원본인 순보험료가 같은 두 상품 중에서 하나를 선택하는 가입자는 두 상품 중 하나는 평소 매달 많이 받고 끝날 때 적게 받는다는 것(상속 종신형 상품), 다른 상품은 평소 매달 적게 받고 끝날 때 많이 받는다는 것(상속 만기형 상품)을 알고 가입할 수 밖에 없다. 어떤 고객이라도 방카슈랑스에서 가입하면서(또는 보험회사의 다른 창구에서 가입하더라도) 둘 또는 셋의 상품을 놓고 가입하면서 왜 금액의 차이가 나는지 구체적으로는 몰라도(금융공학적인 이유) 받는 돈의 차이가 있다는 점을 모를 수가 없었을 것임을 고려해야 한다.9) 이 사건에서 이 연금보험에 가입한 보험계약자는 수 십 만 명이 넘는 것으로 알려져 있다. 이 수 십만을 넘는 보험계약자들이 하나같이 상속연금형(만기형)에 대해 연금월액을 공시이율이익 전부 주는 것으로 이해했을 것으로 본다는 것도 상식과는 거리가 있다.

---

9) 사람의 마음(내심의 의사)을 증명하기란 거의 불가능하지만, 여러 정황으로 이를 미루어 짐작할 수 있다면 그 짐작을 수긍하는 것이 상식이요 법이다.

만약 보험계약자가 이 상품 구조를 알지 못하였다면 보험자와의 사이에 계약이 성립할 수 없다. 이 해당조항을 제외한 나머지 부분만으로는 보험계약이 유효하게 존속할 수 없게 되기 때문이다. 공시이율이익 일부를 떼어내는 구조를 계약자가 몰랐다고 하여 이 상품 구조에 관한 합의가 부인된다면 그 나머지 부분만으로 보험계약 목적 달성이 불가능하거나, 한 쪽 당사자에게 불리하다면 그 보험계약은 전부 무효가 된다. 다시 말하면 만기형 즉시연금보험의 연금액 계산과 관련하여 만기보험금 충당액의 차감에 관한 설명의 결여를 산출방법서 지시조항에 관한 설명의무를 위반한 것으로서 '약관설명의무'를 위반한 것으로 보게 되면, 이 지시조항은 약관법 제3조 제4항에 따라 계약의 내용으로 되지 않게 된다. 이로 인해 연금액의 계산이 불가능하게 되므로, 연금보험계약은 약관법 제16조 단서에 따라 계약목적의 달성 불능으로 전부무효로 볼 여지가 있게 되는 더욱 심각한 문제가 생긴다.[10]

즉, 백 번을 양보하여 비록 명시 설명의무를 위반하였다고 보더라도 곧바로 연금월액을 고액으로(즉, 만기시 지급금을 위해 일부 떼어놓지 않고) 지급하라는 해석이 바로 도출되지는 않는다는 점을 지적하고 싶다.

이 사건 원고들이 주장하는 바와 같이 매달 지급하는 연금월액이 순보험료에 공시이율을 적용한 이익금액 전부가 되려면 i) 이 보험약관에 그렇게 기재되어 있거나, 또는 ii) 이 금액을 지급하겠다는 별도의 합의가 있어야 한다(대법원 2015. 11. 17, 2014다81542 판결). 약관의 문구가 불명하다고 하더라도 약관이 체계적 객관적 해석에 의해야

---

10) 장경환, "만기형 즉시연금보험의 연금액 계산에서 만기보험금 충당액의 차감에 관한 보험자의 설명의무", 보험법연구 제12권 제2호, 2018.12, 154면.

하고 이렇게 하여도 불명한 경우에 작성자 불이익 원칙이 적용되어야 한다. 작성자 불이익의 원칙이란, 약관의 뜻이 명백하지 않아 여러 의미로 해석이 가능한 경우, 그 중 고객에게 유리한 해석을 하라는 것이다. 문언의 해석가능한 범위를 넘어서 법원이 자의적으로 내용을 창설할 수 있는 것이 아니다. 설령 보험계약자가 어떤 내용을 기대하였다고 하더라도 약관의 문면에서 도출될 수 없는 기대라면 그 기대대로 법관이 해석하는 것이 작성자불이익의 원칙은 아니다. 보험단체의 공동이익과 보험의 등가성(보험료와 보험금액의 수지상등의 원칙)을 주장하지 않더라도 그러하다. 약관의 해석은 당사자의 주관적인 의사해석이 아니라 계약자 총체의 의사 내지 약관의 내용을 확정하는 작업이라고 할 수 있고, 이러한 점에서 개별계약의 해석과는 다르다.[11]

즉, 설령 작성자 불이익 원칙을 적용한다고 하더라도 바로 가입자가 주장한 바와 같이 연금월액을 고액으로 지급하라는 것이 되지는 않는다. 고액의 연금월액 지급 약정으로 해석될 여지가 조금이라도 있어야만 한다(작성자 불이익 원칙의 적용 요건이면서 그 한계)(이와 유사한 사건인 수원지방법원 판결 참조). 예를 들어, 보험의 면책조항이 명시 설명의무 위반으로 보험계약의 내용이 될 수 없다면 그 면책조항 없는 보험계약이 되어 보험금 지급을 해야 한다는 해석이 가능하다. 이 때에는 계약의 공백이 발생하지 않는다. 이 사안에서와 다른 점이다. 생존연금 조항이 약관의 명시 설명의무 위반으로 계약의 내용이 될 수 없다고 하더라도 바로 가입자가 요구하는대로 생존연금을 지급하라는 것으로 해석되지는 않는다(계약의 흠결로 인한 무효사유일 뿐). 대법원의 태도도 같다(대법원 2015. 11. 17, 2014다81542 판결). 작성자 불이

---

[11] 서종희, "모순있는 보험약관조항에 대한 해석-대법원 2016. 5. 12, 2015다 24337 판결에 대한 평석-", 외법논집 제40권 제4호(2016. 11), 169면.

익 원칙을 주장한다고 하여도 신의성실에 반하는 이익 부여는 있을 수 없다. 이는 약관의 체계적 객관적 해석 원칙에 반하기 때문이다. 보험상품의 논리적 구조에 반하는 기대는 애초에 약관의 체계적 객관적 해석에서 배제된다. 상속만기형 연금보험은 쉽게 말하여 ⅰ) 연금 보험월액이 적고 (低: 少額) − 만기 지급금이 많은(高: 多額) 것이 특징이다. 그런데 이 상속만기형에는 ⅱ) 보험월액이 많고(高: 多額) − 만기 지급금이 적게(低; 少額) 설계된 상품이 없는 것으로 보인다. 그러나, ⅲ) 보험월액이 많고(高: 多額) −만기 지급금이 적은(低: 少額) 상품이 바로 상속종신형이다. ⅰ)과 ⅱ)가 가장 대비되지만 ⅰ)과 ⅲ)이 상품 중에서 명백히 대비되는 것 또한 분명하다. 어떤 고객이라도 특히 방카슈랑스를 통해 이 연금보험에 가입하면서 이 ⅰ)과 ⅲ)을 비교하지 않을 수 없었을 것이다. 이 사건에서 원고의 주장대로 피고 보험회사가 원고 보험가입자를 만약 속이려는 의도였다고 한다면 연금월액에 대해 공시이율 이익을 '다 주는' 것이라고 하였을 것이지만, 사실관계에서 나타난 바로는 그러한 점은 보이지 않는다.

상속만기형 연금월액이 상속종신형 연금월액보다 적다는 사실(低: 少額)을 설명한 보험자가 "왜 적은지 구체적인 수식(수치) 등을 들어 설명하지 않았다"고 하여 상대방을 '속이려' 하였다고 단정할 수는 없다. 계약자는 같은 공시이율이익이 적용되는데도 상속만기형이 상속종신형보다 연금월액이 적게(少額) 지급됨을 알고도 왜 가입하였을까? 공시이율이익 전부 다 받지 않아도 용인(容認) 내지 감수(甘受)하겠다는 의도가 있었기 때문일 것이다. 구체적인 차감(差減) 이유를 몰랐더라도 차감(差減)을 감수한 것은 분명하다. 그 구체적인 차감 사유(만기에 지급하는 돈을 위한 적립용도의 차감)를 몰랐다고 하여 자신의 선택이 달라질 수는 없었을 것이다. 그러하다면 이는 아예 설명의무의 대상이 아니다.

약관 (별표 1 주석) 조항에서 "생존연금은 공시이율을 적용하여 계산되므로 공시이율이 변경되면 매월 지급되는 생존연금도 변경됩니다"라고 되어 있는데 이는 ⅰ) 첫째, [공시이율을 적용]한다는 것, ⅱ) 둘째, [공시이율이 바뀌면 매월 지급되는 생존연금액도 바뀐다]는 데 초점이 있다. 이 문구를 두고 [공시이율을 곱한다]는 것에 핵심이 있다고 해석함은 논리의 비약이다. [적용한다]는 것이 반드시 [곱한다]는 것을 뜻하지는 않는다는 것은 언어학적으로 분명하다. 예컨대, 납입보험료가 100만원, 순보험료액이 90만원, 만기지급액을 위해 떼어 두는 금액이 10만원이라고 하고 공시이율이 3%라고 하자. 이 때, [공시이율을 적용]한다는 것이 순보험료액 90만 원 × 0.03만을 뜻한다고 할 수 있을까? 납입보험료 100만원 × 0.03은 왜 안되며[12] 만기지급액을 위해 떼어둔 금액을 뺀 80만원 × 0.03은 왜 안되는가?

만약 설명의무를 확장하여 이러한 사안에서 상속연금(만기형)의 지급방식 중 왜 공시이율이익 중 일부를 '떼어서 쌓아둔다'는 보험금 계산의 수학적 결정과정까지 설명하라고 한다면 무리이고 계약해석상 위법하다. 가입자가 정확하게 이해하도록 함에는 유용하겠지만, 모든 가입자가 모든 약관 내용(비록 중요한 내용이라고 하더라도)을 안다는 것은 사실상 불가능하고 그럴 필요도 없다. 만약 이러한 점까지 설명하라고 한다면 모든 보험상품의 설명의무 이행은 불가능하다. 또, 그 설명에 소요되는 시간과 비용의 폭증으로 인해 결과적으로 보험료도 폭증할 것이고 이는 모든 보험가입자의 부담이 된다. 나아가 이러한 불신과 갈등을 제도화하는 금융산업 구조는 장기적으로 국제경쟁력을 잃어 사멸

---

[12] 물론 납입보험료 전부에서 공시이율을 곱하는 것은 보험경제상 있을 수 없지만, [적용한다]는 말의 의미를 [곱셈으로 한다]고만 고집한다면 이러한 것도 있을 수 있다는 가정적 설명이다.

하고 말 것이다. 대법원도 이러한 인식은 같다. 대법원 2004. 4. 27, 2003다7302 판결은 "보험금액의 산정기준이나 방법은 보험약관의 중요한 내용이 아니어서 명시·설명의무의 대상이 아니다"라고 한다. 대법원 2015. 11. 17, 2014다81542 판결도 비슷하다. "…연금보험계약의 체결에 있어 보험자 등은 보험계약자 등에게 수학식에 의한 복잡한 연금계산방법 자체를 설명하지는 못한다고 하더라도, 대략적인 연금액과 함께 그것이 변동될 수 있다면 그 변동 가능성에 대하여 설명하여야 한다.." 즉, 대략적인 연금액과 변동가능성을 설명하였다면 반드시 구체적인 연금액 산출방식을 설명할 필요까지는 없다는 것이다. 사실상 어떤 보험가입자(보험계약자, 피보험자)라고 하여도 지급되는 보험금이 얼마인가는 계약의 성립에 직접 영향이 있겠지만,[13] 그 보험금이 어떻게 수학적으로 계산되는가에는 관심이 거의 없다는 것이 사회통념이다.

즉시연금(상속 만기형)의 사례 중 서울중앙지법 2021나38750 보험금 사건도 위의 판결과 유사하다. 이 1심판결은 대법원 2016. 5. 12, 2015다243347 판결의 법리를 인용하여 "연금지급개시 시점의 연금계약의 책임준비금을 기준으로 계산한 금액'은 '책임준비금에 공시이율을 승수로서 곱한 금액'으로 해석되므로, 이 사건 연금보험계약의 내용은 '피고가 원고들에게 매월 생존연금으로 순보험료 × 공시이율을 지급하는 것…."으로 해석하고 있다.

그런데 똑같은 연금보험 사건이지만, 위의 판결과 달리 본 사례로는 수원지방법원 2020. 9. 23, 2019가합 10937판결이 있다. 이 사건의 대상인 보험약관에는 "….연금월액을 매월 계약해당일에 지급(다만, 가입

---

[13] 이것을 모르고 계약을 하였거나(의사의 흠결), 착오 강박 사기가 있었다면 이는 보험계약 자체가 무효로 되거나 취소된다(민법 제 109조, 제110조 등).

후 5년간은 연금월액을 적게 하여 5년 이후 연금계약 적립금이 보험료와 같도록 함)"이라고 기재되어 있다. 이 사례에 대해 법원은 기재문구의 내용이 보험계약의 중요한 내용에 해당한다고 보았다. 보험회사가 보험가입자에게 기재문구의 내용을 설명하였고, 보험계약 체결에 앞서 원고에게 교부된 가입설계서, 상품설명서로써 기재문구가 명시되고 설명되었으므로, 보험가입자가 기재문구의 내용을 알고 보험계약을 체결하였음을 인정할 수 있고, 따라서 기재문구는 보험계약의 내용 중 일부라고 봄이 타당하다고 하였다. 그리고 나아가, 무배당이면서 원금이 보장되는 유형의 보험상품에 가입하는 평균적인 고객이라면 보험회사의 초과이익(배당보험에서의 배당이익)이 아닌, 순보험료에서 발생하는 이자 상당액인 공시이율 적용이익 일부가 원금보장을 위한 연금계약 적립금으로 적립된다는 점을 이해할 수 있다고 하였다. 이 점에서 상속연금형(만기형)에 대해 지급월액에 대한 약관 명시 설명의무 불이행으로 본 다른 판결과 대조된다. 여기서 '가입 후 5년간은 연금월액을 적게 하여……'라는 구체적인 언급이 있지만, 이 문구가 추가되어 있건 없건간에 연금월액이 공시이율이익 전부가 아니라는 사실만 명시·설명한 사례와 별반 차이는 없다고 사료된다.

위와 같은 이유에서 이 판결의 결론에 반대한다.

2. 재해사망보험계약과 자살보험금
(대법원 2016.5.12, 2015다243347 판결)

I. 사실관계

A는 2004.8. 16. 피고(B생명보험주식회사)와 사이에 피보험자를 A, 사망시 수익자를 상속인으로 정하여 보험가입금액 70,699,000원, 보험기간 종신인 사망보험계약을 체결하면서, 보험가입금액 50,000,000원, 보험기간 만 80세까지인 재해사망보험을 추가하였다. 이에 따르면 피고

는 보험기간 중 피보험자 사망시 일반사망보험금을 지급하고, 그 사망이 재해를 직접적 원인으로 한 것이면 여기에 재해사망보험금을 추가로 지급하기로 되어 있었다. 한편 A는 보험기간 중 2012.2.21 자살하였고 A의 상속인인 원고들은 A 사망 후 일반사망보험금과 재해사망보험금의 지급을 청구하였으나 피고는 그 중 일반사망보험금만 지급하고 자살은 재해로 인한 것이 아님을 이유로 재해사망보험금의 지급은 거절하였다. 이에 보험수익자인 A의 상속인들이 B생명보험주식회사를 상대로 재해사망보험금을 청구하였다.

[보험약관의 관련 조항]

(1) 일반 보험약관(일반 사망약관)

21조(보험금의 종류 및 지급사유)

회사는 피보험자에게 다음 사항 중 어느 한 가지에 해당하는 사유가 발생한 때에는 수익자에게 약정한 보험금(별표 1, 보험금지급 기준표 참조)을 지급합니다.

1. 피보험자가 보험기간(종신) 중 사망하거나 장해등급분류표 중 제1급의 장해상태가 되었을 때: 사망보험금 지급

23조(보험금을 지급하지 아니하는 보험사고)

①(생략)

1. 피보험자가 고의로 자신을 해친 경우

그러나, 피보험자가 정신질환 상태에서 자신을 해친 경우와 계약의 책임개시일(부활계약의 경우는 부활청약일)부터 2년이 경과한 후에 자살하거나, 자신을 해침으로써 장해등급 분류표 중 제1급의 장해상태가 되었을 경우에는 그러하지 아니하다.

(2) 재해사망특약 약관(재해사망 약관)

제9조(보험금의 종류 및 지급사유)

(생략)

1. 보험기간 중 재해분류표에서 정하는 재해(별표 2 참조)를 직접적 원인으로 사망하였을 때

2. 보험기간 중.... 제1급의 장해상태가 되었을 때

제11조(보험금을 지급하지 아니하는 보험사고)

①(생략)

1. 피보험자가 고의로 자신을 해친 경우

그러나, 피보험자가 ... 계약의 책임개시일(부활계약의 경우는 부활청약일)부터 2년이 경과한 후에 자살하거나... 장해상태가 된 경우.... [그러하지 아니하다]

(생략)

<별표1> 보험금지급 기준표(생략)

<별표2> 재해분류표

　재해라 함은 우발적인 외래의 사고(.....)로서 다음 분류표에 따른 사고를 말한다.

　　※ 분류항목과 분류번호: 생략

Ⅱ. 하급심판결

(1) 1심판결: 서울중앙지방법원 2014. 12. 18. 선고 2014가단37628 판결

이 판결에서는 재해보험금을 지급해야 한다고 하였다.

(2) **2심판결**: 서울중앙지방법원 2015. 10. 7. 선고 2015나14876 판결
여기에서는 재해에 대해 보상하는 규정은 자살보험약관으로서는 무효이므로 보험금을 지급할 필요가 없다고 하였다.

소외인은 2004. 8. 16. 피고와 사이에 피보험자를 소외인으로, 사망시 수익자를 상속인으로 각 정하여 보험가입금액이 70,699,000원, 보험기간이 계약일부터 종신까지인 무배당 교보베스트플랜CI 보험계약(이하 '이 사건 주계약'이라 한다)을 체결하면서, 보험가입금액이 50,000,000원, 보험기간이 계약일부터 80세 당일의 전일까지인 재해사망특약(이하 '이 사건 재해 특약'이라 한다)도 함께 부가하였다(이하 이 사건 주계약과 이 사건 재해 특약을 함께 일컬을 때는 '이 사건 보험계약'이라 주1) 한다).

이 사건 보험계약에 따르면, 피보험자가 보험기간 중 사망할 경우 사망보험금(= 보험가입금액의 100% + 주2) 가산보험금)을 지급하고(이 사건 주계약 약관 제21조 제1호), 만일 피보험자가 보험기간 중 재해분류표에서 정하는 재해(별표2 참조)를 직접적인 원인으로 사망하였을 때에는 이 사건 재해 특약에서 정한 보험금 5,000만 원을 추가하여 지급하는 것으로 규정하고 있는데(이 사건 재해 특약 약관 제9조 제1호), 그 구체적인 내용은 별지 보험약관과 재해분류표 기재와 같다.

이 사건 보험계약에 따르면, 특별한 사정이 없는 한 피고가 보험계약자로부터 제1회 보험료를 지급받은 때부터 이 사건 보험계약에 따른 책임이 개시되는데(이 사건 주계약 약관 제13조 제1항, 이 사건 재해 특약 약관 제6조 제3항), 소외인은 위 체결일 무렵 피고에게 제1회 보험료를 납입하였다.

소외인은 2012. 2. 21.경 충북 옥천군 옥천읍 삼청리 경부선 철도 하행선 185㎞ 지점 선로에 누워있던 상태로 화물열차에 역과되어 후두부 파열 및 하반신 절단으로 인한 과다출혈로 사망하였는데(이하 '이 사건 사고'라 한다), 수사기관은 망인이 소심하고 내성적이며 주변 사람들과 어울리지 못하는 성격으로, 사귀던 여자로 인해 카드빚이 늘어나고 대부업체로부터 5,000만 원 상당의 대출금 상환에 압박감을 느끼며 평소 '이렇게 사느니 죽는게 낫겠다'는 말을 하는 등 채무문제로 불안감과 불면증에 시달려 오던 중 신병을 비관하여 자살한 것으로 판단하고 변사사건을 종결하였다.

망 소외인(이하 '망인'이라 한다)의 상속인인 원고들(망인의 부모이다)은 망인의 사망 후인 2012. 8. 10. 피고에게 이 사건 재해 특약까지 적용한 사망보험금을 청구하였으나, 피고는 이 사건 사고는 이 사건 주계약에서 정한 보험금지급사유(= 사망)에는 해당하지만, 이 사건 재해 특약에서 정한 보험금지급사유(= 재해를 직접적인 원인으로 사망하였을 때)에는 해당하지 않는다고 보아 이 사건 주계약에서 정한 사망보험금 합계 72,506,965원에서 망인의 대출원리금 12,150,425원(= 원금 12,090,000원 + 이자 60,425원), 미납보험료 165,100원, 소득세 291,970원, 지방소득세 29,190원을 공제한 나머지 59,870,280원만을 지급하였다.

피고가 위와 같이 공제한 위 대출원리금은 망인이 이 사건 주계약 약관 제40조에 따라 피고로부터 받은 약관대출의 원리금인데, 위 약관 제40조 제2항에 (피고는) 보험계약자가 약관대출금과 이자를 상환하지 아니한 때에는 보험금 지급사유가 발생한 날에 (대출금채권을 자동채권으로 하여) 제지급급(보험금)과 상계할 수 있다고 규정되어 있다.

1. 청구원인에 관한 판단

가. 이 사건 사고가 이 사건 재해 특약에서 정한 보험금지급사유에 해당하는지 여부

1) 먼저, 원고들은 이 사건 사고가 별지 재해분류표 분류항목 제1항의 '운수사고에서 다친 보행자'(그 중 V05 '열차 또는 철도차량과 충돌로 다친 보행자' 또는 V09 '기타 및 상세 불명의 운수사고에서 다친 보행자') 또는 같은 항목 제12항의 '기타 및 상세불명의 운수사고'(그 중 V99 '상세불명의 운수사고')에 해당하거나, 적어도 분류항목 제26항의 '의도 미확인 사건'(그 중 Y31 '의도 미확인의 움직이는 물체 앞에 또는 안으로 뛰어내림, 누움 또는 뛰어듦'이나 Y34 '의도 미확인의 상세불명의 사건')에 해당한다고 주장한다.

살피건대, 앞서 본 바와 같이 수사기관은 망인이 채무문제 등으로 신병을 비관하여 자살한 것으로 판단하고 변사사건을 종결한 점에 비추어, 이 사건 사고는 망인의 자살로 인한 것(피보험자가 고의로 자신을 해친 경우)으로 봄이 상당하고, 달리 일반인의 상식에서 자살이 아닐 가능성에 대한 합리적인 의심이 들 만한 사정(= 망인의 과실로 인하여 이 사건 사고가 우발적으로 발생하였다고 볼 가능성)을 찾을 수 없다(나아가 망인이 정신질환으로 자유로운 의사결정을 할 수 없는 상태에서 자신을 해쳤다고 볼 만한 사정도 찾을 수 없다).

따라서 이 사건 사고가 '우발적인 외래의 사고'로서 별지 재해분류표 분류항목 중 어느 하나에 해당한다는 원고들의 위 주장은 이유 없다.

2) 다음으로, 원고들은 (설령 이 사건 사고가 재해를 직접적인 원인으로 사망한 경우에 해당하지 않는다고 하더라도) 이 사건 재해 특약의 약관 제11조 제1호에서 피보험자가 고의로 자신을 해친 경우에는 보험금을 지급하지 아니하나, '피보험자가 보험계약의 책임개시일로부터 2년이 경과된 후에 자살한 경우에는 그러하지 아니하다'고 규정하고 있는바, 이 사건 사고는 책임개시일로부터 2년이 경과된 후에 자살한 경우에 해당하므로 피고는 여전히 위 조항에 따라 이 사건 재해 특약에서 정한 보험금 5,000만 원을 (추가로) 지급할 의무가 있다고 주장한다.

보험약관은 신의성실의 원칙에 따라 당해 약관의 목적과 취지를 고려하여 공정하고 합리적으로 해석하되, 개개의 계약당사자가 기도한 목적이나 의사를 참작함이 없이 평균적 고객의 이해가능성을 기준으로 보험단체 전체의 이해관계를 고려하여 객관적·획일적으로 해석하여야 한다(대법원 2009. 5. 28. 선고 2008다81633 판결 등 참조).

살피건대, 이 사건 주계약의 약관은 사망사고에 한정하여 보면 일반생명보험약관의 일종으로 볼 수 있는데, 그 보험금 지급사유를 사망의 원인이나 성격을 묻지 않고 '피보험자의 사망'으로 폭넓게 규정하면서 그러한 사유가 발생한 때에는 '사망보험금'을 지급하도록 규정하고 있으며, 다만 피보험자가 고의로 자살한 경우에는 보험금 지급사유가 발생하더라도 보험금 지급책임을 면하도록 하되, 계약의 책임개시일부터 2년이 경과된 후에는 그 면책을 허용하지 않고 피보험자가 고의로 자살한 경우에도 보험금을 지급하도록 하는 규정(이하 '자살 면책 제한 규정'이라고 한다)을 둠으로써 상법 제659조 제1항의 예외를 인정하고 있다.

한편, 이 사건 재해 특약은 이 사건 주계약과는 별도로 추가 보험료를 납입하고 체결하는 특약으로서, 이 사건 재해 특약의 약관에서 규정한 우발적인 외래의 사고인 '재해'가 발생하고 그 재해를 직접적인 원인으로 사망하였을 경우 등을 보험사고로 정하고, 다시 그 재해의 종류를 재해분류표에서 일일이 열거함으로써, 일반 생명보험과는 달리 이 사건 재해 특약의 약관에서 정한 재해를 원인으로 사망 등이 발생한 경우를 보험사고로 한정하여 그 약관에 의한 보험금을 별도 지급하겠다는 취지를 명확히 알 수 있도록 표시하고 있다.

위와 같이 이 사건 주계약과 이 사건 재해 특약은 서로 보험사고와 지급보험금을 달리하고 보험료도 달리하고 있으므로 이는 보험단체를 달리하는 상이한 보험이라 할 것이고, 이 사건 주계약과 이 사건 재해 특약의 명칭, 목적 및 취지, 각 관련 약관 규정의 내용과 표현 등을 평균적인 고객의 이해가능성을 기준으로 하여 살펴보더라도, 이 사건 주계약과 이 사건 재해 특약이 각각 규정하고 있는 보험사고 및 보험금 등에 관한 위와 같은 차이점은 쉽고 명확하게 이해될 수 있다. 즉, 평균적인 고객으로서는, 자살 등을 포함하여 피보험자의 사망을 폭넓게 보험사고로 보는 이 사건 주계약만으로는 소정의 사망보험금밖에 지급받을 수 없으나, 이와 달리 "재해를 직접적인 원인으로 한 사망"을 보험사고로 보는 이 사건 재해 특약에 가입할 경우에는 별도의 재해사망보험금 등이 추가로 지급된다는 점을 알고 별도의 추가 보험료를 납입하면서 이 사건 재해 특약을 체결한 것이므로, 이 사건 재해 특약의 약관에서 정한 재해에 해당하지 않는 자살은 이 사건 재해 특약에 의하여 보험사고로 처리되지 않는다는 것 정도는, 이 사건 재해 특약 체결시 기본적으로 전제하고 있던 사항이다.

다만, 이 사건 재해 특약에서도 이 사건 주계약과 마찬가지로 자살

면책 제한 규정(이 사건 재해 특약 제11조 제1호 단서 후단, 이하 '이 사건 면책제한조항'이라 한다)을 두고 있는데, 그 취지가 고의에 의한 자살 또는 자해행위는 원칙적으로 우발성이 결여되어 이 사건 재해 특약이 정한 보험사고에 해당하지 아니하지만, 예외적으로 계약의 책임개시일부터 2년이 경과된 후에 자살한 경우에는 특별히 보험사고에 포함시켜 보험금 지급사유로 본다는 취지(= 부보 범위의 확장효)로 이해되는지(혹은 '작성자 불이익의 원칙'에 따라 위와 같이 해석해야 하는 것인지) 여부가 문제된다.

그러나 이 사건 면책제한조항이 이 사건 재해 특약의 약관에 규정된 것은, 자살은 이 사건 재해 특약에서 정한 보험사고에 포함되지도 않아 처음부터 그 적용의 여지가 없음에도 불구하고 피고가 이 사건 재해 특약의 약관을 제정하는 과정에서 구 생명보험 표준약관(2010. 1. 29.자로 개정되기 전의 것, 을 제22호증의1)을 부주의하게 그대로 사용함에 따른 것으로 보이는데, 앞서 본 바와 같이 평균적인 고객의 입장에서도 스스로 이 사건 재해 특약의 본래 취지가 무엇인지를 분명하게 이해할 수 있는데도, 보험자가 개별 보험상품에 대한 약관을 제정하는 과정에서 실수로 이 사건 면책제한조항을 이 사건 재해 특약에도 그대로 둔 점을 이유로 이 사건 재해 특약의 보험사고의 범위를 재해가 아닌 자살에까지 확장하려고 해석하는 것은, 보험계약자 등에게 당초 이 사건 재해 특약이 체결시 기대하지 않은 이익을 주게 되는 한편, 이 사건 재해 특약과 같은 내용의 보험계약에 가입한 보험단체 전체의 이익을 해하고 보험자에게 예상하지 못한 무리한 부담을 지우게 되므로 합리적이라고 볼 수 없다.

오히려, 자살도 이 사건 주계약에서 정한 보험사고(= 사망)에 포함될 수 있음을 전제로 하여 이 사건 주계약 약관에서 자살 면책 제한 규정을 두고 있는 것과는 달리, 보험사고가 재해를 원인으로 한 사망 등으로 제한되어 있어 자살이 보험사고에 포함되지 아니하는 이 사건 재해 특약에서는 이 사건 면책제한조항이 적용될 여지가 없다고 해석하는 것이 합리적이며 이 사건 재해 특약의 취지에도 부합된다. 결국 이 사건 재해 특약에 규정된 이 사건 면책제한조항은 이 사건 재해 특약의 취지, 이 사건 보험계약 체결에 있어 쌍방당사자의 진정한 의사, 약관의 제정 경위 등에 비추어 '잘못된 표시'에 불과하다.

그리고 위와 같이 이 사건 면책제한조항이 잘못된 표시에 불과하다고 합리적으로 해석할 수 있는 이상, 「약관의 규제에 관한 법률」 제5조 제2항에서 정한 '작성자 불이익의 원칙'은 적용될 여지가 없다(대법원 2009. 5. 28. 선고 2008다81633 판결 참조).

따라서 이 사건 사고에 이 사건 면책제한조항이 적용됨을 전제로 한 원고들의 위 주장은 이유 없다.

2. 결론

그렇다면, 원고들의 이 사건 청구는 이유 없어 모두 기각할 것인바, 제1심 판결은 이와 결론을 일부 달리하여 부당하므로 피고의 항소를 받아들여 제1심 판결 중 피고 패소부분을 취소하고 위 취소부분에 해당하는 원고들의 청구를 각 기각하기로 하여, 주문과 같이 판결한다.

Ⅲ. 상고심(대법원 2016.5.12, 2015다243347)

상고심은 항소심을 파기하고 작성자 불이익원칙에 의하여 재해의 경우에도 자살보험금을 지급하라고 하였다. 그 주요한 설시는 다음과 같다.

"...보험약관은 신의성실의 원칙에 따라 약관의 목적과 취지를 고려하여 공정하고 합리적으로 해석하되, 개개 계약 당사자가 기도한 목적이나 의사를 참작하지 않고 평균적 고객의 이해가능성을 기준으로 보험단체 전체의 이해관계를 고려하여 객관적·획일적으로 해석하여야 하며, 위와 같은 해석을 거친 후에도 약관조항이 객관적으로 다의적으로 해석되고 각각의 해석이 합리성이 있는 등 약관의 뜻이 명백하지 아니한 경우에는 고객에게 유리하게 해석하여야 한다...갑이 을 보험회사와 주된 보험계약을 체결하면서 별도로 가입한 재해사망특약의 약관에서 피보험자가 재해를 직접적인 원인으로 사망하거나 제1급의 장해상태가 되었을 때 재해사망보험금을 지급하는 것으로 규정하면서, 보험금을 지급하지 않는 경우의 하나로 "피보험자가 고의로 자신을 해친 경우. 그러나 피보험자가 정신질환상태에서 자신을 해친 경우와 계약의 책임개시일부터 2년이 경과된 후에 자살하거나 자신을 해침으로써 제1급의 장해상태가 되었을 때는 그러하지 아니하다."라고 규정한 사안에서, 위 조항은 고의에 의한 자살 또는 자해는 원칙적으로 우발성이 결여되어 재해사망특약의 약관에서 정한 보험사고인 재해에 해당하지 않지만, 예외적으로 단서에서 정하는 요건, 즉 피보험자가 정신질환상태에서 자신을 해친 경우와 책임개시일부터 2년이 경과된 후에 자살하거나 자신을 해침으로써 제1급의 장해상태가 되었을 경우에 해당하면 이를 보험사고에 포함시켜 보험금 지급사유로 본다는 취지로 이해하는 것이 합리적이고,

약관 해석에 관한 작성자 불이익의 원칙에 부합한다·····"

IV. 쟁점

일반 사망보험약관에서는 사망을 보험사고로 하여 사망보험금을 지급하고(원칙) 자살로 인한 사망에 대하여는 보험금을 지급하지 않는다(면책). 다만, 면책기간 2년 경과 후 자살로 인한 사망은 사망보험금을 지급한다(면책의 예외사유 또는 면책제한사유).

그러나, 이 사건의 재해사망보험약관에서는 재해사망을 보험사고로 하여 이에 대해 재해사망보험금을 지급한다고 규정한 후(원칙적 급여), 면책사유와 면책제한사유에 대한 일반 사망보험약관의 조항들을 그대로 되풀이하여 규정하고 있었다. 그런데, 일반 사망보험약관에서는 자살도 보험사고인 사망에 개념상 포함되지만, 재해사망보험에서는 자살이 개념상 보험사고인 「재해(災害)」에 포함되지 않는다는 점에서 중요한 차이가 있다. 이 사례는 재해사망약관에 의해 자살자에 대한 재해사망보험금까지 지급해야 하는가에 대한 것이다. 단순(非災害) 사망과 재해(災害)사망의 엄연한 차이(보험사고의 차이)가 있음에도 보험약관에 마치 재해사망보험약관이 단순사망 보험약관을 그대로 적용하는 것처럼 문언이 되어 있어서 분쟁이 생겼다.

V. 해설

1심판결은 재해사망 약관 제11조 제1항 제1호 단서의 자살면책 제한조항에 따라 2년 경과 후 자살에 대하여는 재해사망 보험금을 지급해야 한다고 하였으나, 2심 판결은 이를 반대로 해석하여 지급할 필요가 없다고 하였다. 1심 판결은 약관의 문언대로 지급해야 한다는 것이고, 2심판결은 위에서 언급한대로 재해사망의 보험사고는 "재해(災害)"에 한정되는 것이어서 "재해(災害)"가 아닌 자살은 보험사고가 될 수 없다고 한다.

재해사망의 경우에 자살보험금 규정이 정해진 것(그 보험약관 제11조 제1항 제1호)은 이 사건 재해특약에서 정한 보험사고에 포함되지도 않아 처음부터 그 적용의 여지가 없음에도 불구, 피고가 이 재해특약약관을 만드는 과정에서(표준약관 등) 구 생명보험 표준약관(2010.1.29자로 개정되기 전의 것)을 부주의하게 그대로 사용함에 따른 것이라고 보았다(이른바 "잘못된 표시"). 또, 평균적인 고객의 입장에서도 스스로 이 사건 재해특약의 취지가 무엇인지를 분명하게 이해할 수 있었다고 지적하고, 보험계약자 등이 기대하지 않는 이익을 주어서는 안되고, 보험단체 진체의 이익을 헤쳐서는 안되기에 보험금 지급을 거절한 것이다. 그러나, 대법원은 1심과 입장을 같이하여 비록 자살에 의한 사망의 경우에도 재해사망 보험금을 지급하여야 한다고 하였다. 여기서 쟁점은 재해사망보험상 자살에도 보험금을 지급해야 하는지, 보험약관상 잘못된 표시에 대해 어떤 해석을 해야 하는지이다.

1. 보험약관의 해석원칙

약관의 해석은 법률의 해석과 비슷하여 문리해석, 논리해석, 목적론적 해석이 필요하다. 그 이외에도 약관 득유의 해석원리가 있는데 이는 약관의 특성을 반영한 것이다.[1]

가) 신의성실의 원칙

약관의 해석은 신의성실 원칙(민법 제2조 제1항)에 따라야 한다. 약

---

[1] 전우현, 쉽고 간단한 보험법, 계백북스, 2021, 39면 이하.

관규제법 제5조 제1항은 「약관은 신의성실의 원칙에 따라 공정하게 해석되어야 하며 고객에 따라 다르게 해석되어서는 아니된다」고 하여 신의성실의 원칙, 공정해석, 통일적 해석을 같은 조항에 정하고 있다. 그러나, 엄밀히 보면 이들은 같은 것이 아니고 신의성실 원칙이 상위의 것이다. 모든 법률행위가 그러하지만 보험계약은 특히 다른 법률행위보다 더 선의성이 강조되기 때문에(최대 선의계약성) 약관도 신의성실 원칙에 따라 해석되어야 한다. 신의성실이란 상대방의 신뢰를 헛되이 하지 않게 성의를 가지고 행위하여야 한다는 뜻이다.[2] 권리자가 권리의 사회적 목적을 망각하고 자기의 이기적인 견지에서 사회적인 제한을 무시하고 행위하여서는 안된다는 것인데 신의성실의 원칙은 사법(私法)과 공법(公法) 전체에 미치는 일반원칙이다. 민법 제2조 제1항이 권리의 행사와 의무의 이행은 신의에 좇아 성실히 하여야 한다고 하고 있는데 비단 권리의무 이행에 국한하지 않는다. 법률과 약관의 해석으로 당사자에게 어떤 법적 지위(권리나 의무, 책임)를 부여할지도 이 기준에 의해야 한다. 이를 보험약관에 적용하면 보험약관도 사회적 제한을 넘는 이기적인 권리행사나 의무이행, 그리고 보험계약상 권리의무 발생을 허용하지 않는다는 해석기준으로 작용한다. 그러나, 이는 법이론의 일반조항이고 추상적이어서 이하의 다른 약관해석 원칙을 통해 보완되어야 한다.

나) 객관적·획일적 해석의 원칙(공정해석의 원칙)

약관은 공정하게 해석되어야 하고 고객에 따라 다르게 해석되어서는 아니 된다(약관규제법 제5조 제1항). 약관의 해석은 일반적인 법률행위 해석과 같을 수 없다. 이는 계약체결시 보험자와 보험계약자가 하나 하나 합의하여 약관을 작성한 것이 아니고 또 구체적인 보험의 목적에 한

---

[2] 곽윤직·김재형, 민법총칙(민법강의 Ⅰ), 박영사, 2015, 75면.

정하여(예, A라는 보험계약자의 자동차 상태를 특정하여) 보험약관에 구속되는 것으로 합의한 것이 아니기 때문이다. 즉, 개별적인 보험계약자와 특정의 보험목적을 두고서 합의한 문서가 아니고 그와 유사한 보험계약을 맺는 불특정 다수인의 이해관계를 고려하여 불특정 보험목적을 위해 작성된 약관임을 고려하여야 한다. 그리하여 개별적인 보험계약자가 기도한 목적이나 계약체결 당시의 의사[3]를 추단하여 해석하기는 곤란하고 거래계의 (추상적) 평균인을 기준으로 한 고객의 인식을 가정하여 문언을 해석해야 한다.

판례의 태도도 이와 같다. 즉, "… 보통거래약관 및 보험제도의 특성에 비추어 볼 때 약관의 해석은 일반 법률행위와는 달리 개개 계약 당사자가 기도한 목적이나 의사를 기준으로 하지 않고 평균적 고객의 이해가능성을 기준으로 하되 보험단체 전체의 이해관계를 고려하여 객관적·획일적으로 해석하여야 하므로 가족운전자 한정운전 특별약관 소정의 배우자에 부첩(夫妾) 관계의 일방에서 본 타방(他方)은 포함되지 아니한다고 해석함이 상당하다…"고 한다(대판 1995. 5. 26, 94다36704). 즉, 약관의 해석은 개별적인 계약자의 의사를 탐구하는 것이 아니라 객관적인 기준이 되는 평균적 고객의 의사를 밝히는 것이다. "평균적"이라는 것은 산술적인 평균치를 의미하는 것이 아니고 "이성적인 거래 당사자(reasonable person)" 내지 "판단능력을 갖춘 거래자"를 말한다.[4]

다) 개별약정 우선의 원칙

약관에서 정하고 있는 사항에 관하여 사업자와 고객이 약관의 내용과 다르게 합의한 사항이 있을 때에는 그 합의 사항은 약관보다 우선한

---

[3] 민법 제105조에서 정하는 이른바 '임의법규와 다른 의사'가 이에 해당할 것이다.
[4] 이은영, 약관 규제법, 박영사, 1994, 149면.

다(약관규제법 제4조). 약관의 법적 성질에 관한 의사설에서는 약관도 합의의 일종이므로 개별적인 합의가 우선한다. 그리고 규범설에서 의한다면 약관은 임의법규(또는 관습법)로 볼 수 있기에 이보다 효력이 우선하는 개별약정이 있다면 마땅히 개별약정을 존중해야 할 것이다. 이는 현실적으로 인쇄된 보통보험약관과 달리 손으로 쓴(手記) 부분의 효력, 보험대리점이 약관과 달리 설명한 부분의 효력 등이 문제될 때 적용된다. (ⅰ) 인쇄된 보통보험약관과 달리 손으로 쓴(手記) 부분이 있다면 이는 특별보험약관으로 볼 수 있기에 인쇄된 부분보다 우선한다. 개별약정 자체를 특별보험약관으로 볼 여지가 있기 때문이다. (ⅱ) 보험대리점이나 보험중개사, 보험설계사가 보통보험약관과 달리 설명한 부분이 있을 때 어떻게 볼 것인가도 문제된다. 이러한 개별 설명을 (ⅰ)의 手記처럼 이해할 것이지만, 근본적으로 보험대리점, 보험중개사, 보험설계사의 대리권이 있는가 없는가에 따라 취급을 달리해야 할 것이다.[5] 즉, 보험계약의 체결대리권이 있는 보험대리점(체약대리점), 한쪽 당사자로부터 대리권의 수권을 받은 보험중개사라면 그 설명을 보통보험약관보다 우선할 것이다. 그러나, 그러한 대리권이 없는 보험대리점, 보험중개사, 보험설계사라면 그렇게 볼 수 없고 이들의 불법행위로 취급하여 그에 대해 보험자가 어떤 책임을 질 것인지를 검토해야 할 것이다(예, 보험업법 제102조에 따른 보험사업자의 배상책임 부담).

라) 작성자 불이익의 원칙

약관의 뜻이 명백하지 아니한 경우에는 고객에게 유리하게 해석되어야 한다(약관규제법 제5조 제2항). 이는 약관이라는 거래계의 새로운 규범의 특성을 반영한 것이다. 약관은 비록 거래계의 요청에 따라 개별

---

[5] 언제나 개별적 설명이 우선한다는 견해로는 최준선, 보험·해상·항공운송법, 삼영사, 2016, 43면; 임용수, 보험법, 법률정보센타, 2006, 29-30면이 있다.

적인 협상이 아니라 수많은 소비자에게 적용되는 계약문언을 (보험)사업자가 일방적으로 작성한 것이기 때문이다. 약관문언을 작성할 때 사업자는 분명한 뜻을 지니는 내용을 만들도록 노력해야 하고, 만약 그 노력에도 불구하고 약관의 뜻이 불분명하다면 작성자가 그 불이익을 받아야 형평에 맞다는 이치다.

판례도 이를 밝히고 있다(대판 2007. 2. 22, 2006다72093). "…이 사건 각 보험계약의 각 약관은 '보험계약자 또는 피보험자가 손해의 통지 또는 보험금청구에 관한 서류에 고의로 사실과 다른 것을 기재하였거나 그 서류 또는 증거를 위조하거나 변조한 경우 피보험자는 손해에 대한 보험금청구권을 잃게 된다'고 규정하고 있는바, 이와 같은 약관조항의 취지는 피보험자 등이 서류를 위조하거나 증거를 조작하는 등 신의성실의 원칙에 반하는 사기적인 방법으로 과다한 보험금을 청구하는 경우에는 그에 대한 제재로서 보험금청구권을 상실하도록 하려는 데 있는 것으로 보아야 할 것인데(대판 2006. 11. 23, 2004다20227, 20234 등 참조), 이 사건과 같이 독립한 여러 물건을 보험목적물로 하여 체결된 화재보험계약에서 피보험자가 그 중 일부의 보험목적물에 관하여 실제 손해보다 과다하게 허위의 청구를 한 경우에 허위의 청구를 한 당해 보험목적물에 관하여 위 약관 조항에 따라 보험금청구권을 상실하게 되는 것은 당연하다 할 것이나, 만일 위 약관 조항을 피보험자가 허위의 청구를 하지 않은 다른 보험목적물에 관한 보험금청구권까지 한꺼번에 상실하게 된다는 취지로 해석한다면, 이는 허위 청구에 대한 제재로서의 상당한 정도를 초과하는 것으로 고객에게 부당하게 불리한 결과를 초래하여 신의성실의 원칙(그리고 '작성자 불이익 원칙': 필자 주[6]))에 반하는 해석이 된다고 하지 않을 수 없다. 따라서 앞서 본 약

---

[6] 이 판례는 신의성실의 원칙을 설시하고 있으나, 신의성실은 위에서 본 바처럼 추상

관해석의 원칙에 따라, 위 약관에 의해 피보험자가 상실하게 되는 보험금청구권은 피보험자가 허위의 청구를 한 당해 보험목적물의 손해에 대한 보험금청구권을 의미한다고 해석함이 상당하다 할 것이다...."

마) 유효해석의 원칙

이는 약관을 해석할 때 가급적 조항의 내용이 무효가 되지 않고 유효로 되게 해석해야 한다는 것이다. 약관의 조항이 강행법규, 신의성실의 원칙, 공정해석의 원칙 등에 반하여 무효가 된다고 하여 약관 전체를 무효로 하기 보다 문제가 되는 부분을 제거한 후 일부는 유효하게 하는 것이 옳다는 것이다. 원래 민법상 일부 무효의 법리에 의하면 법률행위의 일부분이 무효인 때에는 원칙적으로 그 전부를 무효로 한다(민법 제137조 본문). 그러나, 그 무효부분이 없더라도 법률행위를 하였으리라고 인정될 때에는 나머지 부분은 법률행위로서 유효하다(동법 제137조 단서). 전부 무효가 원칙이지만 당사자의사를 고려하여 가급적 유효한 부분을 남겨 놓고자 하는 노력이다. 이는 법률행위에 관한 것이지만 약관도 당사자의 법률관계를 규율하는 것이므로 유사하게 해석할 수 있다. 그러나, 유효해석의 원칙이 법관이 함부로 내용통제 즉 수정해석할 수 있다고 하는 근거가 될 수 있을지는 의문이다.[7] 보험약관이 일방적으로 작성되었다고 하여 사적 자치 영역에 속하는 법률행위(의사설) 또는 규범 정립(규범설)을 법관이 개입하여 내용을 수정할 수 있다고 하기는 어려울 것이다. 유효해석의 원칙은 크게 보아 법률행위의 일부 무효의 법리의 연장선에 있으므로 보험계약 당사자의 의사를 존중하는 방향으로 해석하자는 법리로 받아들여야 할 것으로 본다.

  적 규범(일반 규범)일 뿐이다. 이 사안은 약관상 보험금의 허위청구로 상실되는 보험금청구권의 범위가 불분명하여 이를 작성한 보험자가 불이익을 받을 수 밖에 없다는 내용이어서 작성자 불이익 원칙의 한 예라고 할 것이다.

7) 박세민, 보험법, 박영사, 2017, 69-70면.

판례로는 대판 1998. 2. 13, 96다55525 판결이 있다. "....(이 약관의) 면책조항을 문언 그대로 법령 등을 위반하여 발생한 모든 사고를 아무런 제한 없이 보험의 대상에서 제외한 것으로 해석하게 되면, 보험계약자나 피보험자는 중장비의 사용 중 발생한 사고로 인하여 손해를 입게 되면서도 자기의 지배관리가 미치지 못하는 중장비 조종사의 무면허운전 등 법령위반 여부에 따라 보험의 보호를 받지 못하는 결과가 생기는바, 이는 보험계약자의 정당한 이익과 합리적인 기대에 어긋나는 것으로서 고객에게 부당하게 불리하고 현저하게 공정을 잃은 것이라고 하지 않을 수 없으므로, 면책조항을 보험사고가 보험계약자나 피보험자의 지배 또는 관리 가능성이 없는 상태에서 중장비 조종사의 법령 등 위반 상황하에서 발생한 경우에까지 적용된다고 보는 경우에는 신의성실의 원칙에 반하여 공정을 잃은 조항으로서 약관의규제에관한법률 제6조 제1항, 제2항, 제7조 제2호, 제3호 등의 규정에 비추어 무효라고 볼 수밖에 없으므로, 면책조항은 무효인 경우를 제외하고 중장비 조종사의 법령 등 위반행위가 보험계약자나 피보험자의 지배 또는 관리가능한 상황 즉, 보험계약자나 피보험자의 명시적 또는 묵시적 승인하에서 이루어진 경우에 한하여 적용된다..."

2. 본 사안에 대한 적용

위에서 언급한 약관해석의 원리에 비추어보면 문제된 "재해사망약관"의 해석은 문리해석 -> 신의성실해석 -> 객관적(획일적) 해석 -> 개별약정 우선의 원칙 -> 작성자 불이익의 원칙 순서로 진행해야 할 것이다. 다만, 문리해석(문언 해석)과 신의성실 해석만에 의해서는 이 사례에서 1심과 2심의 견해차이는 쉽게 좁혀지지 않는 것으로 보인다. 객관적 해석의 원칙에 관해 판례가 밝힌 견해를 보면[8] "보험약관의 해석은 일반 법률행위와는 달리 개개 계약자가 기도한 목적이나 의사를 기준으로 하지 않고 평균적 고객의 이해가능성을 기준으로 하되, 보험단체 전체의 이해관계를 고려하여 객관적·획일적으로 해석하여야 한다"는 것이다. 즉, 약관의 해석은 개별적인 계약자의 의사를 탐구하는 것이 아니라 객관적인 기준이 되는 평균적 고객의 의사를 밝히는 것이라고 한다.9)

"평균적"이라는 것은 산술적인 평균치를 의미하는 것이 아니라, "이성적인 거래 당사자(reasonable person)" 내지 "판단능력을 갖춘 거래자"를 말한다.10) 사실상 이러한 점에서는 약관의 본질(성격)에 관한 의사설(계약설)의 입장은 부적합한 면을 지니고 있다(계약설의 단점 내지 한계가 노정된 사례). 의사설(계약설)에서는 구체적·개별적인 당사자가 계약체결 당시 지녔던 역사적 효과의사를 탐지함이 계약(즉, 약관) 해석의 주요목적(본질)이 된다고 설명한다. 그에 비해 본다면 약관 본질에 관한 규범설, 특히 백지상관습설의 논리적 정합성이 두드러진다. 사실 이 사건에서도 의사설(계약설)에 의존하는 견해들(보험금 지급설)에 의하여 해석상 대립이 첨예하게 된 것은 분명하다. 규범설에 의하여 보험약관의 객관적·규범적 의미를 찾으면 된다고 하였다면 아주 쉽게 본 논쟁이 종식, 해결될 수 있었으리라고 본다(재해사망 보험에는 자살이 보험사고가 될 수 없다는 규범에 입각한 논리해석 내지 목적론적 해석).

---

8) 대법원 1995.5.26, 94다36704 판결.
9) 권영준, "자살과 재해사망보험금 지급에 관한 보험약관의 해석-서울중앙지법 2015.10.7, 2015나14876 판결의 평석-", 재산법연구 제32권 제3호, 2015.11, 218면; 남효순, "법률행위의 해석의 쟁점: 법률행위해석의 본질 및 방법에 관하여", 서울대학교 법학 제41권 제1호, 2000, 162면 이하; 윤진수, "계약해석의 방법에 관한 국제적 동향과 한국법", 민법논고 Ⅰ, 2007, 247-248면.
10) 이은영, 약관규제법, 박영사, 1994, 149면.

또, 설령 이 사건에서 보험계약자의 구체적 의사를 탐구한다고 하더라도 재해사망보험계약의 보험사고에 자살이 포함된다거나, 계약체결 후 2년이 경과된 후 자살한다면 재해사망으로 볼 수 있다는 의사를 가졌으리라고는 할 수 없다.

그리고, 재해사망보험의 보험료 산출을 보더라도 보험자와 보험계약자의 합리적 의사는 '재해' 사망시에만 보험금을 주고 받는다고 하는 인식하에 보험료가 계산되었을 것이다. 보험료와 보험금은 수지상등(收支 相等)의 원리로 서로 균형을 이루기에 보험료 계산에서 당사자가 "재해"시에 보험금을 주고받는 것으로 인식하였다면 자살은 "재해"에 속하지 않는다는 것을 당연히 전제로 한다. 즉, 약관에 어떻게 표시하든 간에 논리적으로 "자살"은 "재해"가 아니기에[11] 재해사망 보험금을 청구할 수 없다. 계약 당시에 이러한 의사였을진대 자살이라는 사건이 발생하자 약관상 문언의 잘못된 표시를 기화로 "재해"사망보험금을 청구함은 계약자(겸 이 사건의 피보험자)의 의사와 부합하지 않는 해석이라고 생각된다.

이렇게 해석함이 다수의 보험계약자들로 구성된 보험단체 전체의 이해관계에 부합한다.[12] 보험금의 재원(財源)은 보험계약자가 내는 보험료로 구성된다. 일부 보험계약자가 기대하지 않다가 부당하게 보험금을 수령한 것은 다른 보험계약자가 낸 보험료를 잘못 사용하는 것이다. 또, 이러한 보험금 지급으로 인하여 향후 보험료 기금이 부족해지면 다른 보험계약자 모두에게 보험료를 올려 보충해야 한다.[13] 이는 단체성

---

[11] 즉, 자살은 재해라는 집합에 속하는 원소가 아니다.
[12] 곽윤직 편, 민법 주해 Ⅶ, 박영사, 1997, 331면 참조.
[13] 보험료와 보험금 수지상등의 원칙상 당연히 보험료가 인상될 수 밖에 없다.

의 원리에 반하는 기금지출이 된다.

나아가 약관 해석에서는 계약 당사자의 이해관계 뿐만 아니라 공공의 이익도 고려해야 한다.[14] 약관 특히 보험약관을 통한 보험제도는 사회성과 공공성을 띠고 있다. 보험약관의 해석이 개별적 계약자, 피보험자나 수익자의 이해관계를 넘어서 전체 사회질서에 영향을 미치기 때문이다.[15] 보험계약이 도박과 같이 부당한 이익추구의 수단이 되어서는 안되고 나아가 보험사고를 일부러 일으키는 유인으로 되어서도 안된다는 점에서 더욱 그러하다(보험에서의 도덕적 위험(moral risk) 억제 필요성).

사안에서 '2년 경과 후 자살'은 재해사고가 될 수 없고, 평균적 고객의 이해가능성을 고려할 때, 재해사망특약에서 자살면책제한을 두기는 하였지만, 자살이나 자해행위에 '우발적인 외래의 사고(재해)'가 개입할 수 없다는 것은 명백하므로 작성자 불이익원칙을 적용할 수도 없다.[16]

그런데 본 사안에서 자살에 대해서도 재해사망보험금을 지급해야 한다는 논거는 재해사망약관 제11조 제1항 제1호의 문언과 작성자불이익의 원칙 등을 든다. 이 입장에서는 약관과 일반민사계약의 차이를 고려하여, 보험자가 일단 지급하겠다고 규정한 문언을 무시하는 해석을 하는 것은 법리적으로 무리라는 것이다. 보험계약자와 보험자 사이의 합의를 고려하거나 최소한 보험계약자의 자살이 재해에 해당하지 않는다

---

[14] 권영준, 앞의 논문, 227면.
[15] 이러한 점도 약관 본질에 관한 의사설(계약설)보다는 규범설이 더 잘 설명할 수 있다.
[16] 이성남, "보험계약 및 보험약관의 합리적 해석방안-자살사고에 대한 재해사망 보험금 지급여부를 중심으로-", 상사법연구 제35권 제1호, 2016, 309면.

는 인식을 도출할 수 없다고 한다.[17] 그러나, 자살을 재해의 일종으로 규정하는 문언 모순(文言 矛盾)적인 문언은 유효할 수 없다. 또, 약관에서 '그러하지 아니하다'고 보험금 지급을 규정한 이상 이를 쉽게 무시할 수 없다고 하지만[18] 이는 어떤 오표시(誤表示)라도 일단 표시되면 그 법적 의미(즉 효력)가 발생하여야 한다는 주장이다. 그러나, 이는 일반적인 계약도 약관 작성도 신(神)이 하는 것이 아닌 이상, 착오(즉 오표시(誤表示)가 있을 수 밖에 없다는 현실을 도외시한 것이다. 민법상 불합의(이론상), 착오(민법 제109조)가 규정되어 있는 것은 계약상 얼마든지 의도하지 않게 오표시(誤表示: 착오에 기인하는 잘못된 의사표시)가 있을 수 있다는 방증(傍證)이다.

서울 중앙지법 2014.12.18, 2014가단37628 판결은 약관에서 명시적으로 재해시 자살보험금을 지급하는 것으로 규정한 이상, 자살을 재해사망에 해당하는 자살과, 재해사망에 해당하지 않는 자살 2가지로 구분해야 한다고 한다. 그러나, 이러한 해석은 자살과 재해의 개념상 차이를 전혀 인정하지 않는 견해라고 생각한다.

본 사안에서 재해사망 보험금을 지급하여야 한다는 하나의 합리적 해석이 충분히 도출되므로 작성자 불이익의 원칙을 논의할 필요조차 없다는 견해도 있다.[19] 그러나, 이 사안에서 '스스로 목숨을 끊은 것'과 '외래의 우연한 사건발생으로 사망'한 것의 차이를 감안한다면 분명히 이 사건 약관은 '모호성(ambiguity)'이 있는 약관으로 보아야 할 것이

---

[17] 최승재, "자살면책특약의 해석에 관한 연구-대법원 2016.5.12, 2015다243347 판결을 중심으로-", 인권과 정의 제461호, 2016.11, 138면.
[18] 최승재, 위의 논문, 139면.
[19] 장덕조, "재해사망보험금 지급약관 조항과 평균적 고객의 이해가능성", 상사법무연구회 2016.7.9 발표문, 19-20면.

다.20) 또, 보험자는 보험약관을 구성하는 주도적인 위치에 있으므로 그에 따른 책임을 부담하여야 하고, 계약자측이 약관 내용의 오류를 탐지하려는 노력을 하지 않았다고 하여 보험금 지급책임면책을 주장함은 정의 관념에 반한다는 견해도 있다.21) 그러나, 법률행위시 오표시(誤表示)를 한 과실(過失)이 있다고 하여 그 표시대로 책임을 지게 하는 것은 비진의 의사표시(민법 제107조)등 극히 예외적인 사례에 불과하다. 비진의 의사표시도 표의자(表意者)의 내심(內心)의 효과의사는 분명히 표시된 바와 같이 존재하기에 원칙적으로 표시된대로 책임을 지게 하는 것이다. 또, 보험자의 실수를 알아차리지 못한 계약자(보험 수익자 포함)라 할지라도 피보험자 자신이 자살하는 경우에도 재해보상금을 받으리라고 생각(기대)하지는 않았을 것이므로 오표시(誤表示)에 대한 신뢰를 보호할 수도 없다. 설령 그러한 기대를 가졌다고 하더라도 그 오신(誤信)은 불합리하고 평균적 일반인의 관점에서는 있을 수 없으므로 보호할 가치가 없다.

그리고, 약관을 해석함에 있어서는 전체적 입장에서 객관적·합리적으로 해석해야 하고 이것이 신의성실의 원칙에도 부합한다. 이것은 해당약관의 취지와 목적을 파악하는 최선의 기준이기 때문이다. 약관 본질이 계약인가 규범인가에 관계없이 인정될 수 있어서 개개 당사자의 의도·목적을 지나치게 고려해서는 안된다.22) 즉, 약관이 무엇을 의미하는가는 개별 고객보다는 평균적 고객의 이해 가능성을 기준으로 해야

---

20) 같은 취지: 최승재, 앞의 논문, 140면.
21) 김은경, "보험약관 내용구성의 책임-자살면책 제한조항과 재해사망의 이해-", 아주법학 제10권 제1호, 2016, 106면; 이병준, "모순 있는 보험약관조항의 해석과 불명확 조항 해석원칙의 적용", 선진상사법률연구 제74호, 2016.4, 4면도 유사한 견해이다.
22) 박세민, "자살에 대한 재해사망보험금 지급에 관한 문제-재해사망 특약의 면책제한 사유 해석-", 고려법학 제80호, 2016, 290면.

한다는 것이다(Art. Ⅱ-8:105, DCFR). 이는 이태리 민법, 프랑스와 벨기에 민법 그리고 룩셈부르크 민법, 스페인 민법 등에 기초한다. 또, 원칙적으로 한 계약서 안에서 같은 기재와 표시는 각 당사자에게 같은 의미로 해석되어야 한다(객관적 해석의 관철).23) 우리 법에서 법률행위나 약관의 해석기준으로 이 원칙을 명시적으로 제시한 것은 없지만, 판례가 "예문해석(例文解釋)"24)이라고 한 것이 그에 해당한다고 볼 수 있다.25)

물론 그 반론도 있다. 즉, 법률에는 자체의 내적 통일성이 요구된다는 속성 때문에 흠결을 쉽게 보충함이 허용되지만, 약관은 개별적인 계약조건을 정한 것에 불과하므로 흠결보충은 극히 제한된 경우에만 허용된다는 주장이다.26) 그러나, 생각건대 약관해석은 (특히 이 사례에서) 흠결을 보충하거나 변경하려는 것이 아니라 규정내용 자체를 명확히 함에 전후좌우를 모두 훑어 모순 없이 하자는 것이므로 이러한 반론(反論)은 타당하지 않다고 생각된다.

체계해석의 원칙에 의할 때 이 사안에서 재해사망약관 제11조 제1항 제1호의 문언만 분리하여 의미를 확정함은 옳지 않다. 비록 고객 유리의 해석을 주장하더라도 체계적 해석만에 의하여 의미가 확정되는 이 사안에서 고객 유리 원칙을 적용함도 타당하지 않은 것으로 보인다.27)

---

23) 노종천, "DCFR에서의 약관규제", 인하대 법학연구 세15집 제3호, 2012.11, 424면.
24) 예문해석(例文解釋)이라 함은 부동문자(不動文字)로 인쇄된 (매매 등) 계약조항에 대하여, 구체적인 사안에 따라 당사자의 의사를 파악하도록 노력하되 이것이 예문(例文)에 불과하다면 다른 문구의 해석이 우선되고 이 당해 문구는 의사의 주된 부분에서 제외해도 된다는 것이다.
25) 노종천, 위의 논문, 425면.
26) 서완석, "보험약관 설계과실에 대한 책임-대법원 2016.5.12, 2015다243347 판결을 중심으로-", 기업법연구 제30권 제3호, 2016.9, 177면.
27) 권영준, 앞의 논문, 235면.

이와 같은 입장을 밝힌 판례로 대법원 2009.5.28, 2008다81633 판결이 있다. 이는 약관법 제5조 제2항의 '작성자 불이익 원칙' 적용을 부정한 사례이다. ".... 재해사망특약과 재해보장특약의 약관에서 주된 보험계약의 약관을 준용한다는 취지의 규정을 두고 있으나, 피보험자의 사망 등을 보험사고로 하는 주된 보험계약의 약관에 정한 '자살면책제한 규정'은 자살이 보험사고에 포함될 수 있음을 전제로 보험금 지급책임의 면책과 그 면책의 제한을 다룬 것이므로 보험사고가 '재해를 원인으로 한 사망' 등으로 제한되어 있어 자살이 보험사고에 포함되지 않는 재해사망(보험) 등에는 준용되지 않는다고 봄이 합리적이고, 그와 같이 합리적으로 해석할 수 있는 이상, 위 준용규정의 해석에 관하여 약관의 규제에 관한 법률 제5조 제2항에 정한 작성자 불이익의 원칙은 적용될 여지가 없다..."고 하였다. 대법원 2009.5.28, 2008다81633, 대법원 2010.11.25, 2010다45777판결 등도 같은 기조이다.

반대론에는 보험계약자가 자살도 보험사고에 포함될 것이라고 기대한다는 전제가 깔려있다. 이는 보험계약시의 합리적 기대론을 논거로 하는 것인데, 구체적·개별적 계약자가 아니라 평균적인 계약자를 기준으로 해석해야 한다는 점에서 이러한 관점은 받아들여질 수 없다고 본다.

약관의 본질에 관한 규범설 입장에서는 이 사안에서 당연히 보험자는 면책되고 계약설에 의하더라도 같은 결론에 이른다. 보험계약자(피보험자 또는 보험수익자)가 계약시 추후 피보험자가 자살하는 경우, 재해보험금을 기대하였다고 볼 수 없기 때문이다. 재해보험금 범주에 자살 보험금이 포함될 수 없으므로 보험계약자(피보험자 또는 보험수익자)의 의사에서 자살로 인한 재해보험금 보상을 기대하였으리라고는 상상할 수 없다. 다만, 보험자가 오표시(誤表示)한 것에 대해 부책(負責)이 가능한가가 계속 논란이 될 수 있다. 오표시(誤表示)한 것에 관해 당사자의 착오가 일어난 것이 아니라면 예문해석(例文解釋)에 의하여 해결할 수도 있을 것이다. 또, 이 사안에서 보험모집인도 알아차리지 못한 실수라고 하는데28) 보험모집인도 알아차리지 못한 실수였다면 보험계약자측도 이 재해자살약관 내용을 감지하지 못했을 것이다. 이 '실수'에 대해 '실수'한 사람이 무조건 결과책임을 지라고 하는 '고객보호론'은 지나치다.

이를 정리하면 다음과 같다.
ⅰ) 첫째, 만약 보험계약자가 보험자의 설계과실을 탐지한 경우라면 자살의 경우 재해보험금을 받으리라고 기대하지는 않았을 것이다. ⅱ) 둘째, 반대로 보험계약자측이 보험자의 설계과실을 탐지하지 못한 경우였다고 하더라도(아마도 이 사안은 여기에 해당할 것이다), 위에서 설명한 바와 같이 자살시 재해보험금을 받으리라고 인식하거나, 그러한 불합리한 기대에 부응할 필요는 없다. 특히 ⅱ) 보험계약자가 보험자의 오표시(誤表示)를 알 수 없었더라도 자살이 재해에 포함된다고 생각할 가능성은 거의 없어보인다. 특히 이성적 합리적 거래자를 기준으로 한 약관의 '체계적·객관적 해석의 원칙'에 의한다면 ⅰ), ⅱ) 모두 자살이 재해의 일부분(포함)이라고는 인식할 수 없었고 그러한 해석을 하는 것은 부당하다는 결론이 도출된다.

이러한 점에서 상고심보다 항소심(보험금 지급을 부정)이 옳았다고 판단한다.

---

28) 서완석, 앞의 논문, 172면.

3. 상속인의 보험금청구권과 고유재산
(대법원 2020.2.6, 2017다215728 판결)

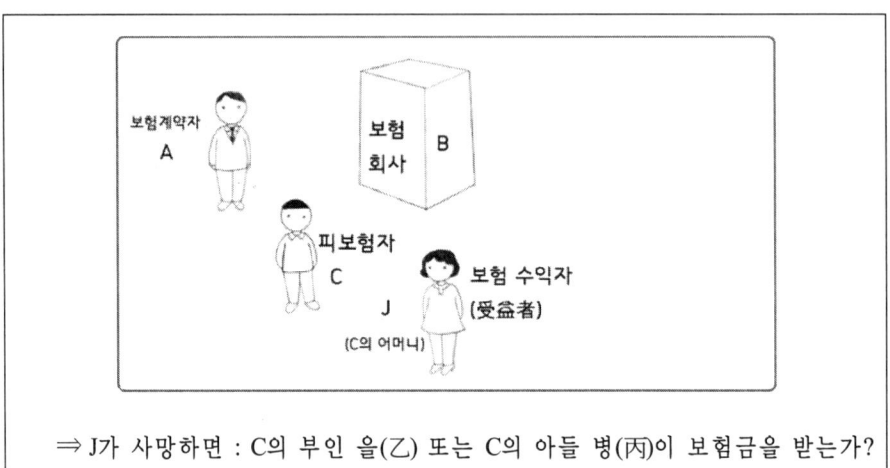

⇒ J가 사망하면 : C의 부인 을(乙) 또는 C의 아들 병(丙)이 보험금을 받는가?

Ⅰ. 사실관계

선박도장업 등을 영위하는 보험계약자 A 회사(피고)는 2015.6, 보험자 B와의 사이에 단체상해보험계약을 체결하였다. 피보험자는 A회사 소속 직원 116명으로 하고, 사망시 2억원 등을 지급하는 상해보험계약을 체결하고 보험수익자를 A회사로 하였다. 보험기간은 2015.6.8.부터 1025.6.8.까지로 하였다.

피보험자 중 1인인 중국국적의 C는 2015.8.2, 울산의 숙소에서 같은 중국 국적인 소외 甲에 의하여 살해되었다. C에게는 유족으로 처 乙, 아들 丙, 모 丁이 있다. 피고 A는 이 사건 사고와 관련, 보험자 B에게 보험금 지급을 청구하여 2억원을 지급받았다. A회사의 단체협약

제2조 제3항은 "사용자 및 근로자 대표는 개별 피보험자를 대리할 적법한 권한을 가진다"고 규정하고, 제6조는 "사망외 수익자는 (A회사 또는 피보험자), 사망시 수익자는 (A회사 또는 피보험자의 법정상속인)으로 한다"고 정하였다. A는 이를 근거로 보험금의 적법한 수령권을 주장하고 피보험자의 유족은 이 단체협약 조항의 무효를 주장한다. 또, 피보험자 C의 모 丁은 사망한 C와 관련한 권리를 포기하였는데, 그 丁의 권리가 처 乙이나 아들 丙(乙과 丙이 이 소송의 원고들)에게 이전되는지도 문제로 되었다(기타의 쟁점은 이 논평에서 생략).

II. 원심의 판단(부산고등법원 2017. 1. 19. 선고 2016나54926 판결)

1. 당사자들의 주장

(1) 원고들의 주장

① 피고 비앤비(A회사)에 대하여

피고 비앤비는 피고 삼성화재(보험자 B)로부터 보험금을 받아 원고들에게 이를 지급할 것처럼 원고들을 기망하여 보험금을 수령해가는 불법행위를 저질렀으므로 원고들에게 그로 인한 손해를 배상할 의무가 있다. 또는, 피고 비앤비의 단체협약에는 이 사건 보험금 전액을 피보험자의 상속인에게 위로금으로 지급하도록 정해져 있으므로 피고 비앤비는 원고들에게 보험금액 상당의 위로금을 지급할 의무가 있다.

② 피고 삼성화재에 대하여

이 사건 보험계약의 보험수익자 지정에 관하여 단체규약에 명시적으로 정하거나 피보험자인 망인의 서면 동의를 받지 않았으므로, 피보험자 사망의 경우 보험수익자는 망인의 상속인이다. 중화인민공화국법에 따르면 원고들과 소외 1이 망인의 공동상속인인데 소외 1이 이 사건 보험금에 관한 상속 및 지분을 포기하였다. 그러므로 피고 삼성화재는 원고들에게 보험금을 지급하거나, 보험수익자를 피고 비앤비로 잘못 알고 피고 비앤비에게 보험금을 지급함으로써 원고들에게 손해를 입게 하였으므로 그에 따른 손해배상으로 보험금 상당액을 원고들에게 지급할 의무가 있다.

(2) **피고들의 주장**

① 이 사건 보험계약의 보험수익자는 피고 비앤비로 적법하게 지정되었다. ② 피고 비앤비를 보험수익자로 정한 것에 대하여 단체규약에 명시적 규정이 없었다고 본다면 상법 제735조의3 규정에 의하여 이 사건 보험계약은 무효이므로, 피고 삼성화재가 원고들에게 보험금을 지급할 의무가 없다. ③ 원고 1과 소외 1은 법정상속인 확인서를 통하여 피고 비앤비가 이 사건 사고 관련 보험금을 수령하는 데 동의하였으므로, 원고들은 보험금지급청구권을 이미 포기하였다. ④ 피고 삼성화재는 이 사건 보험금을 피고 비앤비에게 이미 지급하였고, 이는 채권의 준점유자에 대한 변제로서 유효하다.

2. 피고 삼성화재에 대한 청구에 관한 판단

(1) **이 사건 보험계약의 보험수익자**

① 상법 제735조의3 제3항은 단체보험의 경우 보험계약자가 피보험자 또는 그 상속인이 아닌 자를 보험수익자로 지정할 때에는 단체의 규약에서 명시적으로 정하는 경우 외에는 그 피보험자의 서면 동의를 받아야 한다고 규정하고 있다.

② 이 사건 보험청약서에는 '사망보험금수익자'란과 '사망외보험금수

익자'란에 모두 '비앤비(주)'라고 기재되어 있다(갑 제5호증의2).

그러나 이와 같이 보험수익자를 피고 비앤비로 지정하는 데 대하여 단체의 규약에 명시적인 규정이 있다고 인정할 만한 아무런 증거가 없다. 오히려 갑 제4호증의 기재에 의하면 피고 비앤비와 근로자 대표 사이에 이 사건 보험계약의 체결에 관한 단체협약이 체결되었는데, 수익자지정에 관한 단체협약 제6조에는 "보험계약의 수익자는 아래와 같이 별도로 정한다. 사망외 수익자는 (□회사, □피보험자), 사망시 수익자는 (□회사, □피보험자의 법정상속인)으로 한다."라고 되어 있을 뿐 아무런 선택도 되어 있지 않는 사실이 인정된다.

이에 대하여 피고 삼성화재는 위 상법 규정에서 말하는 '단체의 규약에서 명시적으로 정하는 경우'란 단체의 규약에 사용자 등 피보험자 또는 그 상속인이 아닌 자를 보험수익자로 지정할 수 있다고 정함으로써 근로자들이 그와 같은 단체보험계약이 체결될 수 있음을 인식할 수 있으면 족한데, 위에서 본 바와 같이 피고 비앤비와 근로자 대표 사이에 작성된 단체협약에는 근로자 대표가 모든 근로자를 대표하여 사용자를 보험수익자로 하는 단체보험계약을 체결할 수 있다고 정하고 있으므로, 위 청약서에 기재된 바와 같이 피고 비앤비가 이 사건 보험의 수익자로 적법하게 지정되었다고 주장한다.

그러나 위 상법 규정을 이와 같이 해석해야 할 합리적인 근거를 찾을 수 없고, 이러한 법해석은 위 상법 조항의 문언에도 부합하지 않음이 명백하므로(피고의 주장과 같이 위 상법 조항을 해석한다면 "단체가 규약에 따라 구성원의 전부 또는 일부를 피보험자로 하는 생명보험계약을 체결하는 경우에는 제731조를 적용하지 아니한다."라는 상법 제735조의3 제1항이 있음에도 위와 같은 제3항 규정을 신설할 이유가 없다), 피고 삼성화재의 위 주장은 이유 없다(이하 생략).

(2) 보험수익자인 망인의 상속인

상속은 사망 당시 피상속인의 본국법에 의하는 것인바(국제사법 제49조 제1항), 피상속인인 망인은 중화인민공화국인이므로, 망인의 사망으로 발생하는 상속에 관해서는 중화인민공화국법에 따른다. 중화인민공화국 상속법 제10조는 제1순위 상속권자로 배우자, 자녀, 부모를 규정하고 있는데(갑 제13호증), 망인의 유족으로 처인 원고 1, 아들인 원고 2, 어머니 소외 1이 있는 사실은 앞서 본 바와 같으므로, 원고들과 소외 1이 망인의 제1순위 상속권자이다. 한편, 계약은 당사자가 명시적 또는 묵시적으로 선택한 법에 의한다(국제사법 제25조 제1항). 갑 제9호증의 기재에 의하면 이 사건 보험계약 보통약관 제46조가 '이 계약은 대한민국 법에 따라 규율되고 해석되며, 약관에서 정하지 않은 사항은 상법, 민법 등 관계 법령에 따른다.'라고 규정하고 있는 사실이 인정된다. 따라서 이 사건 보험계약에 관해서는 대한민국법이 적용된다. 이 사건 보험계약에 있어서 망인의 사망보험금의 보험수익자가 망인의 상속인임은 위에서 본 바와 같은데, 갑 제14호증의 기재에 의하면 소외 1은 이 사건 보험금에 관한 권리(지분)를 포기한 사실이 인정되므로(피고 삼성화재는 소외 1이 중화인민공화국법에 따라 적법하게 상속을 포기하였는지에 관하여 다투나, 소외 1은 상속인의 지위에서 보험금청구권을 포기한 것이므로, 상속포기의 적법 여부가 문제될 것은 아니다), 나머지 상속인인 원고들이 망인의 사망보험금에 관한 보험수익자가 된다.

3. 피고 비앤비에 대한 청구에 관한 판단

(1) 피고 비앤비가 원고들을 기망하였다는 주장에 관하여 보건대, 갑

제8호증의 1, 2의 각 기재만으로는 피고 비앤비의 담당 직원이 이 사건 보험계약의 적법한 보험수익자가 원고들이라는 사실을 알면서도 이와 달리 고지하여 원고들을 기망하였다거나 피고 비앤비가 보험금을 수령하여 원고들에게 지급할 것처럼 원고들을 기망하였다고 인정하기에 부족하고, 달리 그와 같이 인정할만한 증거가 없다. 그러므로 원고들의 위 주장은 이유 없다.

(2) 피고 비앤비는 이 사건 보험금 전액을 원고들에게 위로금으로 지급하여야 한다는 주장에 관하여 보건대, 갑 제4호증의 기재에 의하면 피고 비앤비와 근로자 대표 사이에 체결된 단체협약 제6조 제2항에는 사용자가 수익자로 지정된 경우 보험금 전액을 피보험자 또는 그 법정상속인에 대한 회사 지원 위로금 용도로 사용한다고 정해져 있는 사실은 인정되나, 위에서 본 바와 같이 이 사건 보험계약의 수익자를 피고 비앤비로 지정한 것은 효력이 없으므로, 피고 비앤비가 적법한 보험수익자로서 보험금을 수령하였을 것을 전제로 하는 위 단체협약 규정을 이 사건에 적용할 수 없다. 그러므로 원고들의 위 주장도 이유 없다.

4. 결론

그렇다면 원고들의 피고 삼성화재에 대한 청구는 위 인정범위 내에서 이유 있으므로 인용하고 위 피고에 대한 나머지 청구 및 피고 비앤비에 대한 청구는 이유 없으므로 기각할 것인바, 제1심 판결 중 피고 삼성화재에 대한 부분은 이와 일부 결론을 달리하여 부당하므로 피고 삼성화재의 항소를 일부 받아들여 위 인용금액을 초과하여 지급을 명한 피고 삼성화재 패소부분을 취소하고 그 취소부분에 해당하는 원고들의 청구를 기각하고, 피고 삼성화재의 나머지 항소와 원고들의 항소는 모두 이유 없으므로 기각한다.

III. 대법원의 판단(대법원 2020.2.6, 2017다215728 판결)

구 상법(2017. 10. 31. 법률 제14969호로 개정되기 전의 것, 이하 같다) 제735조의3 제3항은 '단체보험계약에서 보험계약자가 피보험자 또는 그 상속인이 아닌 자를 보험수익자로 지정할 때에는 단체의 규약에서 명시적으로 정하는 경우 외에는 그 피보험자의 서면 동의를 받아야 한다'고 규정하고 있는바, 단체의 규약에서 피보험자 또는 그 상속인이 아닌 자를 보험수익자로 명시적으로 정하였다고 인정하기 위해서는 피보험자의 서면 동의가 있는 경우와 마찬가지로 취급할 수 있을 정도로 그 의사가 분명하게 확인되어야 한다. 따라서 단체의 규약으로 피보험자 또는 그 상속인이 아닌 자를 보험수익자로 지정한다는 명시적인 정함이 없음에도 피보험자의 서면 동의 없이 단체보험계약에서 피보험자 또는 그 상속인이 아닌 자를 보험수익자로 지정하였다면 그 보험수익자의 지정은 구 상법 제735조의3 제3항에 반하는 것으로 효력이 없고, 이후 적법한 보험수익자 지정 전에 보험사고가 발생한 경우에는 피보험자 또는 그 상속인이 보험수익자가 된다.

보험계약자가 피보험자의 상속인을 보험수익자로 하여 맺은 생명보험계약이나 상해보험계약에서 피보험자의 상속인은 피보험자의 사망이라는 보험사고가 발생한 때에는 보험수익자의 지위에서 보험자에 대하여 보험금 지급을 청구할 수 있고, 이 권리는 보험계약의 효력으로 당연히 생기는 것으로서 상속재산이 아니라 상속인의 고유재산이다. 이때 보험수익자로 지정된 상속인 중 1인이 자신에게 귀속된 보험금청구권을 포기하더라도 그 포기한 부분이 당연히 다른 상속인에게 귀속되지는 아니한다. 이러한 법리는 단체보험에서 피보험자의 상속인이 보험수익자로 인정된 경우에도 동일하게 적용된다.

IV. 쟁점

1. 생명보험의 단체보험에서 단체의 규약(단체협약 등)에서 보험수익자를 명시적으로 정할 수 있게 하고 있는데, 이 단체규약에서 보험계약자가 피보험자나 그 상속인이 아닌 자를 보험수익자로 정하는 것도 가능하다. 이 사안이 그에 해당하는가?

2. 보험수익자 중 피보험자 C의 모 丁이 포함된다고 볼 때, 丁이 자신의 권리를 포기한 경우, 丁의 권리가 C의 처 乙이나 아들 丙에게 이전하는가? 이는 모 丁의 보험금 청구권이 丁의 상속권인가, 고유권인가의 문제이다.

V. 해설

단체보험에서 보험계약자는 자신을 보험수익자로 지정할 수 있는가? 실제상 보험계약자인 기업주(또는 회사 자체)가 업무상 재해발생시 가족에 대한 위로금 등 보상금 지급, 인력을 새로 보충하기 위한 비용(교육훈련비 등)을 보충하기 위해 보험계약자 자신을 보험수익사로 하는 경우가 있어서 이는 가능하다고 본다. 다만, 이에 대해서는 유가족과의 분쟁이 많아서 2014년 상법 개정시에 이를 반영한 규정을 두었다. 그리하여 단체보험에서 보험계약자가 피보험자나 그 상속인이 아닌 자를 보험수익자로 지정할 때는 ⅰ) 단체의 규약에서 명시적으로 정하거나,

ii) 그 피보험자의 서면동의를 받아야 한다고 하였다(상법 제735조의 3 제3항).

이 사안에서 단체협약 제2조 제3항은 "사용자 및 근로자 대표는 개별 피보험자를 대리할 적법한 권한을 가진다"고 하고, 제6조는 "사망외 보험수익자는 A회사 또는 피보험자이고, 사망시 보험수익자는 A회사 또는 피보험자의 법정상속인으로 한다"고 규정하였는데 이 유효성이 문제이다.

생각건대, 2014년 개정 상법이 피보험자의 서면동의 없이 보험수익자를 피보험자나 그 상속인 아닌 자로 지정할 때는 단체규약에서 "명시적"으로 정하라고 하였으므로 그 요건을 갖추어야 한다. "명시적 지정"이라는 요건을 본 사안의 규약이 충족하는가를 볼 때 규약의 두 조항은 미흡하다고 보인다. 규약 제2조 제3항이 "사용자.... 가 개별 피보험자를 대리할 적법한 권한을 가진다"고 한 것은 적법한 보험수익자 지정이라고 할 수 없다. 제6조가 A회사를 보험수익자로 지정한 것으로 볼 여지가 없지는 않다. 보험수익자를 "A회사 또는 피보험자의 법정상속인"으로 지정할 수 있다고 하였기에 단체규약상 A회사가 보험수익자로 될 수 있는 근거를 두었다고 할 여지가 분명 있기 때문이다. 다만, 상법은 "명시적으로" 피보험자나 그 상속인 아닌 자를 규정해야 한다고 하였는데 "A회사 또는 ...."이라고 함은 "명시적" 규정이 아니라 선택적 또는 예비적 지정으로 볼 수 있기 때문이다. 다만, "명시적" 지정이 반드시 "확정적 특정"만을 요구하는가에 대해서는 충분히 논란이 있을 수 있다. "명시"라는 것은 "명백하게" "표시"하라는 것인데 i) 확정적 표시("피보험자를 A회사로 한다") 뿐만 아니라 ii) 선택적이나 예비적 표시("보험수익자를 A회사 또는 피보험자의 상속인으로 한다")도 "명시"로 볼 수 있기 때문이다. 1심, 2심과 상고심 모두 "명시"가 되지 못한다고 하고 있으나, 왜 ii) 선택적 표시나 예비적 표시가 "명시"에 포함되지 못하는가에 대해서는 그 어떤 합리적인 설명도 없다. 필자로서는 이러한 "명시적 표시"에 대해 확실한 논리적 근거가 추가되어야 판결의 정당성에 이론(異論)이 없을 것이라 본다.

보험계약자가 피보험자의 상속인을 보험수익자로 하여 맺은 생명보험계약이나 상해보험계약에서 피보험자의 상속인이 갖는 보험금 청구권은 상속재산인가, 고유재산인가? 이는 피보험자의 재산을 피보험자의 사망을 법률요건으로 하여 승계(포괄승계)취득하는 것이 아니어서 상속재산이 아니라고 할 것이다. 즉, 피보험자의 상속인이 보험수익자로 되어 있어서 보험사고(피보험자의 사망)시 보험금을 받는 것은 보험계약의 법률적 효과일 뿐 상속과는 무관하다는 판단이다. 상속이라 함은 한 사람의 자연인이 사망하면서 그가 남긴 재산을 포괄적으로 상속인에게 승계시키는 것인데, 보험계약상 보험사고가 "피보험자의 사망"일 뿐 수령하는 재산(보험금)은 피보험자의 "소유물"이 전혀 아니었던 "약정 보험금"일 뿐이다. 그 보험금 청구권은 보험계약의 효력발생과 동시에 상속인이 되는 자의 고유재산으로 되어, 피보험자의 유산과는 무관한 것이 된다. 또, 보험수익자의 지정이 무효라고 보는 이 사안에서 보험수익자의 확정은 상법 제733조 제4항의 규정에 의해 해결하여야 하는데, 이 규정에 의하면 피보험자의 상속인이 보험수익자가 된다.

이와 비슷한 사건에 있어서 대법원 2001.12.24, 2001다65755 판결은 "....보험계약자가 피보험자의 상속인을 보험수익자로 하여 맺은 생명보험계약에 있어서 피보험자의 상속인은 사망이라는 보험사고가 발생한 때에는 보험수익자의 지위에서 보험자에 대하여 보험금 지급을 청구할 수 있고, 이 권리는 보험계약의 효력으로 당연히 생기는 것으로 상속재산이 아니다. 원심이, 피고들이 상속을 포기함으로써 망인의 상속채무는 면하는 한편, 망인의 재해사망보험금을 취득하게 하는 것은 사회상규에 반하여 허용할 수 없다는 원고의 주장에 대하여, 피고들이 보험계약상의 보험수익자의 지위에서 계약상 취득한 보험금청구권을 행사한다 하여 이미 이루어진 상속포기의 효력에 영향을 미치지 아니하고, 또 상속을 포기한 상속인들에게 보험금청구권을 인정한다 하여 사회상규에 반한다고 할 수 없다고 하여, 원고의 주장을 배척한 것은 옳다.....".고 하였다.

대법원 2001.12.28, 2000다31502 판결도 ".... 생명보험의 보험계약자가 스스로를 피보험자로 하면서, 수익자는 만기까지 자신이 생존할 경우에는 자기 자신을, 자신이 사망한 경우에는 '상속인'이라고만 지정하고 그 피보험자가 사망하여 보험사고가 발생한 경우, 보험금 청구권은 상속인들의 고유재산으로 보아야 할 것이고, 이를 상속재산이라 할 수 없다...."고 하였다. 대법원 2002.2.8, 2000다64502 판결도 ".....피보험자 사망시의 상속인을 수익자로 지정하여 둔 경우에, 그 의미는 보험금 청구권이 일단 피보험자에게 귀속하여 상속재산을 형성하였다가 그 상속인에게 이전한다는 취지라기보다는 장래에 보험금청구권이 발생한 때의 수익자를 특정하는 방법으로서 그와 같이 표시하였다고 해석함이 상당하다. 따라서 그 보험금은 상속인의 고유재산이 된다고 할 것이다...."고 판시한 바 있다. 대법원 2004.7.9, 2003다29463도 "....보험계약자의 명시적인 지정이 있는 경우, 또 보험계약자의 명시적인 지정이 없더라도 보험약관에 그 지정과 동일하게 볼 수 있는 규정이 있는 경우에 관하여는, 상속재산이 아니라 고유재산이 된다..."고 하였다.

그런데 계약에서 명시적인 지정이 없거나, 이 사례처럼 명시적 지정이 무효로 되는 경우, 상법 제733조 제4항에 의해 보험수익자가 결정될 수 밖에 없는데 이 경우에도 위의 법리(法理)를 적용 내지 유추적용할 수 있는가? 생각건대, 이에 대해서도 달리 볼 필요가 없을 것이다.[1] 이는 i) 첫째, 상법 제733조의 규정은 보험수익자의 지정에 관한 계약 당사자의 의사를 보완하는 규정이므로 당사자의 명시적인 지정이 있었던 경우와 달리 볼 특별한 이유가 없다. ii) 둘째, 상법 제733조는 민법의 상속에 관한 규정과 같은 취지에서 보험수익자의 상속권을 정한 것이 아니며(만약 그렇다면 민법의 상속 규정으로 충분하다. 상법에서 이를 따로 규정할 필요가 없다). iii) 셋째, 대법원 2001다6575판결이 ".... 상속을 포기한 상속인들에게 보험수익자로서의 보험금청구권을 인정한다 하여 사회상규에 반한다고 할 수 없다..."고 판시하는 점 등을 고려한다면 이 보험금청구권은 상속재산이 아니라 고유재산이 될 수 밖에 없다.[2]

앞에서 본 바와 같이 보험수익자는 보험자에 대한 보험금청구권을 직접적이고도 원시적으로 취득하는 것이지, 보험계약자로부터 또는 피보험자로부터 승계취득하는 것이 아니라는 것이 통설과 판례이다.[3] 그리하여 상속인의 보험금청구권은 그 자신의 고유재산이지 상속재산이 아니다. 이는 보험사고 발생 전에 보험계약자가 보험수익자 지정을 철회·변경할 수 있는가와 무관하다.[4] 이러한 법리는 민법상 제3자를 위한 계

---

[1] 이러한 취지의 최초 판례는 대법원 2004.7.9, 2003다29463판결이다.
[2] 이광만, "상해의 결과로 사망하여 사망보험금이 지급되는 상해보험에 있어서 보험수익자가 지정되지 않아 피보험자의 상속인이 보험수익자로 되는 경우, 그 보험금청구권이 상속인의 고유재산인지", 대법원판례해설 제51호, 2005, 473면.
[3] 곽윤직, 상속법, 박영사, 2004, 79-80면; 윤진수, 친족상속법강의, 박영사, 2022, 332-333면 등.
[4] 최준규, "생명보험수익자의 법적 지위-수익자에 대한 채권자취소권·부인권 행사와

약에서 수익자가 수익의 의사표시를 하여 낙약자로부터 직접 권리를 취득하는 경우에도 같다.5)

그러나, 이러한 취지가 모두 관철되는 것은 아니다. 상속세 및 증여세법 제8조 제1항에서 "피상속인의 사망으로 인하여 받는 생명보험 또는 손해보험의 보험금으로서 피상속인이 보험계약자인 보험계약에 의하여 받는 것은 상속재산으로 본다"는 것이 있다. 또, 이 법 제8조 제2항에서 "보험계약자가 피상속인이 아닌 경우에도 피상속인이 실질적으로 보험료를 납부하였을 경우에는 피상속인을 보험계약자로 보아 제1항을 적용한다"라는 규정을 두고 있다. 헌법재판소는 이 규정들이 합헌이라고 한 바 있다. 헌법재판소 2009.11.26, 2007헌바137 전원재판부 결정은 "......본래 피상속인의 사망으로 인하여 지급받는 생명보험금은 피상속인의 재산에 일단 귀속된 다음에 상속 또는 유증 등에 의하여... 또 실질과세의 원칙 등을 실현하기 위한 적절한 수단이라고 할 것이다..."라고 하였다. 또, 피보험자의 채권자의 채권자취소권·부인권 보장 등과 관련하여 상속인의 보험금청구권에 대해 피보험자의 재산상속과 같은 효과를 인정해야 한다는 견해도 있다.6) 이 견해에 의하면 보험계약 체결시 제3자를 수익자로 지정하였지만 이것이 철회될 수 있는 상태였다면 보험계약자는 보험사고 발생전까지 보험자에 대하여 해약환급금 채권을 갖는다고 한다. 이 해약환급금 채권은 (생명보험이 보장성 보험이 아닌 한) 보험계약자의 책임재산에 포함되는데 보험사고가 발생하면 보험계약자가 해약환급금채권을 행사할 수 없고 보험수익자가 보험금 청구권을 원시취득하는 결과가 된다고 한다.

관련하여", 사법 제1권 44호, 2018, 379면.
5) 민법주해 13권(송덕수 집필), 법학논집, 이화여대 법학연구소, 2015, 155-158면; 지원림, 민법강의 제15판, 박영사, 2017, 1335면.
6) 최준규, 위의 논문, 380면 이하.

또, 보험계약체결 이후 보험사고 발생전에 보험계약자가 보험수익자 변경권을 포기하여 수익자가 확정적으로 권리를 취득하게 되면 그 때에 법률관계의 극적 변동이 일어난다는 것이다. 그리고 보험수익자가 보험계약 체결시 이미 확정적으로 수익권을 취득한 것이라면 수익권 취득시점에 보험계약자의 책임재산이 소멸하지는 않는다고 한다. 보험계약 체결 당시 보험계약자는 애초에 해약환급금 채권을 가질 여지가 없었다는 것 때문이다. 뿐만 아니라 보험계약자가 수익자 변경권을 가지고 있지만, 생명보험이 보장성 보험이어서 보험계약자의 채권자들이 해약환급금 채권을 책임재산으로 할 수 없는 경우, 보험사고 발생으로 인하여 보험계약자의 책임재산은 사고 전에 비하여 변동이 없다. 그러나, 보험계약자의 재산적 손실(보험료 지급)로 인하여 보험수익자가 이득을 누린 것은 같다고 본다. 위의 각 사례에서 보험금 청구권이 상속인의 고유재산이라고만 하여도 보험수익자 지정에 사해행위(詐害行爲)가 개재되었다고 할 수는 없다. 보험수익자의 수익권은 보험계약자의 책임재산에 포함되었던 바가 전혀 없었기 때문이다. 보험계약자의 책임재산으로 된 적이 없기에 사해행위가 이루어질 수 없었다는 것이다. 다만, 보험계약자의 책임재산 감소와 보험수익자의 보험금청구권(또는 수익권)취득과의 사이에는 실질적 관련성이 있다고 본다.[7] 이는 보험계약자와 보험수익자 사이의 대가관계에 주목하여 이 법률관계를 경제적 실질의 관점에서 본다면 보험계약자가 보험료 지급을 통해 보험수익자에게 수익권 상당액을 무상으로 제공(間接 出捐)하였다는 것이다.

그러나, 이러한 관점에는 찬성할 수 없다. 보험수익자의 수익권(또는 보험금 청구권)은 보험계약상 의사표시나 법률행위에 의하여 발생하는 것인데 보험계약자의 출연(出捐: 보험료 지급)에 의해 야기 또는 원인

---

[7] 최준규, 위의 논문, 382면.

제공되었다는 인과적(因果的) 연결고리가 있다하여 지급되는 보험금액이 반드시 보험계약자의 책임재산으로 될 수 있다는 의제(간주)는 논리적 비약이다. 이 논리를 견지한다면 손해보험, 인보험의 어떤 보험금청구권이라도 보험료를 지급한 보험계약자의 책임재산과의 실질적 연관효과에서 자유로울 수 없다는 부당한 결론에 이르게 될 것이다. 결론적으로 피보험자의 채권자의 채권자취소권·부인권 보장 등과 관련하여 상속인의 보험금청구권에 대해 피보험자의 재산상속과 같은 효과를 인정해야 한다는 견해에는 찬성할 수 없다. 상속인의 보험금 청구권은 상속권이 아니라 상속인의 고유권이라는 점에는 변동이 없다고 판단된다. 상속세 및 증여세법과 같은 상속인 재산의 제한은 가급적 자제되어야 한다. 이를 지나치게 확장하는 것은 재산권에 대한 침해 내지 과도한 제한이 될 수 있다고 본다.

이 점에서 원심과 대법원 판단을 지지한다(보험금 청구권의 고유권설).

4. 생명보험회사의 대출계약과 공정거래법 위반 여부
(대법원 2020.4.9, 2019마6806)

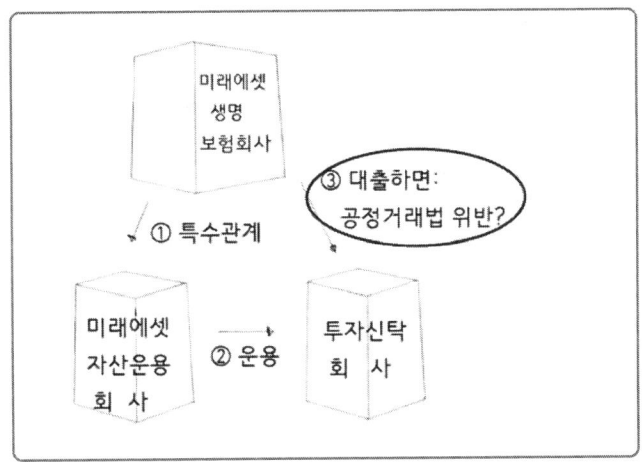

Ⅰ. 사실관계

자본시장과 금융투자업에 관한 법률(이하, '자본시장법'이라 한다)에 의한 집합투자업자이자 위반자의 특수관계인인 미래에셋자산운용주식회사(이하 '이 사건 회사'라 한다)가 운용하는 투자신탁재산에 대하여 대주단이 대출을 실행하는 과정에서, 미래에셋생명보험주식회사가 투자신탁재산에 대출하였다.

여기서 쟁점은 다음이다. 미래에셋 생명보험주식회사는 자본시장법상의 집합투자업자인데 그의 특수관계인인 미래에셋 자산운용주식회사가 운용하는 투자신탁회사에 대출한 것이 공정거래법을 위반한 것인지이다. 이에 대해 미래에셋 생명보험주식회사는 이 사건 각 대출행위는 미래에셋 생명보험주식회사가 소속된 대주단과 신탁업자(차주) 사이의 금전대차계약에 불과할 뿐이라고 주장하였다.

II. 원심의 판단(서울남부지방법원 2018. 2. 23.자 2017과102187 결정)

원심은, "…. 비록 이 사건 대출계약에 의하여 법률상 변제책임을 부담하는 주체는 형식적으로는 신탁업자(차주)이지만, 투자신탁재산의 운용업무는 집합투자업자인 이 사건 회사가 수행하도록 되어 있고(자본시장법 제184조 제2항), 이 사건 회사가 투자신탁재산을 보관·관리하는 신탁업자에 대하여 투자대상자산의 취득, 처분 등에 관하여 필요한 지시를 하여야 하고, 그 신탁업자는 이 사건 회사의 지시에 따라 투자대상자산의 취득·처분 등을 해야 할 책임이 있다(자본시장법 제80조 제1항). 즉, 이 사건 각 투자할 부동산을 물색·기획하고 투자구조를 설계하고 투자신탁에 대한 투자자를 모집하며 대주단으로부터 필요한 금액에 대한 대출작업을 진행하고, 확보된 자금을 바탕으로 투자의 방식과 형태, 자금 운영 등을 결정하는 것은 이 사건 투자신탁재산의 운용자인 이 사건 회사라고 할 수 있고, 투자자나 대주단에 위반자 이외의 다른 금융회사 등도 포함되어 있었다는 사정만으로 달리 취급할 이유는 없다. 그렇다면 위반자가 이 사건 각 투자신탁재산에 대하여 실행한 대출거래는 위반자의 특수관계인인 이 사건 회사가 위 금전거래의 상대방에 해당한다고 할 것이고, 여기에서 신탁업자는 투자신탁재산의 보관·관리업무를 위탁받은 주체로서(자본시장법 제184조 제3항) 계약의 법률상 효과가 귀속되는 당사자인 것에 불과하다고 할 것이므로, 결국 이 사건 각 대출거래는 특수관계인인 이 사건 회사를 상대방으로 하는 자금의 거래행위에 해당한다고 할 것이다. 위반자가 이러한 거래행위에 대하여 공시 절차를 거치지 않은 이상, 독점규제법 제11조의2 제1항을 위반한 것으로 볼 수 있는바, 이 사건의 거래금액, 거래의 경위 등 제반사정을 종합하여, 독점규제법 제69조의2 제1항 제1호, 제11조의2 제1항, 질서위반행위규제법 제36조 제1항을 위반하였다..."고 한다.

Ⅲ. 대법원의 판단(대법원 2020. 4. 9. 2019마6806 결정)

이 사안에 대해 대법원은 "....구 독점규제 및 공정거래에 관한 법률(2017. 4. 18. 법률 제14813호로 개정되기 전의 것, 이하 '공정거래법'이라 한다) 제11조의2 제1항은 내부거래공시대상회사는 특수관계인을 상대방으로 하거나 특수관계인을 위하여 대통령령이 정하는 규모 이상의 자금, 유가증권, 자산의 거래행위를 하고자 하는 때에는 미리 이사회의 의결을 거친 후 이를 공시하여야 한다고 규정하고 있는바, 위 규정이 공시의 요건으로 특수관계인을 상대방으로 하거나 특수관계인을 위한 일정한 규모 이상의 자금 등 거래행위일 것을 정하고 있을 뿐 그 거래행위의 구체적 목적이나 태양을 정하고 있지 아니한 점, 특수관계인 상호 간의 부당내부거래를 사전에 억제하고 대규모내부거래에 관한 정보를 시장에 제공한다는 위 규정의 입법 취지, 위 규정 본문이 '특수관계인을 위하여' 하는 거래행위를 공시대상으로 명시하고 있는 취지와 그 규정 내용 및 거래 현실 등에 비추어 보면, '특수관계인을 위하여' 하는 거래에는 자본시장과 금융투자업에 관한 법률에 따라 집합투자업자인 특수관계인이 운용하는 투자신탁재산을 보관·관리하는 신탁업자를 차주로 하여 그 투자신탁재산에 대한 대출계약을 체결하는 것도 포함된다고 봄이 상당하다.....

원심은 내부거래공시대상회사인 재항고인이 판시와 같이 특수관계인인 계열회사가 운용하는 투자신탁재산의 신탁업자에게 이 사건 대출거래를 한 사실을 인정한 다음, 이 사건 대출거래는 특수관계인을 상대방으로 하는 자금의 거래행위에 해당한다고 보아 공정거래법 제11조의2 제1항의 규정에 의한 공시대상인 대규모내부거래에 해당한다는 취지로 판단한 제1심결정을 그대로 유지하였다. 원심이 이 사건 대출거래가 특수관계인을 위한 거래행위가 아니라 특수관계인을 상대방으로 하는 거래행위에 해당하는 것으로 본 것은 부적절하나, 이 사건 대출거래가 공정거래법 제11조의2 제1항의 규정에 의한 공시대상인 대규모내부거래에 해당한다고 본 결론에서는 정당하므로, 재항고이유 주장과 같이 공정거래법 제11조의2 제1항 등 관련 법리를 오해하여 판결에 영향을 미친 잘못이 없다…… 그러므로 재항고를 기각하기로 하여, 관여 대법관의 일치된 의견으로 주문과 같이 결정한다…"고 하였다.

즉, 이 사안을 독점규제법 위반으로 판단하였다.

IV. 해설

우리나라는 1980년부터 기업집단의 내부거래에 대해 규제해야 한다고 하였다. 차별적 행위의 금지를 규정한 것은 기업집단 소속의 회사가 계열사에 대하여 특별히 유리한 거래조건을 제시하지 못하게 하고 경쟁사업자에 대해 불리하게 하지 못하도록 하는 것이 그 취지였다.[1] 그 중 공정거래법은 1980년 12월에 제정되었다(독점규제 및 공정거래에 관한 법률). 독과점의 폐해를 규제하고 경제운용을 정부주도에서 민간주도로 바꾸되, 기업의 자유롭고 창의적인 경쟁이 가능하도록 하고, 소비자의 권리도 보호하도록 한다는 복합적인 이유로 제정되었다. 구체적인 목적은 시장지배적 사업자의 부당한 가격결정, 출고조절, 경쟁사업자의 참가 제한 등 남용행위와 가격의 동조적 인상 행위의 규제, 독과

---

[1] 신영수, "특수관계인에 대한 부당한 이익제공행위의 규제법리", 경제법연구 제14권 3호, 2015.12, 236면.

점의 억제를 위하여 경쟁제한하는 회사의 합병, 주식취득, 임원겸임, 영업양수 등을 통한 기업결합 금지, 부당한 공동행위나 불공정거래행위의 차관, 합작투자, 기술도입계약 등 국제계약의 규제 등이다. 이에 의하면 특수관계인 또는 회사는 다른 사업자로부터 불공정 우려가 있는 지원을 받아서는 안된다. 불공정거래행위의 유형과 기준은 대통령령으로 정한다. 또 공정거래위원회는 위반행위를 예방하기 위하여 필요한 경우 사업자가 준수하여야 할 지침을 제정·고시할 수 있고, 사업자 또는 사업자단체는 부당한 고객유인을 방지하기 위하여 자율적으로 공정경쟁규약을 정할 수 있다. 특수관계인이란, 동일인, 동일인 관련자, 좁은 의미의 특수관계인을 모두 포함하는 개념이다.

특히 이 사례에서 문제된 바는 제11조의 2이다(대규모 내부거래의 이사회 의결 및 공시). 그 내용은 다음과 같다.

제1항 - 「제14조 제1항 전단에 따라 지정된 공시대상 기업집단에 속하는 회사는 특수관계인을 상대방으로 하거나 특수관계인을 위하여 대통령령으로 정하는 규모 이상의 다음 각 호의 어느 하나에 해당하는 거래행위(이른바 대규모 내부거래)를 하려고 하는 때에는 미리 이사회의 의결을 거친 후 이를 공시하여야 한다. 제2항에 따른 주요내용을 변경하려는 때에도 같다.
  1. 가지급금 또는 대여금 등의 자금을 제공 또는 거래하는 행위
  2. 주식 또는 회사채 등의 유가증권을 제공 또는 거래하는 행위
  3. 부동산 또는 무체재산권 등의 자산을 제공 또는 거래하는 행위
  4. 주주의 구성 등을 고려하여 대통령령으로 정하는 계열회사를 상대방으로 하거나 동 계열회사를 위하여 상품 또는 용역을 제공 또는 거래하는 행위」

제2항 「공시대상 기업집단에 속하는 회사는 제1항에 따라 공시를 할 때 거래의 목적, 상대방, 규모 및 조건 등 대통령령으로 정하는 주요내용을 포함하여야 한다」

특수관계인간의 거래의 예로는 ⅰ) 회계변경(기준서 제정에 따른 회계변경, 회계처리방법 변경, 전기재무제표 수정, 자산재평가, 회계추정의 변경) ⅱ) 중요한 거래(주요 유가증권의 매입과 매도) ⅲ) 영업환경 및 지배구조의 변화(합병, 워크아웃, 증자, 주주변동), ⅳ) 중대한 불확실성 야기행위(소송 등)가 있다.[2]

이 사례에서 그 위반이 문제된 바, 공정거래법은 제정시부터 시장집중을 견제하는 데 주요 목적을 두었다. 일반집중이나 소유집중에 대해서는 규제를 하지 않고 있었는데 그 이후 개정시에 이러한 집중현상에 대해서도 규정을 두었다. 즉, 1986년 개정시 대규모 기업집단에 대한 규제를 위하여 지주회사의 설립금지, 대규모 기업집단에 속하는 계열회사의 상호출자금지, 출자총액 제한 등을 두었다. 1992년에는 계열회사 상호채무보증 제한제도가 추가되었다. 다시 말하여 공정거래법은 애초에 시장에서 독과점 등 경제력 집중을 견제함을 주된 목적으로 하였던 것이다. 독과점은 다른 경제주체의 부를 하나 또는 소수 기업으로 이전하게 되므로 그 폐해를 억제해야 한다. 다만, 독과점 시장 자체를 규제하는데 주안점을 두어야 한다. 자칫 기업집단 전체를 규제하는 것은 지나친 규제가 될 수 있기 때문이다.[3] 그리고 공정거래법에 의하면 자산 5조원을 기준으로 하는데 이는 산업의 특성이나 시장의 규모를 전혀

---

[2] 신용준, "기업의 특수관계인간의 거래에 대한 역사적 고찰에 관한 연구", 경영사학 제29집 제4호, 2014.12, 202면.
[3] 최승재, "공정거래법상 특수관계인 규정의 쟁점과 개선방안", 전국경제인연합회, 2010, 22면; 신용준, 위의 논문, 205면.

반영하지 못한다면 획일성·경직성을 벗어날 수 없다.4)

과거 기업집단이 회사기회를 유용(流用)하고, 합병이나 영업양도 이외의 방법으로 자산 등을 편법적으로 이전한 것, 경영의 투명성 부족 등은 누차 그 폐단이 지적된 바다. 대기업집단이 연쇄도산하면 하도급업체 뿐만 아니라 경제 전반에 크나큰 충격과 손해를 안기기 때문에 이러한 폐해는 규제되어야 마땅하다. 기업집단의 내부거래는 대주주 2세의 지분이 클수록 많이 이루어진다고 하지만 기업 규모에 관계없다.5) 이는 기업승계(즉 상속)을 선진국에 비하여 매우 어렵게 규제하고 있는 우리 법의 현실과 관련되어 있다. 내부거래가 많이 이루어지는 업종은 시스템 통합관리업, 부동산업, 전문서비스업, 사업지원서비스업 등이라고 한다.6)

한 기업이 계열회사 등 특수관계인과 거래를 한다는 것은 도덕적 문제를 야기하는 것으로 간주되었다. 어떤 기업이 특수관계인과의 거래를 통해 지배주주가 기업과 관련없이 자기의 이익을 추구할 우려가 있기 때문이다. 이러한 행위를 터널링(tunneling) 또는 자기거래라고 한다.7) 상법(주식회사법)에서 사업기회의 유용을 규제하는 것(상법 제397조의2)도 같은 취지이다. 그런데 독점금지 및 공정거래에 관한 법률(이하 공정거래법)에서 이를 금지하는 것은 위의 위험성(이른바 대리인 비용의 위험) 뿐만 아니라 시장 지배력을 형성하거나 다른 거래자를 차별한다는 등의 고려가 추가적으로 작용하고 있다. 또, 부당한 내부거래는

---

4) 신용준, 앞의 논문, 205면.
5) 신영수, 앞의 논문, 235면.
6) 신영수, 앞의 논문, 235면.
7) 윤경수·진양수, "공정거래법상 특수관계인과의 거래규제", 법경제학연구 제16권 2호, 2019.8, 266면.

비효율적인 기업을 유지하게 하고, 자원배분도 왜곡할 우려가 있다. 상품이나 용역, 금융거래, 보증거래 등을 통한 내부거래(內部去來)는 자유로운 시장에의 참입(參入)을 저지하고 부당하게 다른 사업자의 경쟁을 저해할 수 있다. 이것은 경제 전체에 부담을 주고 다른 경제주체의 사업기회를 박탈하는 부당한 결과로 이어질 수 있다.[8]

공정거래법상 '내부거래'란 공정거래법에 의해 대기업집단으로 지정된 회사가 계열회사에 대해 거래하는 것이다. 공정거래법상 계열회사란 동일인이 단독 또는 배우자 등 친족, 동일인이 30% 이상 소유한 비영리법인 등과 함께 당해 회사의 발행주식의 30% 이상을 소유한 회사, 동일인이 대표이사 임면이나 전체 임원의 50 % 이상을 선임하거나 할 수 있는 회사 등 주요 의사결정이나 업무집행에 지배적인 영향력을 행사하고 있는 회사를 말한다. 특수관계인에 대한 규제의 일부로 계열회사에 대한 규제가 포함된다. 우리나라는 법인세법, 상속세 및 증여세법, 상법과 공정거래법 등에서 표현을 약간 달리하면서 특수관계인에 대한 규제를 하고 있다.[9] 우리 상법상에서 특수관계인에 대한 규제는 제397조의 2에 있다.[10] 이는 2011년 4월에 상법에 추가된 것이다. 이러한

---

8) 윤경수·진양수, 위의 논문, 273면.
9) 이에 관한 연구로는 김진태·배종일, "특수관계자 거래금액의 변동성과 이익조정에 관한 연구", 경영교육연구 제29권 제4호, 2013, 335면 참고.
10) 상법 제397조의 2(회사의 기회 및 자산의 유용금지)
① 이사는 이사회의 승인 없이 현재 또는 장래에 회사의 이익이 될 수 있는 다음 각 호의 어느 하나에 해당하는 회사의 사업기회를 자기 또는 제3자의 이익을 위하여 이용하여서는 아니된다. 이 경우 이사회의 승인은 이사 3분의 2 이상의 수로써 하여야 한다.
 1. 직무를 수행하는 과정에서 알게 되거나 회사의 정보를 이용한 사업기회
 2. 회사가 수행하고 있거나 수행할 사업과 밀접한 관계가 있는 사업기회
② 제1항을 위반하여 회사에 손해를 발생시킨 이사 및 승인한 이사는 연대하여 손해를 배상할 책임이 있으며, 이로 인하여 이사 또는 제3자가 얻은 이익은 손해로 추정한다.

조항에 의하여 이사의 사업기회 유용에 대한 견제를 하고 특수관계인과의 거래에 제동을 걸 수 있게 되었다. 사업기회란 회사의 기존사업과 관련이 있는 신규사업이나 기존 사업을 분할하거나 합병하는 등의 유망한 사업에 대한 기회도 포함된다.

특수관계인에 대해서 공정거래법에서는 ⅰ) 당해 회사를 사실상 지배하고 있는 자, ⅱ) 동일인 관련자(다만, 제3조의2(기업집단으로부터의 제외)제1항의 규정에 의하여 동일인 관련자로부터 분리된 자를 제외) ⅲ) 경영을 지배하려는 공동의 목적을 가지고 당해 기업결합에 참여하는 자를 말한다(시행령 제11조). 이는 매우 불확정적인 개념일 뿐만 아니라 다른 법률에서 사용하는 용어와도 달라서 해석상 어려움이 제기된다. 법인세법과 상속증여세에서는 '특수관계법인, 지배주주, 지배주주의 친족, 대통령령이 정하는 특수관계에 있는 법인이라고 표현하고, 상법에서는 최대주주, 특수관계인에 해당하게 된 자, 주요주주 및 그의 특수관계인 등으로 표현한다. 자본시장법에서는 대주주, 특수관계인, 임원 또는 주요주주, 임직원 및 대리인, 사용인 그 밖의 종업원 등으로 표시한다. 여기서 특수관계인이라고 함은 한 기업의 대주주와 친인척, 기업의 임원, 출자관계에 있는 법인이나 개인 등을 가리킨다.[11] 특수관계인에 관한 각종 법령이 당초 취지와는 다르게 기업에 대한 과잉규제의 빌미로 적용될 가능성이 높다면 문제이다.[12] 공정거래법상

---

[11] 김봉철, "경제·기업법령상 친족인 '특수관계인' 관련 규정의 문제점과 개선방안", 외법논집 제33권 제4호, 2009.11, 231면; 특수관계인에 대한 논의로는 이호영, "공정거래법상의 특수관계인에 대한 부당지원행위의 규제", 행정법연구 제12호, 2004, 10면; 김완석, "세법상 특수관계인의 문제점과 개선방안", 중앙법학 제7집 1호, 2005, 2면; 김봉철, "자본시장법의 특수관계인 관련 규정에 대한 비판적 검토", 경영법률 제20집 3호, 2010, 4면 등 참조.
[12] 정준우, "경제법령상 특수관계자 규정의 타당성 검토", 인권과 정의, 1999.10, 73면 이하.

'특수관계인' 개념은 시행령에 위임되어 있다. 시행령 제11조(특수관계인의 범위)는 특수관계인의 범위를 ⅰ) 당해 회사를 사실상 지배하고 있는 자, ⅱ) 동일인 관련자(다만, 기업집단으로부터의 제외에 관한 규정(시행령 제3조의 2)에 의하여 동일인 관련자로부터 분리된 자를 제외한다), ⅲ) 경영을 지배하려는 공동의 목적을 가지고 당해 기업결합에 참가하는 자이다. '동일인 관련자'에 대해서는 가. 배우자, 6촌 이내의 혈족, 4촌 이내의 인척(친족), 나. 동일인이 단독으로 또는 동일인 관련자와 합하여 총출연금액의 100분의 30 이상을 출연한 경우로서 최다출연자가 되거나 동일인 및 동일인 관련자 중 1인이 설립자인 비영리법인이나 단체(법인격 없는 사단이나 재단), 다. 동일인이 직접 또는 동일인 관련자를 통하여 임원의 구성이나 사업운용 등에 대하여 지배적인 영향력을 행사하고 있는 비영리법인 또는 단체, 라. 동일인이 본 규정에 의하여 사실상 사업내용을 지배하는 회사, 마. 동일인 및 동일인과 나 내지 라의 관계에 해당하는 자의 사용인(법인인 경우에는 임원, 개인인 경우에는 상업사용인 및 고용계약에 의한 피용인을 말한다).

공정거래법상 특수관계인에 대한 규제에는 기업결합의 제한(제7조), 지주회사 설립시 채무보증의 의무(제8조의 3), 금융회사 또는 보험회사에 대한 의결권의 제한(제11조), 특수관계인을 대상으로 하는 대규모 내부거래의 공시(제11조의 2: 이 사안에 관련된 내용), 특수관계인의 기업결합시 신고의 의무(제12조), 특수관계인을 부당하게 지원하는 불공정거래행위의 금지(제23조) 등이 있다.

그런데 우리 공정거래법은 외국 입법례에 비해 독특한 내용을 많이 가지고 있다. 이는 기업집단에 의한 경제력 집중 억제, 경쟁제한적 기업결합 추정, 거래상 지위의 남용금지, 부당지원행위 금지, 사업자단체 금지규정 중 구성사업자의 사업활동 방해 금지 등이다. 다른 입법례에

서는 거의 존재하지 않는 과도한 규제의 대표적인 예이다.13)

또, 우리나라의 특수관계인 관련 규정은 특수관계인의 정의, 그 범위에 대해 대부분 시행령에서 정하고 있다. '특수관계인' 판단 규정이 시행령에 위임되는 것이 바람직한 것인지는 의문이다. 위임입법의 한계를 넘는 것이기 때문이다. 이 내용은 분명 기업의 권리의무에 결정적 중요성을 지닌 것인데 포괄적으로 시행령에 위임함에는 기본권 침해의 우려가 있다고 생각된다.14) 미국, 영국, 캐나다 등은 특수관계인의 범위를 경제적으로 의미 있는 공동체에 한정하여 인정하는 입법을 하고 있고 가족의 경우 3촌 이내의 친척으로 범위를 매우 제한한다. 같은 아시아 국가인 중국과 일본의 경우도 우리처럼 복잡하고 다단한 특수관계 설정을 하고 있지는 않다. 중국은 '관계가 밀접한 가족구성원'이라는 것으로 한계를 정하고 있고 친족의 개념이 우리와 가장 유사한 일본도 우리보다 훨씬 좁게 특수관계인을 정하고 있다.15)

내부거래를 규제해야 한다거나 기업의 대주주나 특수관계인이 그 지위를 이용, 회사 이익보다는 사사로운 이익을 취득하는 것, 그로 인해 시장을 독과점하려 드는 반(反)시장주의는 공정거래 관점이 아니라도 상법이나 형법 등에서도 규제의 대상으로 한다. 다만, 특수관계인 사이의 거래를 규제한다고 하더라도 반드시 공정거래법에 의해 이를 규제할 필요가 있는지는 의문이다.16) 다시 말하거니와 이러한 규제는 상법에 의해서도 충분히 그 목적을 달성할 수 있다(이사회 결의, 주주총회의

---

13) 신영수, 앞의 논문, 233면.
14) 같은 취지로 허원, "특수관계인 관련 법령의 문제점 및 개선방안", KERI Insight 19, 한국경제연구원, 2019, 21면.
15) 허원, 위의 논문, 25면.
16) 윤경수·진양수, 앞의 논문, 274면.

동의 등, 이사의 회사와 제3자에 대한 책임추궁). 여러 법에서 중복으로 규제하는 것이 바로 기업과 자유시장에 대한 과도한 개입이고 지나친 억제이다. 공정거래법에 의한 과도한 규제는 기업의 자유로운 의사결정과 창의적인 경영판단을 저해하고 위축시킬 수 있다. 한정된 정보를 가진 공적 기관에 의한 위법 판단이 때로는 사적 경제주체보다 부정확하고 효율성과 적실성의 관점을 놓칠 수 있다. 더구나 위법성의 판단은 효율성보다 더 큰 폐해가 발생할 때로 한정해야 한다는 점도 고려해야 한다.17) 보통 경쟁을 제한한다거나 폐해를 끼친다고 판단하는 것은 부분적인 사실관계에만 근거해서는 안되고 소비자와 경제 전체에 폐해를 끼칠 때로 제한되어야 한다. 공정거래법에 의한 판단이 상법 등에 의한 판단보다 획일적일 수 있음은 자명하다.

사안에서도 문제되는 것처럼 특수관계인의 규정에 대해서는 명확성과 예측가능성을 부여해야 한다. 상거래의 법적 안정성을 담보하려면 좀 더 구체적인 기준을 제시하고 현실적으로 독과점, 시장교란 등의 폐해가 있는 경우에만 특수관계인으로 정하는 노력이 필요하다고 본다. 다시 검토하건대, 공정거래법상 '사실상 사업내용을 지배하는 관계'란 무엇인가? 이는 다시 시행령 제3조 제2호에서 정하고 있다. 즉 「가. 동일인이 다른 주요주주와의 계약 또는 합의에 의하여 대표이사를 임면하거나 임원의 100분의 50 이상을 선임하거나 선임할 수 있는 회사, 나. 동일인이 직접 또는 동일인 관련자를 통하여 당해 회사의 조직변경 또는 신규사업에의 투자 등 주요 의사결정이나 업무집행에 지배적인 영향력을 행사하고 있는 회사, 다. 동일인이 지배하는 회사(동일인이 회사인 경우에는 동일인을 포함한다)와 당해 회사간에 다음의 어느 하나에 해당하는 인사교류가 있는 회사 즉, 1. 동일인이 지배하는 회사와

---

17) 윤경수·진양수, 앞의 논문, 276면.

당해 회사간에 임원의 겸임이 있는 경우 2. 동일인이 지배하는 회사의 임·직원이 당해 회사의 임원으로 임명되었다가 동일인이 지배하는 회사로 복직하는 경우(동일인이 지배하는 회사 중 당초의 회사가 아닌 회사로 복직하는 경우를 포함) 3. 당해 회사의 임원이 동일인이 지배하는 회사의 임·직원으로 임명되었다가 당해 회사 또는 당해 회사의 계열회사로 복직하는 경우 라. 통상적인 범위를 초과하여 동일인 또는 동일인 관련자와 자금, 자산, 상품, 용역 등의 거래를 하고 있거나 채무보증을 하거나 채무보증을 받고 있는 회사, 기타 당해 회사가 동일인의 기업집단의 계열회사로 인정될 수 있는 영업상의 표시행위를 하는 등 사회통념상 경제적 동일체로 인정되는 회사」이다.

그런데, 위의 내용을 보면 '지배적 영향력', '통상적인 범위를 초과', '계열회사로 인정될 수 있는 영업상의 표시행위', '사회통념상 경제적 동일체' 등 불확정 개념이 너무나 많이 사용되고 있다.

영리법인인 회사를 특수관계인으로 정함에 있어서 '지배적인 영향력 행사'라는 기준이라는 애매모호한 규정으로 계열회사로 보는 것은 자의적인 판단의 여지를 남기는 것이다. 비영리법인, 단체 등의 범위와 관련하여, 출연금액의 30% 이상을 출연한 최다출연자이거나 특수관계인 중 1인이 설립자이면 특수관계인에 포함시키는데 이것이 합리적인지도 의문이다. 경제적 관련성, 지배관계를 고려한다면서 특수관계인 중 1인이 설립한 비영리 법인이니 단체도 특수관계인에 포함되는 것은 있을 수 없다.[18] 이렇게 본다면 사안의 경우 뿐만 아니라 대학교 등 학교법인처럼 경제적 이해관계가 절연되어 있는 경우에도 특수관계인으로 분류될 여지가 있게 된다.

---

18) 같은 취지로 김봉철, 앞의 논문, 258면.

결론적으로, 미래에셋 생명보험회사가 속한 대주단이 그 계열사인 자산운용사와 관련된 신탁사에 대부를 하는 것이 왜 공정거래법 위반인가에 대해서는 여전히 많은 의문이 있다.

5. 보험회사와 학교안전공제회 사이의 구상관계
(대법원 2019.12.13. 선고 2018다287010 판결)

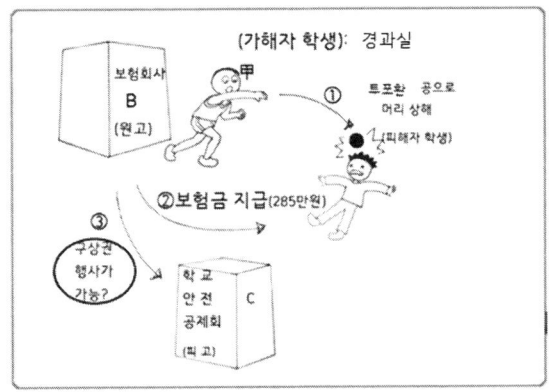

┌ 원심(原審) : O
└ 대법원(大法院) : X

Ⅰ. 사실관계

가. 甲의 모 A(보험계약자)는 2015. 11. 25.경 원고인 보험회사 B와의 사이에, 피보험자를 남편 乙, 보험기간을 2015. 11. 25.부터 2054. 11. 25.까지로 하여 KB매직카운전자보험계약(이하 '이 사건 보험계약'이라고 한다)을 체결하였다. 이 사건 보험계약 중 일상생활배상책임보장 특약에 의하면, 원고인 B는 '피보험자 본인, 배우자, 미혼자녀, 생계를 같이 하는 주민등록상 동거 친족이 일상생활 중에 기인한 우연한 사고로 타인의 신체 장해 또는 재물 손괴에 대한 법률상의 배상책임을 부담함으로써 입은 실제 손해를 1억 원의 한도내에서 보상'하기로 되어 있다.

○○초등학교에 재학 중이던 甲은 2016.9.8, 체육시간이 끝난 쉬는 시간에 이 학교 운동장에서 체육창고 옆에 비치해 둔 투포환 공을 전방을 향해 던졌다. 이 투포환 공이 날아가 벌을 피하기 위해 뒷걸음치며 뒤로 걸어오던 초등학생 丙(피해자)의 머리에 부딪치는 사고가 발생했다. 피해자 丙은 이 사건 사고로 인해 '열린 두 개골 내 상처가 없는 경막외출혈, 폐쇄성 머리둥근천장골절'의 상해를 입었다. 원고인 보험회사 B는 이 사건 보험계약의 일상생활배상책임보험 특약에 따라, 이 사고로 인한 피해자 丙의 손해액을 1,100만원 (치료비 3백여만원, 향후 치료비 167만여원, 위자료 600만원)으로 보고, 다른 중복보험자인 삼성화재해상보험과 분담하여(원고 B보험회사 1/3, 삼성화재해상보험 2/3), 2017.8, 이 사건의 피해자 丙에게 직접 보험금 285만 여원을, 국민건강보험공단에 구상금으로 79만여원을 지급하였다.

이에 대해 원고 B 보험회사는 이 사건 보험계약의 일상생활배상책임보장 특약에 따라 보험금을 지급함으로써 상법 제682조(보험자 대위)규정에 따라 피공제자인 가해학생 甲의 피고 경기도 학생안전공제회 C에 대한 공제급여 청구권을 대위취득하였다고 주장한다. 그러나, 피고 경기도 학생안전공제회 C는 보험자 대위를 부정하였다.

II. 원심의 판단 (서울중앙지법 2018.10.19, 2017나80082 판결)

학교안전법 제44조 제1항에 따르면 학교안전사고를 일으킨 자가 "피공제자 또는 공제가입자가 아닌 자"인 경우에는 고의, 중과실, 경과실 모든 경우에 공제회의 구상이 인정되고, 학교안전사고를 일으킨 자가 "피공제자"인 경우에는 고의, 중과실의 경우에만 공제회의 구상이 인정되므로, 결국 경과실로 학교안전사고를 일으킨 피공제자인 학생 또는 그 보호자는 피해자에 대하여 손해배상책임을 부담하게 되어 손해배상금을 지급한 경우에 학교안전법 제35조 이하에서 규정한 학교안전법상의 기준에 따른 공제급여액의 범위 내에서 피고에 대하여 이를 구상할 수 있다고 봄이 타당하다.

그런데 이 사건에서, 학교안전사고를 일으킨 자에 해당하는 가해자 甲의 과실은 경과실인 것으로 보이므로, 만약 피고 C가 수급권자인 피해자 丙에게 공제급여를 지급하였다고 하더라도 가해학생 甲 또는 甲의 보호자에 대한 구상은 허용될 수 없는 것이다. 따라서 피고 C의 공제급여 지급 이전에 가해자 甲 또는 그 보호자가 피해자 학생 丙에 대하여 손해배상책임을 부담하게 되어 손해배상금을 지급한 경우에는 학교안전법 제35조 이하에서 규정한 학교안전법상의 기준에 따른 공제급여액의 범위 내에서 피고에 대하여 이를 구상할 수 있다고 보아야 할 것이다..... 결국 이 사건 보험계약의 일상생활배상책임보장 특약에 따라 피해자 학생 丙에게 보험금을 지급함으로써 상법 제682조(보험자 대위) 규정에 따라 피공제자인 가해학생 甲의 피고 C에 대한 공제급여 청구권을 대위취득한 원고 B 역시, 학교안전법 제35조 이하에서 규정한 학교안전법상의 기준에 따른 공제급여액의 범위 내에서 피고 C에 대하여 이를 구상할 수 있다고 봄이 타당하다(상법 제682조의 보험자 대위 긍정).

III. 대법원(대법원 2019. 12. 13. 선고 2018다287010 판결)

학교안전사고 예방 및 보상에 관한 법률('학교안전법')에 의하면 학교안전공제회가 학교안전사고로 인하여 발생한 피해에 대하여 수급권자에게 공제급여를 지급한 때에는 그 피해에 대하여 보상 또는 배상책임이 있는 공제가입자와 피공제자 등은 그 책임을 면한다(제45조 제1항).

또한 학교안전사고가 피공제자의 고의 또는 중대한 과실로 인하여 발생하거나 피공제자 또는 공제가입자가 아닌 자의 고의·과실로 인하여 발생하고 학교안전공제회가 공제급여를 지급한 경우에는 그 공제급여 금액의 범위 내에서 학교안전사고를 일으킨 자 등에게 구상권을 행사할 수 있다(제44조 제1항). 즉, 피공제자가 경과실로 학교안전사고를 일으킨 경우에는 수급권자에게 공제급여가 지급되더라도 학교안전공제회로부터 구상을 당하지 않는다.

이처럼 학교안전공제회가 손해배상책임 있는 피공제자('가해자인 피공제자')에게 제한적으로만 구상권을 행사하도록 한 것은, 교육활동의 당사자인 피공제자가 안정적으로 교육활동에 참가하도록 하기 위해서는 학교안전사고로 인한 피해를 신속·적정하게 보상해야 할 뿐만 아니라 가해자인 피공제자의 손해배상책임도 어느 정도 제한될 필요가 있음을 고려한 것이다. 특히 가해자인 피공제자가 경과실로 학교안전사고를 일으킨 경우에 수급권자에게 공제급여가 지급되면 그 피공제자는 피해자 측에 대한 손해배상책임이 면제될 뿐만 아니라 학교안전공제회에 대한 구상책임도 없으므로, 결과적으로 경과실로 학교안전사고를 일으킨 피공제자와 학교안전공제회 사이에서는 학교안전공제회가 최종적인 부담을 지게 된다. 이는 학교안전법이 경과실로 학교안전사고를 일으킨 가해자인 피공제자까지 보호하기 위하여 특별히 배려한 것으로 볼 수 있다.

손해배상책임 있는 피공제자('가해자인 피공제자')가 경과실로 학교안전사고를 일으킨 경우에는 학교안전공제회가 공제급여 금액의 범위 안에서 최종적으로 손해배상에 관한 부담을 지게 된다. 따라서 이와 같은 경우 가해자인 피공제자가 먼저 피해자에게 손해배상을 하였다면 공제급여 상당액에 대해서는 학교안전공제회에 구상할 수 있다고 봄이 타당하다. (만약) 이와 달리 경과실로 학교안전사고를 일으킨 가해자인 피공제자가 먼저 손해배상을 한 경우 학교안전공제회에 구상할 수 없다고 보게 되면, 누가 먼저 변제를 하였느냐에 따라 최종적으로 손해배상책임을 지게 되는 자가 달라지게 된다.... 이러한 결과는 배상이나 보상의 지체를 초래할 수 있을 뿐만 아니라 경과실로 학교안전사고를 일으킨 가해자인 피공제자까지 보호대상으로 삼고자 하는 학교안전사고 예방 및 보상에 관한 법률의 취지에도 반한다....

피해자는 책임보험의 피보험자가 책임을 질 사고가 발생한 경우 상법 제724조 제2항에 의하여 그 책임보험자에게 보험금직접청구권을 행사할 수 있다. 한편 학교안전공제회는 수급권자에게 공제급여를 지급한 후 학교안전사고 예방 및 보상에 관한 법률('학교안전법') 제44조 제1항에 따라 공제급여의 범위 내에서 수급권자가 학교안전사고를 일으킨 자 등에 대해 가지는 손해배상청구권을 대위 취득한다. 따라서 학교안전공제회는 공제급여를 지급한 후 학교안전사고를 일으킨 손해배상책임 있는 피공제자('가해자인 피공제자')의 책임보험자에게 수급권자의 보험금직접청구권을 대위행사할 수 있다. 이는 책임보험의 피보험자인 피공제자가 경과실로 학교안전사고를 일으킨 경우에도 마찬가지로 적용된다. 즉, 가해자인 피공제자가 경과실로 학교안전사고를 일으킨 경우에 학교안전공제회가 수급권자에게 공제급여를 지급하더라도 그 피공제자에게 구상할 수 없으나, 그렇다고 하여 그 피공제자의 책임보험자에 대해서까지 구상할 수 없게 되는 것은 아니다. 피해자인 피공제자가 가해자인 피공제자의 책임보험자에 대하여 갖는 보험금 직접청구권은 가해자인 피공제자에 대한 손해배상청구권과는 별개의 권리일 뿐만 아니라, 가해자인 피공제자가 경과실로 학교안전사고를 일으킨 경우에 학교안전공제회의 구상권 행사가 제한되는 것은 학교안전법이 그러한 피공제자를 특별히 보호하기 위한 취지를 근거로 한 것일 뿐이다....이러한 취지를 넘어서 가해자인 피공제자의 책임보험자에게까지 이러한 규정을 확장하여 적용할 수는 없기 때문이다.

이와 달리 책임보험자도 피해자에게 손해배상금을 지급한 후 학교안전공제회에 구상할 수 있다고 보게 되면, 책임보험자로서는 그 피보험자가 학교안전공제의 피공제자로서 경과실로 보험사고를 일으켰다는 우연한 사정만으로 사회보장적 성격을 갖는 공제급여라는 재원으로 자신이 원래 졌어야 할 책임을 면하는 경제적 이익을 누리게 되어 부당하다. 결국 가해자인 피공제자의 책임보험자와 학교안전공제회 사이에서는 학교안전사고가 경과실에 의하여 발생하였는지 여부와 관계없이 책임보험자가 최종적으로 손해배상에 관한 부담을 진다고 보아야 한다.

IV. 쟁점

공제회는 보험조직과 유사하다(유사보험). 그리하여 학교안전공제회도 상법이 준용된다(상법 제664조). 그런데 이 공제회에 상법 제682조의 보험자대위가 적용 내지 유추적용되는지가 문제이다(구상관계). 유사보험인 공제회가 보험자체는 아니므로 상법 제682조의 보험자대위가 적용 내지 유추적용되는지가 다투어지고 있다. 이 사안에서 책임보험회사는 피해자에게 (책임)보험금을 지급하였으므로 이는 자신이 피해자에게 배상한 것과 같은 것이므로 피공제자(학교)에 대하여 공제급여 청구권을 갖게 되는지(그 공제급여 청구권을 책임보험회사가 대위할 수 있는지)가 구체적인 쟁점으로 되었다.

V. 해설

학교안전법의 제정 취지는 「교육감, 학교장(주로, 초중고교) 등에게 학교안전사고의 예방에 관한 책무를 부과하고, 학교안전사고가 발생한 경우 교육감, 학교장 등이 그 사고발생에 책임이 있는지를 묻지 않고 피해를 입은 학생·교직원 등에게 공제급여를 지급함으로써 학교안전사고로부터 학생·교직원 등의 생명과 신체를 보호하며, 부득이 피해를 입은 경우 피해를 신속하고 적정하게 보상하여 실질적인 학교 안전망을 구축하는 것」이다.

학교안전사고 예방 및 보상에 관한 법률(학교안전법)의 주요 내용 중 참고할 부분은 다음과 같다.

제1조(목적) 이 법은 학교안전사고를 예방하고, 학생·교직원 및 교육활동 참여자가 학교 안전사고로 인하여 입은 피해를 신속·적정하게 보상하기 위한 학교안전사고 보상공제 사업의 실시에 관하여 필요한 사항을 규정함을 목적으로 한다

제14조(학교안전공제의 피공제자)
① 다음 각 호의 어느 하나에 해당하는 자는 각각 그 사유가 발생하는 때에 학교안전공제의 피공제자가 된다.
1. 학생: 학교안전공제에 가입한 학교에 입학(전입학을 포함)한 때
2. 교직원: 학교안전공제에 가입한 학교에 임용되거나 전보된 때
3. 교육활동 참여자: 학교안전공제에 가입한 학교의 교육활동에 참여하게 된 때. 단, 학교장의 명시적인 의사에 반하여 교육활동에 참여한 경우를 제외.

제43조(공제급여의 제한)

① 공제회는 다음 각 호의 어느 하나에 해당하는 경우에는 이 법에 따른 공제급여의 전부 또는 일부를 지급하지 아니할 수 있다. 다만, 제3호에 해당하는 경우에는 공제급여를 지급하지 아니한다.

1. 피공제자의 자해·자살. 다만, 학교안전사고가 원인이 되어 자해·자살한 경우에는 공제급여의 전부를 지급함.

제44조(피공제자 등에 대한 공제급여금의 청구 등)

① 학교안전사고가 다음 각 호의 어느 하나에 해당하는 사유로 발생하고, 공제회가 수급권자에게 공제급여를 지급한 경우, 공제회는 수급권자에게 지급한 공제급여에 상당하는 금액의 지급을 학교안전사고를 일으킨 자 또는 그 보호자 등에게 청구할 수 있다.

1. 피공제자의 고의 또는 중대한 과실로 인하여 학교안전사고가 생긴 때
2. 피공제자 또는 공제가입자가 아닌 자의 고의·과실로 인하여 학교안전사고가 발생한 때

제45조(다른 보상·배상과의 관계)

① 학교안전사고로 인하여 발생한 피해에 대하여 수급권자가 이 법에 따른 공제급여를 받은 경우에는 학교안전사고로 인하여 발생한 피해에 대한 보상 또는 배상의 책임이 있는 국가·지방자치단체·공제가입자 또는 피공제자는 그 공제급여 금액의 범위 안에서 다른 법령에 따른 보상 또는 배상의 책임을 면한다.

② 수급권자가 다른 법령에 따라 이 법의 공제급여에 상당하는 보상 또는 배상을 받은 경우 공제회는 그 보상 또는 배상의 범위 안에서 이 법에 따른 공제급여를 지급하지 아니한다.

학교안전공제의 내용을 구체적으로 보면 다음과 같다.

학교안전공제의 공제사업자는 각 시·도 학교안전공제회이다. 이는 각 시·도 교육감이 설립한다. 공제회의 가입자는 각 학교의 학교장인데 의무적으로 가입하도록 되어 있다. 피공제자는 학생·교직원과 교육활동 참여자이다. 피공제자는 피해자를 전제로 하는데 가해자도 주로 피공제자 측에서 나온다. 학교안전공제회의 공제료는 가입자가 원칙적으로 의무적으로 납부하지만 가입자가 피공제자에게 공제료의 전부나 일부를 징수할 수도 있다. 다만, 국가나 지방자치단체는 기초생활 수급자인 학생 등의 공제료를 부담하고, 나아가 예산의 범위 안에서 학생인 피공제자의 공제료를 부담할 수 있고, 기타 경비를 지원할 수도 있다. 공제사고인 학교안전사고는 ⅰ) 교육활동 중에 발생한 사고로서 피공제자의 생명이나 신체에 피해를 주는 모든 사고, ⅱ) 학교급식 등 학교장의 관리·감독에 속하는 업무가 직접 원인이 되어 피공제자에게 발생하는 질병이다. 그리하여 이 사고에는 가입자나 피공제자의 고의·과실이나 무과실, 공제회와 무관한 제3자의 고의·과실이나 무과실, 그리고 천재지변 등 자연현상에 의한 사고도 모두 포함된다. 공제급여의 수급자는 피해자인 피공제자 또는 그 보호자 등이다. 공제급여에는 요양급여, 장해급여, 간병급여, 유족급여, 장례비가 있다. 그 지급금액은 법령에서 정한 금액이고 실제로 발생한 손해액이 아니다.

학교안전공제는 학생·교직원 등의 생명과 신체에 대한 사고에 대한 신속하고 적정한 보상을 목적으로 만들어진 사회보험이다. 그리하여 각 학교는 의무적으로 가입해야 하고, 국가나 지자체가 공제료의 일부를 부담해주기도 한다(학교안전공제의 법적 성격). 학교안전공제는 사회보험이므로 ⅰ) 책임보험의 성격도 있고(가해자의 고의나 과실로 야기된 안전사고에 대한 보상), ⅱ) 인보험(사망보험, 상해보험, 질병보험)의

성격(무과실 또는 자연적 사고 발생 등에 의한 안전사고 보상)도 있다.

이에 대해 판례는 다음과 같이 입장 표명을 한 적이 있다(대법원 2016.10.19, 2016다208389 판결).

"... 학교안전법에 의한 공제제도는, 종래 시·도 교육청별로 민법상 비영리 사단법인의 형태로 설립·운영되던 상호부조 조직인 학교안전공제회가 학교안전법의 시행으로 해산되고, 그 권리·의무를 학교안전법상의 공제회가 포괄승계하도록 함과 아울러 국가 및 지방자치단체의 지원을 받을 수 있도록 함으로써 기본 구조가 갖추어지게 되었다. 이와 같은 제도의 입법 취지와 연혁 등에 비추어, 학교안전법에 의한 공제제도는 상호부조 및 사회보장적 차원에서 학교안전사고로 피공제자가 입은 피해를 직접 전보하기 위하여 특별법으로 창설한 것으로서 일반 불법행위로 인한 손해배상 제도와는 취지나 목적이 다르다. 따라서 법률에 특별한 규정이 없는 한 학교안전법에 의한 공제급여의 지급책임에는 과실책임의 원칙이나 과실상계의 이론이 당연히 적용된다고 할 수 없고, 또한 민사상 손해배상 사건에서 기왕증이 손해의 확대 등에 기여한 경우에 공평의 견지에서 과실상계의 법리를 유추적용하여 손해배상책임의 범위를 제한하는 법리도 법률에 특별한 규정이 없는 이상 학교안전법에 따른 공제급여에는 적용되지 않는다......"고 하였다. 이는 사회보험의 특성을 감안하여 지급책임을 정해야 한다는 것이다.[1]

생각건대, 교육적 배려에서 학생과 교직원, 교육활동 참여자에 대해 안심하고 교육활동에 전념할 수 있도록 ⅰ) 가해자가 된 경우에 고의나 중과실이 아니면 사고책임을 묻지 않고, ⅱ) 사고의 피해자가 된 경우에 신속하고 적정한 보상을 받게 하려는 점에서 일반적인 민사 손해배

---

[1] 그러나, 이 판결에는 별개의견, 반대의견이 상당수 존재하였다.

상책임과는 다른 것이 틀림없다. 그러나, 그렇다고 하여 인보험, 배상책임보험의 성격과 전혀 다른 이론구성을 해서는 안된다고 본다(민영보험과 근본적으로 유사한 점)[2]

여기에서 이 사안에서 다루어진 보험자 대위의 문제를 구체적으로 살펴본다.

(1) 가해자(책임보험의 피보험자)의 책임보험자가 다른 보험자로부터 보험자대위를 받는가?

생각건대, 이는 어떤 경우든 대위의 상대방이 된다고 본다. 이를 경우를 나누어서 본다.

ⅰ) 대위를 하는 자가 민영보험자인 경우

만약 a인 민영보험회사가 피해자 b에게 손해보험금을 지급하였다면 그 가해자인 c의 책임보험자인 d에게 보험자 대위를 할 수 있는가? 피해자 b에게 보험금을 지급한 보험자 a는 b가 가해자에 대해 갖는 손해배상청구권과 가해자의 책임보험자인 d에게 갖는 직접청구권(상법 제724조 제2항)을 대위한다고 본다.[3] 만약 피해자에게 보험금을 지급한 (책임보험의)보험회사의 피보험자가 공동불법행위자의 한 사람이라면 다른 공동불법행위자에 대해서 뿐만 아니라 그 공동불법행위자의 책임보험자에 대해서도 보험자 대위를 할 수 있다. 이는 공동불법행위자에

---

[2] 학교안전공제가 주로 상해보험, 질병보험의 성격이고 일부 책임보험의 성격이 있을 뿐이어서 책임보험적 요소는 매우 제한적으로 파악해도 된다는 견해로는 황재호, "학교안전공제회와 책임보험자 사이의 구상관계", 대법원판례해설 제121호, 2020, 379면.
[3] 대법원 2011.1.13, 2010다67500 판결.

대한 구상권으로도 설명4)할 수 있고, 보험자대위로도 설명할 수 있는데 그 법률적 기초는 같다.

ii) 대위를 하는 자가 사회보험자인 경우

사회보험도 기본원리는 상법의 영리보험에서 온 것이므로 개별 법률에서 다르게 정하거나 성질상 특별한 차이가 있는 경우가 아니라면 영리보험과 같이 이론구성해야 할 것이다. 판례도 같다.

ㄱ) 산업재해보상보험의 경우(대법원 2013.12.26, 2012다119092 판결)
"…산업재해보상보험법(이하 '산재보험법'이라 한다) 제87조 제1항에서 정한 제3자라 함은 보험자, 보험가입자(사업주) 및 해당 수급권자를 제외한 자로서 보험가입자인 사업주와 함께 직·간접적으로 재해 근로자와 산업재해보상보험관계가 없는 자로 피해 근로자에 대하여 불법행위책임 내지 자동차손해배상 보장법이나 민법 또는 국가배상법의 규정에 의하여 손해배상책임을 지는 자를 말한다. 그리고 책임보험의 피보험자가 책임을 질 사고가 발생한 경우 상법 제724조 제2항에 의하여 피해자에게 인정되는 책임보험자에 대한 직접청구권은 피해자가 책임보험자에 대하여 가지는 손해배상청구권으로서 피보험자에 대한 손해배상청구권과는 별개의 권리라 할 것이어서, 상법 제724조 제2항에 의하여 피해자에 대하여 직접 손해배상책임을 지는 책임보험자는 피보험자가 산재보험법 제87조 제1항에서 정한 제3자에 해당하는지 여부와 상관없이 제3자에 포함된다. 이러한 법리는 산재보험법 제87조 제1항 단서에 의하여 가해근로자 또는 그 사용자인 사업주에게 구상할 수 없는 경우에도 마찬가지로 적용된다고 할 것이므로 그 사용자인 사업주와 자동차보험계약을 체결한 보험자는 산재보험법 제87조 제1항에서 정한 제3자에

---
4) 대법원 1998.12.23, 98다40466 판결.

포함된다"고 하였다.

ㄴ) 국민건강보험의 경우(대법원 204.8.20, 2003다1878 판결)
".... 국민건강보험법 제53조 제1항의 제3자는 당해 사고로 인하여 보험급여를 한 공단과 현실로 보험급여를 받는 피해자인 가입자 및 그 피해자와 건강보험관계가 있는 자 이외의 자로서 피해자에 대하여 손해배상책임 등을 지는 모든 사람을 말하고, 그 제3자에는 피해자에 대한 직접의 가해자뿐만 아니라 법률의 규정 또는 계약에 의해 당해 가해자의 행위에 대하여 손해배상책임 등을 지는 자도 포함된다고 보아야 할 것이고, 교통사고의 가해자에 대하여 자동차손해배상보장법 제3조에 의한 손해배상책임이 발생한 경우, 같은 법 제9조 및 상법 제724조 제2항에 의하여 피해자에게 인정되는 책임보험자에 대한 직접청구권은 피해자가 책임보험자에 대하여 가지는 손해배상청구권으로서 가해자에 대한 손해배상청구권과는 별개의 권리라 할 것이므로, 자동차손해배상보장법 제9조 제1항 및 상법 제724조 제2항에 의하여 피해자에 대하여 직접 손해배상책임을 지는 책임보험자는 교통사고의 가해자가 국민건강보험법 제53조 제1항의 제3자에 해당되는지 여부와 상관없이 제3자에 포함된다...."고 하였다.

(2) 가해자(책임보험의 피보험자)의 책임보험자가 학교안전공제회에 구상 내지 보험자대위를 할 수 있는가?(이 시안의 핵심쟁점)

① 이에 대해서 먼저 살펴볼 것이 만약 가해자가 피해자에게 배상을 하였다면 학교안전공제회에 대해 구상할 수 있는가이다.
(ⅰ) 가해자가 고의나 중과실인 경우
이 경우 가해자는 공제회에 구상을 할 수 없다고 본다. 공제회가 먼저 공제급여를 피해자에게 지급하였다면 공제회는 고의나 중과실 있는 가해자에게 구상할 수 있다고 하여 최종적인 책임을 가해자에게 지우기 때문이다(공제회법 제44조 제1항 제1호).

(ⅱ) 가해자가 경과실인 경우

가해자가 경과실로 피해자에게 인적 손해를 가하여 공제회보다 먼저 손해배상을 한 후 공제회에 대하여 구상권을 행사할 수 있는가?

학교안전공제법이 가해자가 경과실인 경우에는 비록 공제회가 먼저 피해자에게 공제금을 지급하였다고 하더라도 가해자에게 구상할 수 없다고 한 것을 보아(안전법 제44조 제1항 제1호의 반대해석) 구상권 행사가 가능하다고 본다. 왜냐 하면 가해자가 경과실인 경우 최종 보상책임은 공제회에 지우고 있기 때문이다. 이에 대해 이러한 근거규정이 없고 공제회가 경과실인 가해자에게 구상할 수 없다고 하여 경과실의 가해자가 공제회에 대해 구상할 수 있는 근거는 없는 것이라고 주장할 여지도 있기는 하지만,5) 공제회에 대한 구상을 긍정해야 할 것이다. 만약 이 구상을 허용하지 않는다면 공제회보다 먼저 피해자에게 배상한 착한(선량한) 가해자만 불리하게 되기 때문이다.

대법원 2012.12.26, 2012다75642 판결도 "....초등학생인 甲이 학교 복도에서 乙과 부딪혀 상해를 입자, 甲과 부모인 丙 등이 乙의 부모인 丁 등을 상대로 제기한 손해배상청구소송에서 丁 등은 甲과 丙 등에게 치료비와 위자료를 각 지급하라는 판결이 선고되어 확정된 사안에서, 학교안전공제회가 부담하여야 할 공제급여(요양급여)는 甲 등이 부담한 치료비이므로, 丁이 甲 등에게 지급한 위자료를 학교안전공제회에 구상할 수는 없다..."고 하고 있다. 만약 이 사례에서 丁이 치료비를 지급하

---

5) 황재호, 앞의 논문, 389면은 이러한 반대견해를 가정적으로 설명하고 있다.

고 학교안전공제회에 구상한다면 대법원은 이를 충분히 긍정한다는 취지로 읽힌다.

② 가해자(책임보험의 피보험자)의 책임보험자가 피해자에게 책임보험금을 공제회보다 먼저 지급하였다면 그 책임보험자는 학교안전공제회에 구상 내지 보험자대위를 할 수 있는가?

이에 대해 구상 부정설(求償 否定說)이 있다.[6]
이 견해는 이 사안의 대법원판결과 같은 결론이고 그 근거는 다음과 같다.

(ⅰ) 첫째, 학교 안전공제회는 손해배상제도가 아니다. 법률에 의해 특수하게 보상하게 하는 제도일 뿐이다. (ⅱ) 둘째, 학교안전공제 제도는 책임보험처럼 보험자가 피보험자를 대신하여 피해자에게 급여를 하는 것이 아니라 법정채권관계이다. (ⅲ) 셋째, 피해자는 경과실 가해자인 피공제자의 책임보험자에 대해 직접청구권(상법 제724조 제2항)을 갖는데 이는 피공제자에 대한 손해배상채권과는 별개의 것이다. (ⅳ) 넷째, 학교안전법이 경과실인 가해자에게 면책을 시켜준다고 하더라도 그 책임보험자는 그 면책의 혜택을 볼 수 있는 인적 범위에 속하지 않는다. 이는 학교안전법의 제정경위나 입법 취지, 규정 내용 등을 종합적으로 고려한 결과라고 한다. (ⅴ) 다섯째, 책임보험의 피보험자가 우연히 학교안전법의 적용을 받아 배상 책임이 면제된다고 하여 책임보험자에게 이득이 가게 해서는 안된다는 것이다. (ⅵ) 여섯째, 산업재해보상보험이나 국민건강보험에서도 책임보험자가 근로복지공단이나 국민건강보험공단에 대해 최종적인 책임을 부담하는데 이러한 취지는 학교안전법상 공제에도 일관되어야 한다. (ⅶ) 일곱째, 책임보험자가 손해배

---
6) 황재호, 앞의 논문, 392-393면.

상금을 지급하였을 뿐 경과실 가해자인 피공제자가 직접 지급한 것이 아니므로 그 피공제자가 공제회에 대해 가지는 권리(구상권)가 없다. 따라서 그 책임보험자도 그 피보험자를 대위할 권리(공제금 청구권)가 없다. 그리하여 책임보험자가 가해행위에 대한 최종 보상책임자이고 이 책임보험자는 미리 피해자에게 보험금을 지급하였다고 하더라도 공제회에 대해 구상하거나 보험자대위를 할 수 없다고 한다.

그러나, 필자는 위의 부정설에 반대한다. 그 이유는 다음과 같다.

(ⅰ) 첫째, 앞에서도 언급한 바대로 학교안전법이 제정되고 이 성격이 사회법이라고 하더라도 공제제도에는 상법 보험편의 규정이 그 성질에 반하지 않는 한 준용되어야 한다. 학교 안전공제회 제도가 손해배상제도는 아니지만 보험의 원리로 만들어진 보상제도이기 때문이다.

(ⅱ) 둘째, 학교안전공제가 책임보험처럼 보험자가 피보험자의 채무(책임)를 전제하는 것은 아니지만, 피공제자의 책임으로 학교안전사고가 발생하여 이 보상을 한다면 이는 책임보험의 구조와 같다. 약정 채무는 아니고 법정 채무라고 하더라도 이 성격이 변할 수는 없다.

(ⅲ) 셋째, 피해자가 경과실 가해자인 피공제자의 책임보험자에 대해 직접청구권을 갖도록 개정상법이 제724조 제2항에서 보장한 것은 사실이다. 그러나, 이는 피보험자의 피해자에 대한 채무(책임)을 전제로 하는 것이고 상법상 직접청구권을 피해자 보호를 위해 제724조 제1항의 보험금 지급 제한을 진일보시킨 것에 불과하다. 피보험자의 보험금 청구권 이외에 피해자에게 직접청구권을 새로 인정한다고 하여 피공제자에 대한 손해배상채권과 무관한 것이 아니다.

(ⅳ) 넷째, 학교안전법이 경과실인 가해자를 면책시켜주고 궁극적으로 최종적인 부담을 공제회가 진다면(그리하여 만일 경과실인 가해자가 피해자에게 직접 배상금을 지급한다면 공제회에 구상가능) 이것은 경과

실인 가해자가 갖는 구상권에 해당하고 이를 책임보험자가 대위함은 자연스럽다. 학교안전법이 경과실인 가해자를 면책시켜주는 것은 학교안전법의 취지일 뿐 구상권 내지 보험자대위권의 효력은 그와 별개이다. 학교안전법의 제정경위, 취지를 고려하더라도 크게 달라질 수는 없다.

(ⅴ) 다섯째, 경과실인 가해자가 책임보험에 가입하였는가 그렇지 않은가에 따라 공제회 부담이 달라진다면 오히려 공제회에 이득이 가는 경우가 생긴다. 공제회를 책임보험자보다 우대할 이유는 전혀 없다.

(ⅵ) 여섯째, 산업재해보상보험이나 국민건강보험에서도 책임보험자가 근로복지공단이나 국민건강보험공단에 대해 최종적인 책임을 부담하므로 학교안전법상 공제회도 그러한 혜택을 누려야 한다는 것은 논리의 비약이다. 사회보험이라고 하여 산업재해보상보험이나 국민건강보험에서 책임보험자가 근로복지공단이나 국민건강보험공단에 대해 최종적인 책임을 부담하는 것이 타당한지도 다시 검토해봐야 한다. 공보험이라고 하여 사보험보다 항상 우위에 설 근거는 전혀 없다.

(ⅶ) 일곱째, 책임보험자가 손해배상금을 지급하였을 뿐 경과실 가해자인 피공제자가 직접 지급한 것이 아니므로 그 피공제자가 공제회에 대해 가지는 권리(구상권)가 없다고 하지만, 책임보험금은 그 피보험자인 피공제자가 지급한 보험료를 기초로 한 것이고 피보험자인 피공제자의 책임에 근거하여 (또는 대신하여) 책임보험자가 피해자에게 보험금을 지급한 것이다. 따라서 그 책임보험자는 그 피보험자를 대위할 권리(공제금 청구권)가 있다고 생각된다.

이와 같은 근거에서 필자는 대법원보다 원심의 판단에 찬성한다(보험자 대위 적용설).

6. 무보험자동차에 의한 상해에서 보험자대위
(대법원 2014.10.15. 선고 2012다88716 판결)

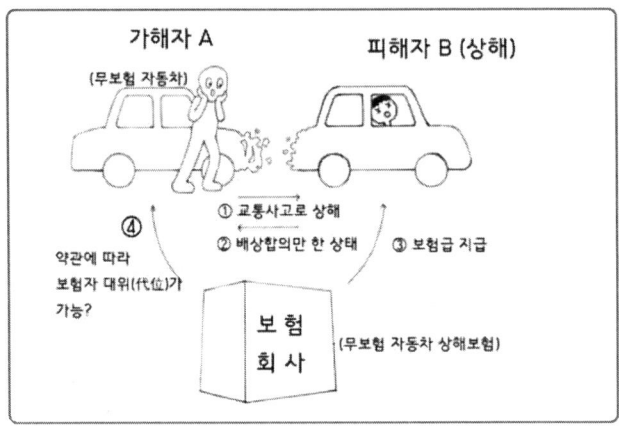

Ⅰ. 사실관계

소외 1(교통사고 피해자)과 원고(보험회사) 사이에 체결된 개인용 자동차종합보험의 특별약관에는 원고가 피보험자에게 무보험자동차에 의한 손해의 보상으로서 보험금을 지급한 때에는 지급한 보험금의 한도 내에서 피보험자가 배상의무자에 대하여 가지는 손해배상청구권을 취득하여 이를 대위행사할 수 있도록 규정하고 있었다. 교통사고가 난 후 가해자는 피해자(소외 1)에게 손해배상의 합의를 한 후 그 금액의 일부를 지급한 바, 이로써 원고인 보험회사의 보험자대위를 부정하고 있었다.

Ⅱ. 원심의 판단(서울지법 1999. 7. 28. 선고 99나13101 판결)

보험자 대위를 긍정하고 가해자의 합의는 보험자 대위의 저지요건이 되지 못한다고 한다.

Ⅲ. 대법원의 판단(대법원 2000. 2. 11. 선고 99다50699 판결)

대법원은 "…피보험자가 무보험자동차에 의한 교통사고로 인하여 상해를 입었을 때에 그 손해에 대하여 배상할 의무자가 있는 경우 보험자가 약관에 정한 바에 따라 피보험자에게 그 손해를 보상하는 것을 내용으로 하는 무보험자동차에 의한 상해담보특약은 손해보험으로서의 성질과 함께 상해보험으로서의 성질도 갖고 있는 손해보험형 상해보험으로서, 상법 제729조 단서의 규정에 의하여 당사자 사이에 다른 약정이 있는 때에는 보험자는 피보험자의 권리를 해하지 아니하는 범위 안에서 피보험자의 배상의무자에 대한 손해배상청구권을 대위행사할 수 있다.

교통사고 가해자가 합의 당시 피해자가 무보험자동차 상해담보특약에 따른 보험금을 수령하리라는 사정을 알고 있었던 경우, 장차 보험자에 대한 구상책임을 비롯한 일체의 손해배상책임까지 면제받는 취지라기보다는 보험자가 피해자에게 지급하는 보험금의 범위 내에서 보험자가 취득하게 되는 대위권의 행사를 유보한 채 손해배상금의 일부를 수수하기로 합의한 것으로 봄이 상당하다…"고 하였다.

그 구체적인 이유를 보면, "… 피보험자가 무보험자동차에 의한 교통사고로 인하여 상해를 입었을 때에 그 손해에 대하여 배상할 의무자가 있는 경우 보험자가 약관에 정한 바에 따라 피보험자에게 그 손해를 보상하는 것을 내용으로 하는 무보험자동차에 의한 상해담보특약은 손해보험으로서의 성질과 함께 상해보험으로서의 성질도 갖고 있는 손해보험형 상해보험으로서, 상법 제729조 단서의 규정에 의하여 당사자 사이에 다른 약정이 있는 때에는 보험자는 피보험자의 권리를 해하지 아니하는 범위 안에서 피보험자의 배상의무자에 대한 손해배상청구권을 대위행사할 수 있다고 할 것이다.

원심판결 이유에서 확정된 사실관계에 의하면, 소외 1과 원고 사이에 체결된 개인용자동차종합보험의 특별약관에는 원고가 피보험자에게 무보험자동차에 의한 손해의 보상으로서 보험금을 지급한 때에는 지급한 보험금의 한도 내에서 피보험자가 배상의무자에 대하여 가지는 손해배상청구권을 취득하여 이를 대위행사할 수 있도록 규정하고 있다는 것이므로, 원심이 보험자인 원고가 이 사건 교통사고로 상해를 입은 피보험자인 소외 1과 소외 2에게 보험금을 지급함으로써 그 보험금의 한도 내에서 소외 1과 소외 2가 배상의무자인 피고에 대하여 가지는 손해배상청구권을 취득하여 이를 대위행사할 수 있다고 판단한 것은 정당하고, 거기에 보험자 대위권에 관한 법리를 오해한 위법이 없다. 이 부분 상고이유는 받아들일 수 없다.....

원심판결 이유에 의하면, 원심은 그 판결에서 채용하고 있는 증거들을 종합하여 소외 1과 피고 사이의 이 사건 합의 과정과 그 내용에 관하여 그 판시와 같은 사실을 인정한 다음, 이 사건 합의가 이루어진 시기와 그 경위 및 내용, 특히 피고는 소외 1이 장차 원고로부터 무보험자동차 상해담보특약에 따른 보험금을 수령하리라는 사정을 알고 있었고, 그 특약에 의하면 원고가 소외 1에게 보험금을 지급하는 경우 소외 1의 피고에 대한 손해배상청구권을 취득하여 이를 대위행사하도록 규정하고 있었으므로 소외 1이 보험자인 원고의 동의 없이 피고에 대한 권리를 임의로 처분함으로써 보험자의 대위권을 침해한 때에는 그 한도에서 보험금청구권을 잃게 되어 원고로부터 보험금을 지급받지 못하게 된다는 점에 비추어 볼 때, 이 사건 합의로써 피고로 하여금 장차 원고에 대한 구상책임을 비롯한 이 사건 교통사고로 인한 일체의 손해배상책임까지 면제하는 취지로 이 사건 합의를 하였다기보다는 원고가 소외 1에게 지급하는 보험금의 범위 내에서 원고가 취득하게 되는 대위권의 행사를 유보한 채 손해배상금의 일부를 수수하기로 합의한 것으로 봄이 상당하다고 하여 이 사건 합의에 의하여 피고의 손해배상책임이 모두 소멸하였다는 피고의 주장을 배척하고 있다.... 원심의 위와 같은 사실인정과 판단은 수긍이 가고, 거기에 채증법칙을 위배하였거나 심리를 다하지 아니하여 판결 결과에 영향을 미친 위법이 없다. 이 부분 상고이유도 받아들일 수 없다.....

원심이 그 판결에서 채용하고 있는 증거들을 종합하여 원고가 소외 1, 소외 2에게, 이 사건 사고로 인하여 소외 1 등이 입은 손해액 중 소외 1 등이 소외 신동아화재해상보험 주식회사로부터 지급받은 보험금과 피고로부터 지급받은 손해배상합의금을 공제한 나머지 손해액의 범위 내에서 무보험자동차 상해담보특약에 따라 합계 금 38,970,910원을 지급한 사실을 인정하고, 그 범위 내에서 소외 1 등의 가해차량의 보유자인 피고에 대한 손해배상청구권을 취득하여 대위행사할 수 있다는 취지로 판단한 것은 수긍이 가고, 거기에 원고의 피고에 대한 보험자 대위권의 존부나 범위에 관하여 증거가치의 판단을 그르치고 사실을 오인하여 판결 결과에 영향을 미친 위법이 없다. 이 부분 상고이유도 모두 받아들일 수 없다...."는 것이다.

IV. 쟁점

여기에서는 무보험자동차 상해보험에서 보험자 대위가 허용되는지 (그 법적성격), 가해자가 피해자와 합의하여 배상금 일부를 지급한 것이 보험자 대위의 장애 사유가 되는지가 쟁점이 되었다. 이는 무보험자동차 상해보험의 특징, 법적 성격과 효과의 문제이다. 즉, 무보험자동차 상해보험의 피보험자에게 보상한 후 그 가해자에게 보험자대위(내지 구상)할 수 있는가가 다투어지고 있다. 그리고 가해자가 피해자와 합의하고 일부 금액을 지급한 것이 보험자의 대위에 장애가 되는지(당사자간 합의의 효력)도 논란의 대상이었다.

V. 해설

상해보험이란, 보험계약자가 보험료를 지급하고 보험자는 피보험자가 급격하고도 우연한 외래의 사고로 말미암아 신체에 상해를 입은 경우 피보험자 또는 그 상속인에게 일정한 보험금액 기타의 급여를 하기로 약정한 보험계약이다.[1] 상해보험의 사고시에 지급되는 것은 상해의 치료를 위한 비용이지만 때로는 상해로 인한 사망 또는 폐질의 경우에 일정한 보험금을 정액으로 지급하는 경우도 있다는 점에 유의해야 한다.

무보험자동차 상해보험이란 피보험자가 무보험자동차(뺑소니차, 대인배상 Ⅱ에 가입하지 않은 자동차 등을 모두 포함)가 낸 사고로 죽거나 다친 경우 그로 인한 손해에 배상의무자가 있는 경우(손해배상청구

---

1) 양승규, 보험법 제5판, 삼지원, 2005, 479면; 전우현, 쉽고 간단한 보험법, 계백북스, 2021, 255면.

권이 성립하는 경우)에 피보험자동차의 자동차보험회사가 약관에서 정해진 보험금을 주는 것이다. 여기서 '무보험자동차'란 정확히 다음의 경우이다(표준약관 제1조 제5호). 1. 자동차보험 대인배상 Ⅱ나 공제계약이 없는 자동차 2. 자동차보험 대인배상 Ⅱ나 공제계약에서 보상하지 않는 경우에 해당하는 자동차 3. 이 약관에서 보상될 수 있는 금액보다 보상한도가 낮은 자동차보험의 대인배상Ⅱ나 공제계약이 적용되는 자동차. 다만, 피보험자를 죽게 하거나 다치게 한 자동차가 2대 이상이고 각각의 자동차에 적용되는 자동차보험의 대인배상Ⅱ나 공제계약에서 보상되는 금액의 합계액이 이 약관에서 보상될 수 있는 금액보다 낮은 경우에 한하여 그 각각의 자동차 4. 피보험자를 죽게 하거나 다치게 한 자동차가 명확히 밝혀지지 않은 경우에 그 자동차(뺑소니차).

이 보험은 대인배상 Ⅰ, 대인배상 Ⅱ, 자손사고(자기신체사고)보험에 모두 가입한 경우에만 가입이 가능하다. 본시 무보험자동차 상해보험은 미국의 가정용 자동차보험(Family Automobile Policy)의 무보험자동차 운전자담보(Uninsured Motorist Coverage)에서 온 것이다.[2] 이는 피보험자와 그 가족 또는 피보험차량에 탑승한 사람이 무보험차량에 의해 사고를 당해 사망, 상해, 폐질에 이르는 경우 가해자로부터 배상받지 못한 손해를 보상하는 보험이다.[3] 전미 보험감독협회(The National Aassociation of Insurance Commissions: NAIC)가 자동차책임보험의 가입을 강제할 것을 제안하고 책임보험 미가입자에 대해 중대한 벌금을 부과할 것을 권고함으로써 무보험자동차 운전자는 감소하였다.[4] 미국

---

[2] 신종석, "무보험자동차에 의한 상해보험의 법적 과제", 법이론실무연구회 제5권 1호, 2017.4, 101면.

[3] James S. Trieschmann/ Sandra G. Gustavson/ R.E.Hoyt, Risk management and insurance, South-Western College Publishing, 2001, p. 248.

[4] 김성완, "무보험자동차 상해보험의 중복보험성과 의무보험화에 관한 연구", 서울시

의 경우 우리나라의 무보험자동차 상해보험과는 피보험자, 담보범위와 면책사유 등 약간의 차이가 있으나 큰 틀에서는 같다. 이 제도를 일본은 1976년, 우리나라는 1991년 각각 도입하였다. 우리는 처음 자동차보험의 특별약관으로 시도되었다가 1995년 이후에는 자동차보험 보통약관의 내용으로 편입되었다. 2017년 이후 피보험자동차에 탑승한 것이 아니라도 피보험자의 범위 내로 인정하고 보상한도액도 증액하였다.5)

우리나라 자동차 보험의 경우 책임보험에 가입하면서도 대인배상 Ⅱ에 가입하지 않은 자동차가 많기 때문에 무보험자동차 상해보험의 필요성은 매우 크다. 우리나라에서 무보험자동차 상해보험의 의무가입을 위해서는 자동차보험의 약관을 개정해야 한다. 무보험자동차 상해보험은 대인배상 Ⅰ, 대인배상 Ⅱ, 대물배상, 자손사고에 모두 가입할 것을 전제로 하는바 이러한 규정에 대해 전반적인 손질이 있어야 무보험자동차 상해보험의 의무보험이 가능할 것이다.6)

무보험자동차 상해보험에서 보상하는 내용은 피보험자가 죽거나 다친 경우에 발생하는 정액보상금 또는 손해액이다. 구체적으로 ⅰ) 피보험자가 사망한 경우: 장례비(300만 원), 위자료, 상실수익액을 보상 ⅱ) 피보험자가 다친 경우: 구조수색비, 치료관계비(입원료, 응급치료, 호송, 진찰, 전원, 퇴원, 투약, 수술, 처치, 의지, 의치, 안경, 보청기 등에 필요한 실제 비용, 치아보철비 등, 위자료(1급부터 14급까지 차등지급), 휴업손해액(휴업기간 중 피해자의 실제 수입 감소액의 80% 금액

립대 서울법학 21권 1호, 2013.5, 182면.
5) 김성완, 위의 논문, 173-174면.
6) 김성완, 앞의 논문, 201-202면.

을 계산함), 기타 손해배상금(입원시 식사보조비, 통원비) iii) 후유장애가 생긴 경우: 위자료, 상실수익액(노동능력 상실률과 노동능력 상실기간을 계산함), 가정간호비이다.

무보험자동차 상해보험의 법적 성질은 순수한 인보험인가, 손해보험인가, 아니면 제3의 성격인가?

이는 상해보험 특유의 문제이다. 본시 상해보험은 같은 인보험이면서도 사람이 사망하는 경우에 정액보험금을 지급하는 생명보험(사망보험)과는 많은 차이가 있다. 이는 사람의 신체를 어떻게 보아야 하는가라는 극히 인문학적 관점도 반영되어 있다(생명보험 계약과의 차이).

상해보험에 손해보험적인 성격을 인정하는 것은 사람의 신체사고에 대해 극히 현실적인 보상측면을 고려하는 것이 된다. 인보험적인 측면만을 주장하는 것은 '사람'의 '신체'에 대한 재산(물건)과의 차이를 극명하게 관철하려는 것이라고 할 수 있다. 현실적으로 상해가 발생하는 때 손해를 계산하지 않고 일정금액을 지급한다면 인보험의 성격만 존재한다. 그러나, 치료비, 입원비, 요양비 등을 계산하여 지급한다면 지극히 손해보상적인 측면을 고려하는 것이고 이는 손해보험의 일종이다. 손해보험의 성격을 인정한다면 중복보험 등이 허용되고 보험자대위가 인정된다.

무보험자동차 상해보험의 보상인 사망보험금, 부상보험금, 후유장해보험금 중 부상보험금은 피보험자가 상해를 입었을 때 이를 치료하는 데 필요한 비용(實費: 실제 들어간 비용)을 지급하는 것이다. 이 부분 때문에 이 보험이 정액보험이 아니라 손해보험의 성격을 띤 상해보험(인보험)이라고 하는 것이다. 이는 자기신체사고(자손사고)시 보상하는 것과 매우 비슷하다. 상해보험이 비록 인보험이지만 손해보험의 성격을 띤다고 일컬어지는 이유다.[7] 또는 이를 손해보험과 생명보험(즉 인보험)의 중간적 성격이라고도 한다.[8] 그런데 자손사고(자기신체사고)와 무보험자동차 상해보험에서는 경제적 손해라는 용어를 사용하지 않아 피보험자의 손해를 산정하는 것도 정액으로 해야 하는지 부정액으로 해야 하는지가 문제된다.[9]

무보험자동차 상해보험은 순수한 상해보험이 아니라 타인(가해자동차)의 자동차 사고로 인해 불법행위를 저지른 자(가해자동차의 운행자 등)가 피해자인 피보험자에게 배상해야 할 금액을 보험금의 형식으로 지급하는 것이다. 또, 자동차상해보험에서 사망시에는 미리 정해놓은 금액을 지급하면 되는데 상해의 결과 사망에 이른 경우에는 생명보험과 같이 취급해야 하는지 별도로 봐야 하는지도 문제이다.[10]

만약 가해 자동차가 가입한다면 배상책임보험이 된다. 피해자가 가입한 보험이 배상책임보험 기능을 하여 보험회사가 가해자의 배상책임 금액을 대신 지급하는 듯한 구조인 것과 대비가 된다.[11] 즉, 무보험자동차에 의한 상해보험은 손해보험의 성격도 있는 것 같고 사람의 생명과 신체를 보험목적으로 하는 인보험의 성격도 여전히 있는 것 같다.

---

[7] 최기원, 보험법, 박영사, 1996, 483면.
[8] 장수태, "무보험자동차에 의한 상해보상특약의 법적 성질", 보험법률 제33호, 2000, 24면.
[9] 이경재, "무보험자동차에 의한 상해에서 보험자대위에 관한 연구", 국민대 법학논총 28권 1호, 2015, 21-22면; 김광국, "자동차보험 약관의 보험금분담조항에 대한 문제점 및 해석", 손해사정연구 제2호, 2005, 24면.
[10] 양승규, "상해보험수익자의 보험금청구권의 성질", 손해보험, 2004.12, 53면은 이를 같게 볼 수 없다고 한다.
[11] 오창수, "무보험자동차에 의한 상해담보의 범적 성질과 보험자대위", 민사판례연구 제14집, 2001, 198면.

이러한 점 때문에 무보험자동차의 법적 성질이 무엇인가에 대해 여러 학설이 있고 판례도 일관되지 못하였다.

1. 학설

(1) 손해보험설

이는 무보험자동차 상해보험이 이름만 '상해보험'이라고 할 뿐 실질은 손해보험이라고 하는 견해이다.[12] 다음과 같은 내용을 논거로 한다. ⅰ) 보상책임의 전제로 손해배상의무자가 있어야 한다. ⅱ) 무보험자동차 상해보험의 보상은 순수한 인보험(사망보험)과 달리 실제로 손해난 금액을 계산하고 보험자 대위를 허용한다. ⅲ) 무보험자동차 상해보험에 가입하면 '다른 자동차운전담보 특별약관'이 적용되므로 손해보험으로서의 기능을 한다. 일본의 경우 제3자를 위한 책임보험이라고 하는 주장도 있다. 즉 무보험자동차 상해보험에서 보험금을 지급하는 것은 가해자의 불법행위책임에 의한 손해배상책임을 지는 것으로 된다는 것이다. 또 이 보험의 기능은 자동차손해배상보장법상 보장사업과도 유사하다고 본다.[13] 그리고 무보험자동차 상해보험은 사고를 낸 가해자가 손해배상책임이 인정되는 경우 보상하는 것이어서 순수한 상해보험이 아니라 책임보험이라고 하기도 한다.[14] 또, 변형된 책임보험이라는 견해도 있다.[15] 이를 손해보험의 일종으로 보아야 하므로 명칭에서 '상해'라는 부분을 없애고 미국처럼 무보험운전자 담보 등으로 해야 정확하다는 견해도 있다.[16]

---

12) 박영준, "자동차보험에서 '무보험자동차에 의한 상해보험'에 관한 연구", 상사법연구 제33권 제4호, 2015, 101-102면; 서울지방법원 1996.11.28, 96가합57274 판결.
13) 石田滿, 增補 自動車保險の諸問題點(2版), 損保企劃, 1985, 37-38面.
14) 倉澤康一郎, 「判批」, 判評 340号, 1987, 53面.
15) 西島梅治, "任意保險の各種免責の條項の問題點", 「現代民事裁判の課題」 8卷, 新日本法規, 1989, 621面.

(2) 상해보험설(인보험설)

이는 무보험자동차 상해보험이 사망보험처럼 인보험이라는 것이다.[17] 다음의 이유를 든다. ⅰ) 첫째, 무보험자동차 상해보험은 사람의 생명, 신체를 보험사고로 한다는 것이다. 피보험자를 죽게 하거나 다치게 한 사고가 생겨서 이를 보상한다는 것은 '손해' 보상측면보다 '인적' 보상측면이 강하다. 이른바 뺑소니차에 의해 사고가 당한 경우까지 보상한다는 것은 손해보상 측면으로 설명할 수 없다.[18] ⅱ) 둘째, 무보험자동차 상해보험은 인보험인 자기신체사고보험(자손보험)의 특칙으로 되어 있기 때문이다. 무보험자동차 상해보험은 자기신체사고보험에 가입해야만 그 가입이 가능하고, 보험사고시 보상하는 액수도 자기신체사고 보험에서 지급되는 금액을 뺀(공제) 후 지급하는데, 만약 자기신체사고보험을 포기한다면 이를 빼지(공제) 않는다.

(3) 손해보험형 상해보험설

이는 무보험자동차 상해보험이 손해보험의 성격과 상해보험(인보험)의 성격을 모두 구비하고 있다는 견해이다.[19] 이는 무보험자동차 상해

---

16) 양해일, "무보험자동차에 의한 상해보험에 관한 연구", 기업법연구 제23권 2호, 2009, 262면; 박영준, 앞의 논문, 2015, 103면; 정진옥, "무보험자동차에 의한 상해보험에 관한 연구", 상사판례연구 제28집 4호, 2015, 74면.
17) 김재걸, "무보험자동차의 운행에 의한 상해보험의 법적 구조에 관한 일고찰-일본의 판례를 중심으로 하여-", 기업법연구 제15집, 2003, 311면; 오지용, "무보험자동차에 의한 상해보험 중복보험규정 적용여부에 관한 고찰", 경영법률 제17집 제4호, 2007.7, 206-207면; 金澤 理, 交通事故と保險給付, 成文堂, 1981, 203면 이하.
18) 부산지방법원 1998.5.1, 97나13945 판결.
19) 박상현, "무보험자동차에 의한 상해보험과 관련된 몇 가지 쟁점에 관한 소고", 실무연구자료 제7권, 대전지방법원, 2006, 179면; 손원락, "무보험자동차에 의한 상해담보의 법적 성질과 보험자대위 관련 시효문제", 실무연구자료 제7권, 대전지방법원 2006, 203면; 신종석, "무보험자동차에 의한 상해보험의 법적 과제", 법이론실무연구 제5권 1호, 2017.4, 109면; 양승규, "무보험자동차에 의한 상해담보특약과 보험자대위", 손해보험, 2000.8, 74면; 정진옥, "무보험자동차 상해담보특약과 보험자대

보험이 한편으로 피보험자의 신체 상해를 보험사고로 하는 상해보험이지만, 다른 한편으로는 배상의무자의 책임을 전제로 하고 있으므로 손해보험의 성격도 있는 것이라고 한다. 손해보험과 상해보험의 성격을 모두 가지고 있으므로 한 쪽의 성격만으로 규정할 것이 아니라 구체적인 법률관계를 보아 타당한 해석을 해야 한다는 입장이다.[20] 무보험자동차 상해보험의 보험사고는 상해, 상해사망, 상해장해로 되어 있지만, 일반상해보험과 달리 실손보상체계를 갖추고 있어서 이를 실손보상형 상해보험이라는 의견도 있다.[21] 그리하여 중복보험, 보험자대위 규정이 모두 적용될 수 있다고 본다. 인보험으로 분류되는 상해보험의 급여가 실손보상적 성격을 갖는 경우 부정액보험인 손해보험적 성격이 있다고 보는 견해[22]도 대체로 같은 견해이다.

2. 판례의 입장

(1) 손해보험설

이 입장에 선 판례로는 서울지방법원 1996.11.28, 96가합57274판결이 있다.

(2) 인보험설(상해보험설)

대법원 1999.2.12, 98다26910이 있다. 그 구체적 내용을 보면, "…. 자동차종합보험계약상의 '무보험자동차에 의한 상해특약'은 상해보험의

위", 상사판례연구 11집, 2000, 477면; 오창수, 앞의 논문, 203면; 유영일, "무보험자동차 상해보험의 보험금 산정기준과 보험약관의 명시설명의무", 상사판례연구 17집, 2004, 65-67면.
20) 박은경, "무보험자동차에 의한 상해가 둘 이상 가입된 경우에 중복보험 해당성에 관한 연구", 법학연구 제32집, 2008.11, 283면.
21) 정진옥, 앞의 논문, 73면.
22) 맹수석, "실손보상형 상해보험에서의 중복보험 문제", 선진상사법률연구, 58호, 2012, 68면.

일종으로서, 상법 제732조의2, 제739조, 제663조의 규정에 의하면 사망이나 상해를 보험사고로 하는 인보험에 관하여는 보험사고가 고의로 인하여 발생한 것이 아니라면 비록 중대한 과실에 의하여 생긴 것이라 하더라도 보험금을 지급할 의무가 있다고 할 것이므로, 그 약관 중 "피보험자가 무면허운전을 하던 중 그 운전자가 상해를 입은 때에 생긴 손해는 보상하지 아니한다."고 규정한 무면허운전 면책조항이 보험사고가 전체적으로 보아 고의로 평가되는 행위로 인한 경우뿐만 아니라 과실(중과실 포함)로 평가되는 행위로 인한 경우까지 보상하지 아니한다는 취지라면 과실로 평가되는 행위로 인한 사고에 관한 한 무효라고 보아야 한다…"는 것이다.

(3) 손해보험형 상해보험설

대법원 2003. 12. 26. 선고 2002다61958 판결의 내용을 보면, "…피보험자가 무보험자동차에 의한 교통사고로 인하여 상해를 입었을 때에 그 손해에 대하여 배상할 의무자가 있는 경우 보험자가 약관에 정한 바에 따라 피보험자에게 그 손해를 보상하는 것을 내용으로 하는 무보험자동차에 의한 상해담보특약은 손해보험으로서의 성질과 함께 상해보험으로서의 성질도 갖고 있는 손해보험형 상해보험으로서, 상법 제729조 단서의 규정에 의하여 당사자 사이에 다른 약정이 있는 때에는 보험자는 피보험자의 권리를 해하지 아니하는 범위 안에서 피보험자의 배상의무자에 대한 손해배상청구권을 대위행사할 수 있다…자동차보험약관의 용어풀이상 무보험자동차라고 함은 자동차보험 대인배상 II나 공제계약이 없는 자동차, 자동차보험 대인배상 II나 공제계약에서 보상하지 아니하는 경우에 해당하는 자동차, 피보험자를 죽게 하거나 다치게 한 자동차가 명확히 밝혀지지 않은 경우에 그 자동차 등을 의미한다고 할 것인데, 교통사고를 일으킨 가해차량을 피보험자동차로 하여 자동차보험 대인배상 Ⅱ 계약을 체결한 보험회사가 피해자에 대하여 예컨대 그 사고가 무면허운전중에 일어난 사고라는 이유 등으로 면책약관을 내세워 보험금의 지급을 거절한 관계로 당해 교통사고에 대한 가해차량 보험회사의 면책 여부가 문제로 되어 결과적으로 가해차량 보험회사의 보상책임 유무가 객관적으로 명확히 밝혀지지 않은 경우에 있어서의 가해차량 역시 위 약관에서 말하는 무보험차에 해당한다고 보아 피해자가 자신의 보험회사에 대하여 위 특약에 따른 보험금의 지급을 청구할 수 있다고 보는 것이 피해자에 대한 신속한 피해보상을 목적으로 하는 자동차 보험정책은 물론이고, 약관의 뜻이 명백하지 아니한 경우에는 고객에게 유리하게 해석되어야 한다는 약관의규제에관한법률 제5조 제2항 소정의 약관 해석 원칙에도 부합한다…:"고 한다.

생각건대, 무보험자동차 상해보험이 타인(가해자동차)에 의한 교통사고에 의해 피보험자가 죽거나 다친 경우 이 보험회사가 보상한다는 점에서 마치 피보험자를 위한 배상책임보험의 모양새를 갖추기도 한다. 또, 뺑소니차나 대인배상 Ⅱ에 가입하지 않은 자동차의 가해에 대한 안정장치를 갖춘 면이 있다. 그러나, 본질적으로 피보험자인 사람이 죽거나 다친 경우에 보상을 하려 한다는 상해보험에서 벗어난 것은 아니다. 그런데 상해보험의 본질 자체는 생명보험과 같은 순수한 인보험이 아니다.

본시 상해보험은 보험의 객체가 사람이라는 점에서 인보험에 속한다.[23] 상법에서도 상해보험을 제4편 제3장 인보험에서 규정하고, 손해보험과는 구별하고 있다. 상법 제739조가 상해보험에 관하여 생명보험에 관한 규정을 준용하는 것은 그 이유에서이다. 다만, 상해보험은 단

---

[23] 이하 전우현, 쉽고 간단한 보험법, 계백북스, 2021, 256면.

순한 '상해'사고만을 보장하지 않고 상해사망, 상해장해까지 보장하여 넓게 운영되므로 정액(定額)보험성과 손해(損害)보험성이 공존한다. 이를 상해보험의 유형별로 보면, ⅰ) 첫째, 상해사망(Unfall- Tod)은 상해사고로 상해에 그치지 않고 사망에까지 이르는 것이다. 이 때 보험자는 마치 생명보험의 경우처럼 정액의 보험금액을 지급하여야 한다. ⅱ) 둘째, 상해의 부위와 정도에 따라 차등있게 보험금을 지급하는 경우가 있다. 상해사고는 경미한 상해에서부터 신체기능을 마비시키는 불구, 폐질이나 신체장해에 이르기까지 여러 가지 모습과 정도의 차이를 보인다. 상해보험 약관에서는 이러한 차이에 따라 등급을 나누고 그 등급에 따라 보험금액 지급비율 정도를 다르게 정하고 있다(準 정액보험성). ⅲ) 셋째, 의료비, 입원비, 간병비 등 실제로 사용된 비용만 보상하는 경우가 있다. 이 경우는 손해보험에서 보험사고로 발생한 손해(비용 포함)만 보상하는 방식과 다를 바가 없다. 이렇게 본다면 상해보험은 인보험이지만, 정액보험성과 부정액보험성(손해보험성)의 이중적 성격을 가지고 있다. 순수한 정액보험인 생명보험과는 구별되는 이유다.

무보험자동차 상해보험에서 보상을 하는 기준은 ⅰ) 피보험자가 사망한 경우, ⅱ) 피보험자가 상해를 당한 경우, ⅲ) 피보험자가 장해를 입은 경우로 나누고 있다. 이는 상해를 당한 경우 단순 상해인 경우, 상해사망이나 상해장해로 이어지는 경우로 나누는 것과 같다. ⅰ)과 ⅲ)이 정액보험의 성격을 지니고 있고, ⅱ)는 손해보험의 성격을 지니고 있다. 이러한 점을 고려하여 상해보험의 경우 당사자간에 다른 약정이 있는 때에는 보험자는 피보험자의 권리를 해하지 아니하는 범위 안에서 그 권리를 대위하여 행사할 수 있게 하고 있다(상법 제729조 단서). 무보험자동차 상해보험의 경우에도 이러한 상법 제729조 단서를 적용함에 아무런 무리가 없고 사례 또한 그러하다.

우리 상법은 인보험에 대해서는 보험자의 대위권을 원칙적으로 금지하고 있다. 그러나, 상해보험에 관해서는 예외적으로 허용하고 있는데 이는 실손보상형 상해보험이 존재하기 때문이다. 무보험자동차 상해보험의 약관에서 '보험회사는 피보험자 또는 손해배상청구권자에게 보험금 또는 손해배상금을 지급한 경우 지급한 보험금이나 손해배상금의 범위에서 제3자에 대한 피보험자의 권리를 취득한다'고 하고 있다(무보험자동차 상해보험 표준약관 제34조). 단순한 상해의 경우 뿐만 아니라 상해사망이나 상해폐질의 경우에도 배상액 산정과 같이 실손보상주의를 택하고 있어서(마치 책임보험의 보상처럼) 손해보험의 성격이므로 이 경우 보험자 대위권이 허용된다고 본다.[24] 대법원은 손해보험형 상해보험이라고 하면서 이 경우 보험자대위권을 긍정한다.[25] 상해보험 자체가 인보험이지만 손해보험의 요소를 지니고 있다는 설명만으로 충분하고 손해보험설, 인보험설(상해보험설), 손해보험형 상해보험설 등으로 나누어 논의하여야만 문제가 해결되는 것이 아니라고 생각한다. 그리하여 이 사안의 대법원판결에 찬성한다.

무보험자동차 상해보험을 여러 개 가입한 경우에 있어서 이를 중복보험으로 보는 견해는 상법 제672조를 준용해야 한다거나, 상법 제725조의 2가 적용되어야 한다는 논거를 든다. 상법 제672조 준용설은 여러 개의 무보험자동차 상해보험에 가입한 경우 보상을 넘어 지나친 이득을 할 우려가 있고 보험의 도박화를 막아야 하기 때문이라고 한다.[26] 상법 제725조의 2를 근거로 하는 견해는 무보험자동차 상해보험의 지급보험금은 배상의무자의 책임을 전제로 하고, 보상하는 보험자는

---

[24] 같은 취지: 정진옥, "무보험자동차에 의한 상해보험에 관한 연구", 상사판례연구 제28집 4호, 2015, 84면.
[25] 대법원 2000.2.11, 99다50699판결.
[26] 박상현, 앞의 논문, 183면.

가해차량의 운전자 등 가해자의 책임을 보상하는(즉, 책임보험과 같은 역할을 하는) 보험이라는 점을 근거로 한다.[27] 그러나, 무보험자동차 상해보험의 실질이 손해보험이기 때문에 이 보험이 여러 개 존재한다면 당연히 중복보험의 규정이 적용되어야 한다고 본다.[28] 이 제도의 근원이 되는 미국에서도 손해전보원칙에 따라[29] 질병보험 분야에서 중복보험 여부에 대해 실손보상 방식이라면 중복보험을 인정하고 있다.[30] 개별재난질병보험 최저기준법에서는 기초적 병원 비용담보, 기초적 수술의 비용, 입원비 등에 대해 이와 같이 판단하는 것은 그 예이고 중복으로 보험금을 수령하지 못하도록 급부조정을 하고 있다.[31]

그리고 이 사안에서 가해자가 피해자와 합의하여 일정금액을 지급한 것에 대해서 보건대, 가해자는 자신이 보험자대위의 대상이 된다는 점을 알고서 합의한 것이므로 보험자대위의 효력을 저해하거나 상실시키는 효력이 그 합의에 없다고 보인다. 특히 피해자는 보험자의 동의없이 가해자에 대한 권리(배상받을 권리)를 처분하여 보험자의 권리를 침해한 때에는 그 한도에서 보험금 청구권을 잃게 된다는 점에서 피고에 대한 합의를 합리적으로 해석해야 한다. 즉, 피해자가 피고(가해자)에 대한 합의를 할 때 함부로 자신의 배상 권리 전부를 포기하거나 보험자대위권을 제한하는 의사표시를 하였다고 볼 수는 없다는 것이다. 즉, 보

---

[27] 박영준, 앞의 논문, 109면; 동부화재해상보험 법무실, "수 개의 무보험자동차에 의한 상해와 보험금의 분담", 손해보험, 2006.7, 42-43면.
[28] 다만, 중복보험을 인정할 수 없다는 견해로는 오지용, "무보험자동차에 의한 상해보험 중복보험규정 적용여부에 관한 고찰", 경영법률 제17집 4호, 2007.7, 210-211면; 중복보험을 인정하되, 보험보상을 정액으로 하는 경우에는 중복보험이 될 수 없다는 견해로는 노일석, "무보험자동차에 의한 상해보험특약과 중복보험", 인하대 법학연구 제14집 3호, 2011, 133면.
[29] R. Keeton/ A.I.Widiss, Insurance Law, West, 1988, p. 135.
[30] 김성완, 앞의 논문, 196면.
[31] 맹수석, 앞의 논문, 54면.

험회사가 피해자에게 지급하는 보험금의 범위 내에서 보험회사가 취득하는 대위권 행사는 전제(제한하지 않고 유보)한 채 손해배상금의 일부를 주고 받은 것으로 해석해야 한다. 이 합의에 의해 가해자(피고)의 손해배상책임이 모두 소멸하였다고 하는 것은 의사표시 해석의 오류라고 보인다(상법 제682조 보험자 대위와 그 제한에 대한 해석). 무보험자동차 상해보험에서 사망이 아닌 상해가 발생한 경우 그 치료비 등 실제의 비용에 대해 보험금을 지급하는 것은 손해보험의 성격을 갖기 때문에 이중 보상을 막기 위해서라도 보험자대위가 인정되어야 한다. 우리 상법 제729조에서 이를 허용한 이유다. 이 점에 대해서도 대법원 판결에 찬성한다.

7. 책임보험에 있어서 직접청구권의 법적 성질과 소멸시효(2019.5.30. 선고 2016다205243 판결)

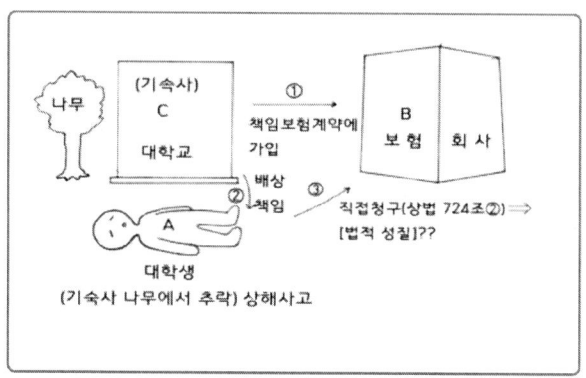

Ⅰ. 사실관계

원고 A는 C 대학교에 재학하던 학생이다. 피고 B는 2012. 6. 25. C 대학교와 계약자와 피보험자를 C로 하는 종합보험계약을 체결하였다. 그 담보내용은 1인당 학교시설배상책임액은 200,000,000원, 구내치료비 담보액은 2,000,000원, 신입생추가 특별약관 등이다.

원고 A는 2012. 9. 13. 새벽 2:00경 이 사건 건물에서 나가려 하였으나, 1층 출입문이 쇠사슬로 휘감긴 채 잠겨 있고 경비원이 보이지 않아 1층 출입문으로 나가지 못하였고, 비상계단을 통해 이 사건 건물 옆 저수조 건물 옥상으로 올라가 옥상 옆 나무를 타고 내려오다 나뭇가지가 부러지는 바람에 추락하여 하반신 마비, 말총의 손상, 요추 4번 방출성 골절 등의 상해를 입었다. 이 사건 건물은 1층 출입문 외에는 별도의 출입구가 없었고, 이 사건 건물과 옆 저수조 건물을 연결하는 비상계단 아래의 1층 철제문도 항상 잠겨있었다. 따라서 이 사건 건물에서 나가기 위해서는 1층 출입문을 통과하거나 비상계단으로 연결된 저수조 건물의 옥상에서 내려가는 방법을 택할 수밖에 없었고, 다른 대안은 없었다.... 이 사건 건물의 폐쇄시간은 밤 12:00부터 새벽 05:00까지로, 이전에는 폐쇄시간 중에도 비밀번호를 입력해 1층 출입문을 열 수 있었으나, 이 사건 당시에는 쇠사슬을 감아 경비원의 도움 없이는 1층 출입문을 열 수 없도록 하고 있었다. 이 사건 건물의 경비원들은 저녁 17:30부터 다음날 05:30까지 건물 순찰 등 경비업무를 수행하였는데, 근무시간 중 새벽 0:30부터 04:30까지는 지정 휴게시간이었다. 비상계단을 통해 연결된 이 사건 건물 옆 저수조 건물 옥상은 2~3층 정도의 높이로 담과 안전바가 설치되어 있기는 하나, 그 높이가 학생들의 키에 비해서는 낮았고, 담 바로 옆에는 나무가 심어져 있었다. 이 사고로 인하여 원고 A는 C대학교가 가입한 종합보험(책임보험 포함)에 근거하여 보험자 B에게 보험계약상 담보금액 지급을 청구하였다. 여기에서 A가 보험자 B에게 청구하는 원래의 금액에 부가하는 이자가 민사 이자인지, 상사 이자인지가 문제로 되었다.

II. 1심과 항소심의 판단(2015. 6. 5. 선고 2014가합546365 판결; 서울고법 2016. 1. 7. 선고 2015나2032910 판결)

상법 제724조 제2항에 의한 피해자의 직접청구권에 대해 보험금청구권이라는 전제 하에 지급금액의 원금과 법정이자를 계산하고 있다. "...... 이 사건 건물을 소유·관리하는 ○○대학교가 건물의 보안뿐만 아니라 학생들의 편리와 안전까지 고려하여 건물 통제조치를 취할 의무가 있음에도, 관리의 편의만을 위해 이 사건 건물의 1층 출입문을 쇠사슬로 잠그는 과도한 조치를 취함으로써 이 사건 건물에서 나갈 필요성이 있었던 원고가 이 사건 사고를 당하게 된 것으로 판단되므로, ○○대학교는 이 사건 사고로 인해 원고가 입은 손해를 배상할 책임이 있고, 피고는 이 사건 보험계약의 보험자로서 이 사건 보험계약에서 정한 한도금액 내에서 상법 제724조 제2항에 따라 ○○대학교가 원고에게 부담하는 손해배상액 상당의 보험금을 지급할 의무가 있다.......따라서 피고는 원고에게 보험금으로 65,567,542원(= 원고의 재산상 손해 60,567,542원+ 위자료 5,000,000원) 및 이에 대하여 이 사건 사고 발생일 이후로서 원고가 구하는 2012. 9. 14.부터 피고가 이행의무의 존부 및 범위에 관하여 항쟁함이 상당한 이 판결 선고일인 2015. 6. 5.까지는 상법이 정한 연 6%, 그 다음날부터 다 갚는 날까지는 소송촉진 등에 관한 특례법이 정한 연 20%의 각 비율에 의한 지연손해금을 지급할 의무가 있다"고 하였다.

III. 대법원판결(2019. 5. 30. 선고 2016다205243 판결)

대법원은 상법 제724조 제2항에 의한 피해자의 직접청구권에 대해 원심과 판단을 달리하였다. 즉, "....상법 제724조 제2항에 의하여 피해자에게 인정되는 직접청구권의 법적 성질은 보험자가 피보험자의 피해자에 대한 손해배상채무를 병존적으로 인수한 것으로서 피해자가 보험자에 대하여 가지는 손해배상청구권이고, 피보험자의 보험자에 대한 보험금청구권의 변형 내지는 이에 준하는 권리가 아니므로, 이에 대한 지연손해금에 관하여는 연 6%의 상사법정이율이 아닌 연 5%의 민사법정이율이 적용된다.."고 하였다.

Ⅳ. 쟁점

A는 보험계약자 C대학교가 B보험회사에 가입한 책임보험계약의 당사자가 아니라 피해자인 제3자일 뿐이다. 그런데, 상법 제724조 제2항에 의하여 제3자 A는 보험자 B에게 직접적으로 청구권을 행사할 수 있다. 이 직접청구권이 상법상 보험금 청구권인가, 민법상 손해배상 청구권인가가 문제이다(상법 제724조 제2항에 의한 피해자의 직접청구권의 법적 성격의 문제: 보험금 청구권인가, 손해배상청구권인가)

Ⅴ. 해설

상법 제724조 제2항에 의한 피해자의 직접청구권의 법적 성격을 살펴본다. 보험자와 제3자(피해자: 사안에서 원고 A)의 관계는 다음과 같다.

1. 보험자와 제3자간의 법률관계의 기초

원칙적으로 책임보험은 보험계약자의 '자기를 위한 보험'이고 '타인을 위한 보험'이 아니다. 그리하여 피해 제3자는 가해자인 피보험자에 대한 배상청구권만 가질 뿐 보험자와는 아무런 관련이 없다(책임관계와 보험관계의 구별). 다만, 보험자가 피보험자에게 지급하는 보험금은 궁극적으로 피해 제3자에게 귀속된다는 짐에서 경제적인 관련이 '간접적으로' 발생할 뿐이다. 상법은 이러한 간접적인 효과를 위해 피해 제3자에게 보험금이 확실하게 귀속되게 하는 2개의 안전장치를 마련하였다. 이는 ⅰ) 첫째, 상법 제724조 제1항에서 피보험자에 대한 보험금지급을 제한하는 것이고,[1] ⅱ) 둘째, 상법 제724조 제2항에서 피해 제3자가 직접 보험자에게 보상을 청구할 수 있게 한 것이다(직접청구권).

2. 피해자의 보험금 직접청구권 내용(상법 제724조 제2항)

가) 의의

책임보험의 피해자가 보험자에게 직접 보험금을 청구하는 권리이다(Direktanspruch). 종래 임의책임보험에서는 상법상 물건보관자의 책임보험에서만 인정되고(商 제725조) 의무(강제)책임보험에서는 자동차손해배상 보장법에서만 인정하였던 것인데(동법 제10조) 상법은 1991년 개정시 책임보험계약 일반에 대해 모두 인정하였다. 그리하여 "제3자는 피보험자가 책임을 질 사고로 인하여 입은 손해에 대하여 보험금액의 한도 내에서 보험자에게 직접 보상을 청구할 수 있다"(商 제724조 제2항).

나) 직접청구권의 행사

피해 제3자가 보험자에게 직접청구권을 행사하려면 피보험자가 책임질 사유로 피해자에게 손해가 생겨야 하고, 그 청구액은 '보험금액의 한도내'에 있어야 한다(商 제724조 제2항 본문). 청구를 받은 보험자는 피보험자가 그 사고에 대하여 가지는 항변으로써 제3자에게 대항할 수 있다(商 제724조 제2항 단서). 보험자가 피해 제3자로부터 이 청구를 받은 때에는 지체없이 피보험자에게 통지하여야 한다(商 제724조 제3항). 이 경우 피보험자는 보험자의 요구가 있을 때에는 필요한 서류·증거의 제출, 증언 또는 증인의 출석에 협조하여야 한다(商 제724조 제4항). 또, 상법에 규정은 없지만 보험자는 보험계약자나 피보험자에 대한 항변사유로도 피해 제3자의 청구에 대항할 수 있다고 본다. 이 점도

---

1) 이는 "피해 제3자가 피보험자로부터 배상을 받기 전에는 보험금액의 전부나 일부를 보험자가 피보험자에게 지급하지 못한다"는 것이다(商 제724조 제1항).

직접청구권의 성격에 관한 손해배상청구권설(채무인수설)보다는 보험금청구권설이 더 잘 설명할 수 있다.

다) 소멸시효(학설상 차이)

보험금 청구권은 3년간 행사하지 않으면 소멸시효가 완성한다(商 제662조: 보험금 청구권설). 그러나, 손해배상 청구권설은 불법행위의 배상청구권에 관한 민법 제766조가 적용된다고 하여 '그 손해 및 가해자를 안 날로부터 3년간, 불법행위를 한 날로부터 10년간' 청구권을 행사하지 않으면 시효로 인하여 소멸한다고 한다(손해배상 청구권설).

3. 직접청구의 근거

책임보험에서 피해자인 제3자가 보험자에 대하여 직접청구권을 갖는 근거가 무엇인가에 대해 학설이 나뉘고 있다.

(1) 책임보험 본질설

이는 직접청구권이 책임보험의 본질적 성격에서 나온다고 한다. 즉, 책임보험은 가해자의 재산적 손실을 만회하려는 목적에서 출발한 것이지만 궁극적으로 피해자의 보호에 귀결되는 것이므로 책임보험에서 피해자는 보험자에 대해 직접적인 청구권을 가지는 것이라고 한다.[2]

(2) 계약당사자 의사설

이는 책임보험에서 피해자인 제3자에게 보험자에 대한 직접의 청구권을 인정하는 것은 보험계약 당사자의 의사에 기인한다는 것이다. 보험계약자로서는 자기의 경제적 이익을 손상시키지 않는다면 얼마든지 피해자의 직접청구권을 인정할 수 있고 이것이 보험계약자의 의사에 부

---

[2] 西島梅治, 責任保險の研究, 同文館, 1968, 259면.

합한다는 것이다.3)

(3) 제3자를 위한 계약설

책임보험에서 피해자인 제3자가 보험자에게 직접의 청구권을 가지는 이유는 보험계약자가 피해자인 제3자를 위한 계약으로 책임보험 계약을 맺었기 때문이라고 한다. 이는 계약당사자의 의사에서 직접청구권의 근거를 찾는다는 점에서 위의 (2)와 유사한데, 다만 당사자의 의사를 민법상 제3자를 위한 계약이라는 구체적인 근거로 설명한다는 차이가 있다.

(4) 법규정 효과설

책임보험에서 제3자가 보험자에 대해 직접의 청구권을 갖는 것은 당사자의 의사 때문이 아니라 법규정에서 그러한 규정을 두었기 때문이라고 한다. 즉, 당사자의 보험계약으로는 전혀 직접적 청구권을 인정할 이유가 없지만 피해자 보호를 위한 정책적인 이유에서 그러한 예외적인 청구권을 인정할 뿐이라고 한다.4) 우리나라의 다수설이고,5) 상법이 제724조 제2항에서 이를 규정하고 있는 한 당연히 이 견해가 타당하다고 본다(실정법규의 法源性).

4. 피해자의 보험금 직접청구권의 법적성질 규명(보험금청구권인가, 손해배상청구권인가)

피해 제3자의 직접청구권의 법적 성질이 무엇인가에 대해서는 견해가 대립하고 있다. 피해자의 보험자에 대한 직접의 권리가 어떤 성질을

---

3) 서돈각, "자동차손해배상책임보험법상의 피해자의 직접청구권에 관한 약간의 문제", 법학의 제문제, 유민 홍진기선생 회갑기념논문집, 1977, 172면.
4) 정경영, "공동불법행위 피해자의 직접청구권", 상사판례연구 Ⅳ, 2000, 389면.
5) 양승규, 보험법, 삼지원, 2005, 363면; 최기원, 보험법, 1998, 369면.

가지고 있는가에 따라 상사 채권의 성질을 갖는가, 일반 민사 채권의 성질을 갖는가의 차이가 있다. 소멸시효, 지연손해금의 범위, 사안에서 처럼 법정이율을 어떻게 할 것인가의 차이도 있다.

(1) 손해배상 청구권설

이는 피해 제3자의 보험자에 대한 청구권을 손해배상 청구권이라고 하는 견해이다. 책임보험의 보험자는 피보험자의 손해배상 채무를 중첩적으로 인수하였다고 주장하여 보험자와 피보험자는 연대채무관계에 선다고 한다.[6]

(2) 보험금 청구권설

피해 제3자의 보험자에 대한 청구권은 법률의 규정에 의하여 피해자 보호를 위해 예외적으로 인정된 보험금 청구권이라는 견해이다.[7] 책임보험의 구조가 제3자를 위한 계약, 즉 피해자를 위한 보험계약으로 보여지고 피해자는 피보험자로서 보험금 청구권을 가진다는 견해도 있다.[8] 다만, 주류는 전자이다. 즉, 보험자와 보험계약자(피보험자) 사이에는 위법행위나 불법행위 관계가 전혀 없고 보험관계만 존재할 뿐인데, 피해자인 제3자가 이 법률관계에 끼어드는 것은 오로지 피보험자의 보험금 청구권을 대신 행사하도록 법규가 허용한 것 때문이라고 한다.

---

[6] 정찬형, 상법강의(하), 박영사, 2007, 681면; 김성태, 보험법강론, 법문사, 2001, 619면.
[7] 양승규, 보험법, 삼지원, 2005, 377면; 장경환, "자동차손해배상책임보험에서의 직접청구권의 성질과 손해배상청구권의 혼동", 경희법학 제38권 제1호(2003), 148-151면; 정경영, "공동불법행위 피해자의 직접청구권", 보험법연구 3, 삼지원(1999), 45면; 정진옥, "직접청구권의 소멸시효와 기산점", 상사판례연구 제7집(1996), 177-179면; 임충희, "자동차책임보험에서의 피해자의 직접청구권에 관한 고찰", 보험학회지 제37집(1991), 314면 등.
[8] 西島梅治, "被害者の直接請求權(二)", 熊本大學法文論叢 제10호, 1958, 47-51면; 고평석, 책임보험계약법론, 1990, 236면; 정경영, 앞의 논문, 397면.

(3) 판례(보험금청구권에서 손해배상 청구권설로 변경)

대법원은 처음에는 보험금 청구권설을 취하였다(대판 1993.4.13, 93다3622; 대판 1993.5.11, 92다2530; 대판 1994.5.27, 94다6819; 대판 1995.2.10, 94다4424 등). 즉, "자동차종합보험보통약관에 피보험자가 피해자에게 지는 손해배상액이 판결에 의하여 확정되는 등의 일정한 경우에는 피해자가 보험회사에 대하여 직접 보험금의 지급을 청구할 수 있도록 규정되어 있다 하더라도, 위 약관에 의하여 피해자에게 부여된 보험회사에 대한 보험금액청구권은 상법 제662조 소정의 보험금액청구권에 다름 아니므로 이를 2년 간 행사하지 아니하면 소멸시효가 완성된다"고 하였었다(대판 1993. 4. 13, 93다3622).

그러나, 1998년 이후 손해배상 청구권설로 바뀌었다(대판 1998.7.30, 97다17544; 대판 1999.11.26, 99다34499 등). 이는 "....개정 상법(1991. 12. 31. 법률 제4470호로 개정되어 1993. 1. 1.부터 시행된 것) 제724조 제2항에 의하여 피해자에게 인정되는 직접청구권의 법적 성질은 보험자가 피보험자의 피해자에 대한 손해배상채무를 병존적으로 인수한 것으로서 피해자가 보험자에 대하여 가지는 손해배상청구권이라 할 것이고, 개정 상법 제724조 제2항 본문과 그 부칙 제2조 제1항 본문의 각 규정 취지에 의하면, 같은 법 시행일인 1993. 1. 1. 이전에 보험계약이 성립하고 보험사고인 교통사고가 발생한 경우에 있어서도 그 교통사고의 피해자는 자동차보험을 인수한 보험회사에 대하여 직접 보상을 청구할 수 있다고 할 것인바, 공동불법행위에 있어서 공동불법행위자들과 각각 보험계약을 체결한 보험자들은 그 보험계약과 보험사고가 개정 상법 시행 이전에 발생하였는지를 불문하고 같은 법 시행 이후에는 그 공동불법행위의 피해자에 대한 관계에서 같은 법 제724조 제2항에 의한 손해배상채무를 각자 직접 부담한다"고 판시하였다.

(4) 사견(私見) (보험금 청구권설)

독일의 경우 직접청구권은 유럽연합이 1959년 4월 20일 제정한 협약(European Convention on Compulsory Insurance against Civil Liability in respect of Motor Vehicles: 자동차로 인한 민사책임을 담보하는 의무보험에 관한 유럽협약)에 근거한 자동차강제(의무)책임보험에 유래하였다. 이는 각 가입국이 자기 국가 내에서 자동차로 인한 피해자를 보호하기 위해 반드시 이 보험제도를 제정해야 하고, 피해자로 하여금 보험자에 대해 직접적인 청구권을 행사하게 하자는 것이었다. 다만, 이 협약은 비준국이 6개국에 불과하여 큰 성과를 거두지 못하였다.9) 유럽연합은 1972년 다시 제1 자동차보험지침을 내리고, 1983년에는 제2자동차보험지침을 내려 앞의 자동차강제보험의 내용이 담보되었다. 2000년에는 제4자동차보험지침을 내려 한 회원국의 거주자가 다른 회원국이나 제3국에서 피해를 당한 경우에도 보험자에게 직접청구권을 행사할 수 있게 하였다.

독일은 1965년 자동차에 관한 강제(의무)보험법(자동차의 보유자에 대한 의무보험에 관한 법률: Gesetz über die Pflichtversicherung für Kraftfahrzeughalter, Pflichtversicherungsgesetz: PflVerG)을 제정하였다. 이 자동차보험법 제3조는 피해자의 보험자에 대한 직접의 청구권(Directanspruch)을 다음과 같이 규정하였다.

독일자동차보험법 제3조:

제1조의 규정에 의한 책임보험(자동차의무책임보험)에 대해서는 독일보험계약법 제158조의 c 내지 제158조의 f의 규정들에 갈음하여 다

---

9) 장경환, "자동차손해배상책임보험에서의 직접청구권의 성질과 손해배상청구권의 혼동", 경희법학 제38권 1호, 2003, 136면.

음의 규정들을 적용한다.

제1호. 제3자는 보험관계에 따른 보험자의 급부의무의 범위 안에서 또한 급부의무가 존재하지 아니하는 경우에도 제4호 내지 제6호의 범위 안에서 보험자에 대하여 그의 손해배상을 청구할 수 있다. 보험자는 금전으로(in Geld) 손해보상을 하여야 한다.

제2호. 제3자가 제1호에 따라서 보험자에 대하여 손해배상청구를 할 수 있는 경우에는 보험자와 배상의무 있는 보험계약자는 연대채무자로서 책임을 진다.

제3호. 제1호의 규정에 의한 제3자의 청구권은 배상의무가 있는 보험계약자(피보험자)에 대한 손해배상청구권과 같은 시효에 걸린다. 이 시효는 배상의무가 있는 보험계약자(피보험자)에 대한 손해배상청구권의 시효가 개시하는 시점에 개시하지만, 늦어도 손해사고의 때로부터 10년 안에 종료한다. 제3자의 청구가 보험자에게 통지된 경우에는, 그 시효는 보험자의 서면에 의한 결정이 도달될 때까지 정지된다. 보험자에 대한 청구권의 시효정지, 시효완성의 정지 및 새로운 진행은 배상의무가 있는 보험계약자(피보험자)에 대해서도 미친다. 반대의 경우에도 같다.

제4호. 보험자가 배상책임이 있는 보험계약자에 대하여 급부의무의 전부나 일부를 면하는 경우에도 본조 제1호에 따른 제3자의 청구권에 대항할 수 없다.

제5호. 보험관계의 부존재(Nichtbestehen) 또는 종료를 하게 한 사유는, 제4문의 경우를 예외로 하고, 보험자가 그 사유를 관할 기관에 통지한 시점으로부터 1월 후에 손해사고가 발생하는 경우에만, 이로써 제1호의 규정에 의한 제3자의 청구에 대해 대항할 수 있다. 보험관계가 기간의 만료로 종료하는 경우에도 그러하다. 1월의 기간의 진행은 보험관계가 종료되기 전에는 개시하지 않는다. 제1문과 제2문이 규정하는 사유는, 손해사고의 시점 전에 관할기관에 당해 자동차에 대한 제1조(보험가입의무)의 규정에 따른 새로운 보험계약의 체결 확인이 도달된 경우에도 이로써 제3자의 청구에 대해 대항할 수 없다.

제6호. 제4호 및 제5호의 경우에는 독일보험계약법 제158조의 c 제3항 내지 제5항이 그 취지에 따라 적용된다. 그러나, 제4호의 경우 보험자의 면책이 당해 자동차가 도로교통허가령상의 구조조정 및 운행규정에 따르지 아니했거나 무권한 또는 무면허의 운전자에 의해 운행되었음을 그 사유로 하지 않는 한, 보험자는 제3자에게 그의 손해의 배상을 다른 손해보험자나 사회보험의 보험자로부터 받을 수 있다고 적시(verweisen)할 수 없다. 보험자의 보험금지급의무는 제3자가 이 법 제2조(보험가입의무의 면제) 제1항 제1호 내지 제5호에 의해 보험가입의무가 면제되는 자동차 보유자로부터 그의 손해배상을 받을 수 있는 범위에서 소멸한다.

제7호. 제3자는 제1호의 규정에 의한 보험자에 대한 청구근거가 되는 손해사고를 그 손해사고시로부터 2주 이내에 서식으로 보험자에게 통지하여야 한다. 그 통지의 발송으로 이 기간을 준수한 것이 된다. 제3자는 독일보험계약법 제158조의 d 제3항의 규정에 의한 의무를 이행하여야 한다. 그의 책임있는 사유로 이 의무를 위반하면 독일보험계약법 제158조의 e 제2항의 규정은 제1호의 규정에 의한 보험자에 대한 청구에 준용한다.

제8후. 판결에 의하여 제3자에게 손해배상청구권이 없음이 확정된 경우 그 판결이 제3자와 보험자간의 것이라면 보험계약자에게도 미치고 그 판결이 제3자와 보험계약자 사이의 것이라면 보험자에게도 미친다.

제9호. 제2호의 연대채무자 상호간의 관계는, 보험자가 보험계약자에 대하여 보험관계상의 급부의무가 존재하는 한, 보험자만이 책임을 진다. 보험자의 그와 같은 의무가 존재하지 아니하는 경우에는 보험계약자만이 책임을 진다.

제10호. 제3자의 보험자에 대한 청구가 기판력 있는 판결, 인락이나 화해에 의해 확정된 경우, 그 확정력은 보험계약자(피보험자)가, 보험자가 부당한 손해배상청구를 방어해야 할 의무나 손해를 감소하게 하거나 합당하게 확정해야 할 의무를 책임있는 사유로 위반했음을 입증하지 않는 한, 보험자가 제9호 제2문의 규정에 의하여 보험계약자에게 제기한 청구에 대해서도 미친다. 보험자는 사정에 따라 필요한 것으로 인정되는 비용의 배상을 청구할 수 있다.

제11호. 제9호와 제10호 제2문의 규정에 의한 청구권은 2년의 시효에 걸린다. 이 시효는 제3자의 청구에 대한 이행이 있는 연도가 끝남과 동시에 진행된다.

다만, 이러한 제3자보호 내용은 강제(의무)보험에만 적용될 뿐, 임의보험에까지 확장적용되지는 않는다.[10]

프랑스의 경우에서도 학설과 판례는 대체로 보험자의 책임은 피해자를 구제하기 위한 손해배상채무이지만, 그는 손해사고(le dommage)와 보험계약이라는 별개의 사유를 전제로 하는 것이라고 한다.[11] 보험자에 대한 피보험자의 채권을 피해자에게 인정하고, 이 피해자가 손해의 회복을 받도록 하게 하기 위해 직접청구권을 허용한다고 한다.[12]

---

10) 장경환, 위의 논문, 143면; 또, 독일보험계약법 제158조의 c 제6항에서는, "보험자가 피보험자에 대해서 보험금지급의무를 면하더라도 제3자에 대해서는 여전히 보험금지급의무를 지고, 보험관계의 부존재나 종료사유는 이를 관할 기관에 통지한 후 1개월이 경과한 후에만 제3자에게 대항할 수 있다"고 한 158조 c 규정 내용은 직접청구권의 근거규정이 될 수 없다고 못박고 있다.
11) 최준선, "책임보험에 있어서 제3자의 보험자에 대한 직접청구권", 성균관법학 제13권 제2호, 2001, 207면.

영국의 경우 1930년의 제3자의 보험자에 대한 청구권(Third party's right against Insurers)이 2010년 개선되어 피해자 지위를 강화하였다. 1920년대부터 널리 자동차가 보급되면서 급증한 자동차사고의 피해자 구제를 위한 것이다. 이는 해상의 책임보험을 포함한 모든 책임보험계약에 예외없이 적용된다.13) 그러나, 독일의 자동차의무보험이나 프랑스 보험법처럼 피해자 직접청구권을 손해배상청구권으로 보지 않고 보험금청구권의 편의적 형태임은 전제로 한 점은 변함이 없다. 2010년 개정법의 취지는 제3자에게 시간과 비용을 절약하여 보험자에게 보험금을 청구하게 하려는데 있다.14) 이 개정법에서는 제3자의 직접청구권 행사요건을 완화하는 등 제3자를 보호하는 내용을 추가하였는데 그 주요한 점은 다음과 같다. ⅰ) 첫째, 피보험자 책임이 확정되지 않은 단계에서도 제3자가 보험자에게 보험금을 청구할 수 있게 하였다. 다만, 피보험자의 책임은 궁극적으로 확정되어야만 한다는 점은 분명하다. 제3자가 보험자에 대해 직접청구를 하면서 그 소송에서 피보험자에 대한 손해배상청구소송을 병합시킬 수 있게 허용한다는 등의 편의가 제공되고 있다. ⅱ) 둘째, 피보험자 파산의 구체화이다. 2010년 개정법은 피보험자 파산(도산)의 범위를 1930년법보다 확장하였다. 이는 1930년대보다 파산의 형태가 복잡다단해지고 유한책임회사와 같은 새로운 형태의 회사가 출현하는 데 따라 피해자인 제3자를 가급적 보호하려는 것이다. 2015년 보험법 제19조는 국무부 장관에게 "관련인(relevant person)"의 범위를 조정할 수 있는 권한을 부여하고 있다. 그에 따라 국무부장관은 가) 법인 또는 법인격 없는 단체가 실제 해산하거나 해산예정인

---

12) 최준선, 위의 논문, 207면.
13) 서영화, "해상의 책임보험과 피해자의 직접청구권", 한국해법학회지 제28권 1호, 2006.4, 52면.
14) 이에 대한 소개는 백지수, "해상책임보험에서의 직접청구권과 제3자 권리법에 관한 연구", 한국해법학회지 제40권 1호, 2018.5, 163면 이하.

경우, 나) 개인, 법인이나 법인격 없는 단체가 실제 파산하거나 파산할 것으로 보이는 경우 또는 재정적 곤란상태에 있는 경우, 다) 2010년 제3자 권리법에서 규정된 피보험자 파산(제4조 내지 제7조)의 경우와 유사한 경우에는 제3자의 직접청구권의 적용대상인 피보험자로서 인정하는 요건을 변경할 수 있게 하고 있다.15) iii) 셋째, 제3자의 정보청구권을 강화한 점이다. 2010년 개정법에 의하면 책임보험의 피해자로서의 제3자는 자신의 권리와 관련하여 보험자나 피보험자의 관리자나 임원, 보험중개사 등에게 정보제공권을 행사할 수 있다(동법 제11조 등). 정보청구권 행사를 통하여 제3자는 직접청구권의 존재를 확인할 수 있고, 보험자에 대한 직접청구권 행사소송을 결정할 수 있게 된다. iv) 보험자의 항변권이 제한된다는 점이다. 이것은 세가지로 나뉜다. 가) 첫째, 보험계약상 보험계약자의 의무 이행을 제3자가 대신 행한 경우 보험자의 항변권이 제한된다는 것인데 이는 당연한 내용을 정한 것으로 보인다. 나) 둘째, 피보험자의 사망, 법인이나 법인격 없는 단체 또는 동업조합 등이 해산하여 보험자에게 보험계약상 정보제공의무(고지의무, 통지의무 등)을 이행하지 못하였더라도 제3자의 직접청구권은 영향이 없다(동법 제9조 제3항). 다) 셋째, 보험자의 선지급 항변(Pay First Clause)16)이 제한된다는 점이다. 2010년 개정법은 해상보험에 있어서 피해자가 사망하거나 상해를 당한 경우에는 보험자가 선지급 규정으로써 제3자에게 항변하지 못하게 하였다. 다만, 기타의 경우에는 여전히 선지급항변이 가능하다.

이 제3자법은 우리 상법 제724조 제2항과 유사한 것이다. 그런데, 영국법과 판례를 본다면 피해자의 직접청구권 행사에 결정적인 장애요

---

15) 백지수, 위의 논문, 167면.
16) 피보험자가 피해자에게 배상해야 보험금을 받을 수 있다는 항변을 말한다.

소가 있음도 사실이다.17) 관련된 사례18)를 보면 영국의 상고심(House of Lords)은 선지급 규정(Pay First Clause)이 제3자법상 피보험자는 파산명령 등이 내려지기 직전까지 자신의 손해배상채무를 이행함을 조건으로 하는 보험금 청구권(보험자에 대한 권리)을 가지고 있다고 판시하였다. 피해자인 제3자는 피보험자의 권리를 승계하는 것인데 피보험자가 손해배상채무를 이행한 사실을 입증하지 않은 상태에서는 보험자에 대한 직접청구권을 행사할 수 없다고 하였다. 이러한 판결에 의해 볼 때 준거법이 영국법으로 되어 있는 해상보험사건에서 한국국적의 피해자인 제3자가 영국법상 책임보험(해상 보험 포함)에 의해 보상을 받는 것은 매우 제한적임을 알 수 있다.

이는 2010년 제3자법 개정에도 불구, 여전히 영국법상 책임보험상 제3자의 보험자에 대한 직접청구권은 그 법적 성질이 손해배상 청구권이 결코 아니고 보험금 청구권임을 전제로 함을 의미한다. 이는 우리 상법 제724조 제2항의 해석을 독일의 자동차의무보험이나 프랑스보험법과 같이 하려는 태도(이른바 손해배상청구권설)와 전혀 다른 것이어서 시사하는 바가 크다.

생각건대, 우리의 상법에 규정된 피해자 직접청구권은 보험금 청구권으로 이해함이 옳다고 본다. ⅰ) 첫째, 상법 제724조 제2항이 '보험자에 대한 피보험자의 청구'를 규정하지만, '배상청구'가 아니라 '보상청구'라고 하고 있고 '보험금액 한도'라고 명시하고 있다. ⅱ) 둘째, 손해배상 청구권설에서는 피보험자의 배상채무를 보험자가 병존적으로 인수

---

17) 서영화, 위의 논문, 54면.
18) Firma C- Trade S.A v. Newcastle Protection & Indemnity Association, (The "Fanti")[1990] 2 Lloyd's Rep. 191.

하였다고 하지만 당사자 사이에 그러한 의사는 전혀 없고 이는 의제되거나 추정하기도 어렵다. ⅲ) 채무를 병존적으로 인수한다면 '채무인수계약서'를 작성하지 왜 '보험계약서'를 작성하는가의 의문이 있다. ⅳ) 보험자가 채무인수계약을 맺었다면 피해 제3자에게 가장 위법성이 중한 고의사고에 대해 왜 면책되는가를 설명할 수 없다. ⅴ) 손해배상 청구권설에 의하면 '보험금지급사유'가 있는 경우에만 '배상금지급 채무'를 인수한다는 기묘한 논리구성이 되고만다.

의무보험에서만 손해배상청구권을 인정하고 임의보험에서는 인정할 수 없다는 견해도 있다.[19] 이 견해는 피해자의 구제기능을 강조하여 보험관계와 책임관계(불법행위책임 등)의 분리를 완화하는 것은 추세이지만, 임의보험에까지 근거없이 확대하는 것에는 동의할 수 없다고 한다.

그 근거로서 ⅰ) 만약 피해자의 보험자에 대한 직접청구권을 피해자의 피보험자에 대한 손해배상청구권과 같은 것이라고 간주한다면, 보험자는 피보험자에 대한 항변사유를 가지고 제3자(피해자)의 직접청구에 대해 전혀 대항할 수 없게 되고 이는 심히 부당하다. 다만, 보험자는 피보험자에 대한 보험사고 후의 사유(항변사유)로 피해자에게 대항할 수 없다는 완화된 견해(이른바 '제한적 항변론')가 주장되고 있지만, 이 견해도 타당하지 않다고 본다.[20] 예컨대, 고지의무 위반사실이 그 사실과 상당인과관계 있는 보험사고 발생 후에 발견된다면, 보험자는 보험계약을 해지할 수 있고(상법 제655조), 보험금지급책임도 면하지만 '제한적 항변론'에 의하면 이러한 대항도 피해자에게 할 수 없게 된다. 이

---

19) 장경환, 앞의 논문, 148면.
20) 장경환, 앞의 논문, 149면.

는 상법 제655조를 사문화할 뿐만 아니라, 형평과 정의에 반한다.[21] 또, 피보험자가 고의나 중과실로 피해자에게 가해하였다면 보험자는 상법 제659조 제1항에 규정된대로 면책된다. 그런데, 그 고의·중과실 사고를 보험사고 '전'의 사고로 보아야 할지 그 '후'의 사고로 보아야 할지 불분명하다. 이에 대해 보험자는 보험금지급책임을 면하고 책임보험계약상 피해자의 직접청구권에 대응하는 손해배상책임을 부담하게 하고 책임 이행 후 고의·중과실의 피보험자에게 구상하게 하면 된다고 하더라도 이는 기교적인 설명이 불과하다고 한다. ii) 손해배상청구권설은 피해자의 직접청구권의 근거를 법규정에 찾고 있다. 그러나, 상법 제724조 제2항은 피해자에게 직접청구권이 있다고만 규정할 뿐, 이를 손해배상청구권이라고 할 만한 언급[22]은 전혀 하고 있지 않다.[23] 또, 상법 제724조 제2항은 "제3자가 ....손해에 대하여 보험금액의 한도 내에서 보험자에게 「보상」을 청구할 수 있다...."고 할 뿐 손해배상에서의 '배상' 언급은 전혀 없다.[24]

보험자는 책임보험 계약에서 보험계약자로부터 보험료를 받는 댓가로 보험사고의 경우에 보험금액 기타 그에 준하는 급여를 지급하는 계약을 체결한 것이지(商 제638조) 채무인수 계약을 맺은 것이 아니다. 상법 제724조 제2항이 1991년 개정시 제1항보다 적극적인 태도를 취한 것은 사실이나 피해 제3자에 대하여 '보험금의 직접 청구권'을 파격적으로 인정하는 것으로 그 적극적인 목적은 달성할 수 있고 또 이로써

---

[21] 고지의무나 위험증가통지의무 위반사실은 보험사고 후 발견되는 사례가 매우 많다는 점에서 이러한 주장은 타당하다고 본다.
[22] 보험자가 피보험자의 배상의무를 인수하였다는 내용, 피해자가 보험자에게 손해배상을 청구할 수 있다는 내용, 보험자가 피보험자에 대한 보험계약상의 항변사유로써 피해자에게 대항할 수 없다는 내용 등.
[23] 장경환, 앞의 논문, 150면.
[24] 장경환, 앞의 논문, 150면.

충분하다고 해석된다. 사례에서 볼 때 이자계산에 있어서도 보험금 청구권은 상사채권이므로 연 6%의 이율로 계산해야 할 것으로 본다.

위와 같은 이유에서 대법원보다 원심이 옳다고 판단한다.

8. 자동차손해배상보장법상 자동차운행자의 책임과 호의동승(대법원 2017. 10. 31. 선고 2017다236824 판결)

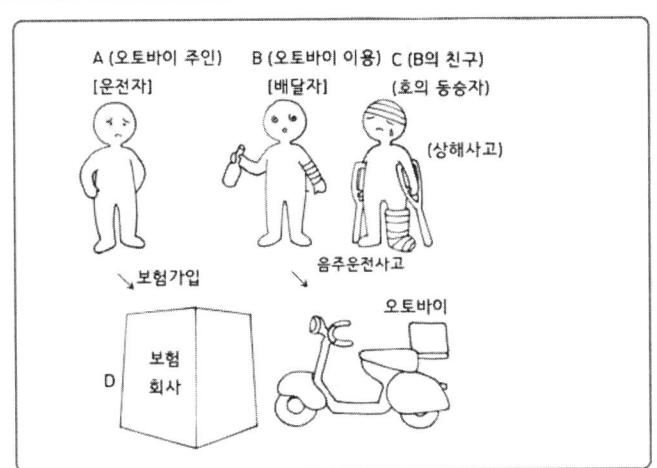

B가 음주운전: C가 호의동승 중 다친 경우(상해사고)
① A가 운행자 책임? ② 보험회사 D가 보험금지급 책임?

Ⅰ. 사실관계

보험계약자 A는 이 사건 사고 무렵 포항시에서 치킨집을 공동으로 운영하였다. A는 B를 고용하여 배달 업무를 맡겼다. A는 B에게 처음에는 이 사건 오토바이를 배달 업무 용도로만 사용하게 하였으나 이후에는 출퇴근 용도로도 사용할 수 있게 오토바이를 내어 주었다. 이 오토바이는 보험자 D와의 사이에서 책임보험에 가입되었다. B는 2014. 6.

15. 23:00경 퇴근한 후 친구인 피해자 C를 만나 함께 술을 마시고 그 다음 날 01:50경 혈중알코올농도 0.131%의 술에 취한 상태로 이 사건 오토바이에 피해자 C를 태워 운전하다가 포항시 남구의 도로에서 운전 부주의로 도로를 이탈하여 갓길 연석 부분을 충격하여 넘어지는 이 사건 사고를 일으켰다. 피해자 C는 보험자 D직원과의 면담에서 '소외인이 퇴근할 때 이 사건 오토바이를 사용하는 것을 알고 있었고 퇴근 시간은 밤 11시부터 12시까지 사이로 조금씩 달랐지만 퇴근할 때에는 항상 오토바이를 타고 나왔다'고 진술하였다.

보험계약자 A는 B가 위와 같이 퇴근할 때 친구와 만나 술을 마실 예정이라는 말을 들었는데 B의 퇴근 후 배달을 나갔다가 돌아왔을 때 이 사건 오토바이가 없는 것을 보고 B가 타고 간 것을 알았다. 이 오토바이 사고로 피해자는 상해를 입었고 이를 보험자 D가 보상해야 하는지가 문제되었다. 또, 이 오토바이 사고로 상해를 당한 피해자는 호의동승자(好意同乘者)인데도 보상책임이 생기는지도 쟁점이었다.

II. 상고심 판결(대법원 2017. 10. 31. 선고 2017다236824 판결)

이 사건 오토바이의 소유자 등인 피고들은 이 사건 사고 당시 이 사건 오토바이에 대한 운행지배와 운행이익이 완전히 상실되었다고 볼 만한 특별한 사정이 없는 한 이 사건 사고에 대하여 자동차손해배상 보장법 제3조가 정한 운행자 책임을 부담하여야 한다. 그런데 앞서 본 사실관계와 적법하게 채택한 증거로부터 알 수 있는 다음과 같은 사정, 즉 가해자 B가 무단운전에 이르게 된 경위와 무단운전에 걸린 시간, 특히 이 사건 오토바이와 그 열쇠의 보관 및 관리상태, 운전자의 차량 반환의사의 유무, 무단운전 후 소유자 등의 사후승낙 가능성 등에 비추어 보면, 오토바이 소유자 A가 이 사건 사고 당시 오토바이에 대한 운행지배와 운행이익을 완전히 상실하였다고 보기는 어렵다. A는 B가 출퇴근할 수 있도록 이 사건 오토바이를 내어 주었으므로, 적어도 퇴근 이후부터 출근할 때까지 사이에는 평소 B에게 이 사건 오토바이의 관리를 일임하였던 것으로 보인다. A는 B가 이 사건 사고 전날 23:00경 퇴근하면서 친구와 만나 술을 마신다는 말을 들었다... B의 퇴근 후 배달을 다녀왔다가 이 사건 오토바이가 없는 것을 알았음에도 사고 소식을 접할 때까지 B에게 연락을 취하는 등으로 위 오토바이의 행방에 관하여 주의를 기울였다는 사정은 기록상 나타나지 않는다. B는 이 사건 오토바이를 출퇴근 용도로 사용할 수 있는 기회를 틈타 이를 개인 용도로 사용한 다음 귀가하다가 이 사건 사고를 일으켰다고 볼 여지가 있다. 피해자 C는 B가 개인 용도로 이 사건 오토바이를 사용하는 것을 알고 있었다고 보이나, 그것만으로 A로부터 사용 승낙을 받지 않았다는 점까지 알고 있었다고 단정하기는 어렵다....만약 이 사건 사고가 일어나지 않았다면 B의 무단운전에 대하여 피고들이 사후에 승낙하였을 가능성을 배제할 수 없다.... 그럼에도 원심은 피해자가 이 사건 오토바이에 동승하게 된 경위, 사고 당시의 행선지나 운전 목적 등에 관하여 심리하지 않은 채 그 판시와 같은 이유만으로 A가 이 사건 사고 당시 이 사건 오토바이에 대한 운행지배와 운행이익을 완전히 상실하여 운행자 지위에 있지 않았다고 판단... 이 사건 청구를 배척하였다. 이러한 원심의 판단에는 자동차손해배상 보장법 제3조가 정한 '자기를 위하여 자동차를 운행하는 자'에 관한 법리를 오해하여 판결에 영향을 미친 잘못이 있다. 이 점을 지적하는 상고이유 주장은 정당하다.

III. 쟁점

자배법상 '운행자'는 어떤 경우에 책임을 부담하는가(책임보험자의 책임과 같다), 호의동승(무상동승)한 경우에도 이와 같은 법리가 그대로 적용되는가의 문제이다.

IV. 해설

1. 자동차손해배상보장법상 자동차 운행자의 배상책임

(1) 배상책임의 내용

자동차손해배상보장법(이하 '자배법'이라고 한다)은 제3조에서 "자기를 위하여 자동차를 운행하는 자는 그 운행으로 다른 사람을 사망하게 하거나 부상하게 한 경우에는 그 손해를 배상할 책임을 진다. 다만, 다음 각 호의 어느 하나에 해당하면 그러하지 아니하다. 1. 승객이 아닌 자가 사망하거나 부상한 경우에 자기와 운전자가 자동차의 운행에 주의를 게을리 하지 아니하였고, 피해자 또는 자기 및 운전자 외의 제3자에게 고의 또는 과실이 있으며, 자동차의 구조상의 결함이나 기능상의 장해가 없었다는 것을 증명한 경우. 2. 승객이 고의나 자살행위로 사망하거나 부상한 경우"라고 규정하고 있다.

여기서 자배법이 자기를 위하여 자동차를 운행하는 자의 손해배상책임에 대하여는 제3조에서 규정한 것 이외에는 민법에 의하므로 자배법은 민법의 특별법이다. 자동차로 인한 불법행위로 인한 책임을 보장하는 책임보험은 극도로 발달한 현대의 교통수단과 빈발하는 교통사고 피해를 적정하고 신속하게 보장하기 위한 보험이다. 다만, 책임보험에서도 피보험자가 어떤 경우에 보상책임을 지는가가 확정되어야 하는데 자배법 제3조의 해석이 관건이다.

일반적으로 자배법상 '누가 운행자인가'는 피해자 보호를 위해 넓게 인정하고 있다. 판례는 주로 '운행지배'와 '운행이익'을 기준으로 '운행', '운행자' 여부를 판단하고 있다. 그에 의하면 자배법상 '운행자'는 자동차를 지배하고 자동차의 보유로 인해 이익을 얻고 있는 자이다. 운행자로 인정되려면 '운행지배'와 '운행이익'이 있어야 한다. '운행지배'와 '운행이익'이 대등한 기준으로 만족되어야 한다는 견해(이원설)도 있지만, 타인에 대한 배상책임을 지는 결정적 요소는 운행을 지배하였다는 데 있으므로 '운행지배'가 가장 중요한 기준이 되어야 할 것이다(일원설).[1]

'운행지배'란 자동차를 자신의 실력적 지배하에 두고 사실상 처분권을 행사하여 자동차 자체를 관리 운영하는 것을 말한다.[2] 자동차를 카센타에 맡겼다든지 세차업자에게 맡겼다는 특별한 경우에는 자동차 소유가가 그 '운행지배'를 상실했다고 볼 수 있을 것이다. 판례는 운행지배, 운행이익을 상실했는가에 대해 평소의 차량 관리상태, 보유자의 의사와 무관하게 차량을 운전하게 된 사유, 소유자와 운전자의 인적인 유대관계, 운전자가 그 차량을 반환할 의사가 있었는가(즉, 간접점유 정도의 관계), 무단운전 후 자동차 보유자의 사후 승낙 가능성, 무단운전에 대한 피해자의 주관적 인식 등 여러 사정을 종합적으로 고려하여 판

---

[1] 주로 우리 판례의 입장; 일원설에 기울지만 '운행이익'을 고려하지 않을 수 없다는 견해도 있다(박세민, "판례를 통한 자배법 제3조의 운행자 개념의 분석", 비교사법 제6권 1호, 1999.6, 476-477면).
[2] '운행지배'에는 현실적인 지배 뿐만 아니라 사회통념상 간접지배 내지 지배가능성 있는 경우도 포함한다고 함이 우리 판례의 태도이다(대법원 1995.10.13, 94다17253; 대법원 1992.4.14, 91다4102 등).

단하는 경향이다.3)

   '운행이익'은 자동차의 운행으로부터 발생하는 경제적·비경제적 이익을 말한다. 자동차 임대인이나 명의대여자도 자동차 운행이 자기 사업에 유용하다면 '운행이익'이 될 수 있다.4)

   이러한 '운행자'에는 자동차의 소유자 뿐만 아니라, 임차인, 자동차 수리업자, 임시 사용의 허락을 받은 자, 자동차 위탁판매업자, 보관업자 등이 모두 포함될 수 있다. 그리고 절취운전자, 무단운전자, 할부로 매도하는 자와 매수하는 자, 명의대여자, 지입을 허용한 회사 등도 포함될 수 있다. 말하자면 제3자에게 자동차 운전을 맡긴 경우에도 이를 맡긴 사람이 운행자가 되는 경우가 발생하는 것이다. 자배법 제3조의 '자기를 위하여 자동차를 운행하는 자'의 범위는 이토록 넓어지므로 손해배상책임을 지는 가해자의 범위와 그를 담보하는 책임보험자의 보상범위 또한 확대된다. 자동차의 소유자 또는 보유자(이하 '소유자 등'이라고 한다)는 비록 제3자가 무단으로 그 자동차를 운전하다가 사고를 냈더라도 그 운행에 관하여 소유자 등의 운행지배와 운행이익이 완전히 상실되었다고 볼 특별한 사정이 없는 경우에는 그 사고에 대하여 자동차손해배상 보장법 제3조가 정한 운행자 책임을 부담한다. 소유자 등의 운행지배와 운행이익의 상실 여부는 평소 자동차나 그 열쇠의 보관과 관리상태, 소유자 등의 의사와 관계없이 운전이 가능하게 된 경위, 소유자 등과 운전자의 인적 관계, 운전자의 차량 반환의사의 유무, 무단

---

3) 대법원 1992.3.10, 91다43701; 대법원 1990.4.25, 90다카3062; 대법원 1989.3.28, 88다카2134 등.
4) 박세민, 앞의 논문, 478면; 다만, 자동차 임대나 명의대여의 경우 임차인이나 명의차용자가 운행이익을 누리는 경우가 많을 것이고 임대인이나 명의대여자는 극히 예외적인 사례에서 운행이익을 가지는 것으로 봐야 신의칙에 합당할 것이다.

운전 후 소유자 등의 사후승낙 가능성, 무단운전에 대한 피해자의 인식 유무 등 객관적이고 외형적인 여러 사정을 사회통념에 따라 종합적으로 평가하여 이를 판단하여야 한다.

특히 피해자가 무단운전자의 차량에 동승한 경우에는 그가 무단운전이라는 것을 알았는지 여부가 소유자 등의 운행지배 내지 운행이익의 상실 여부를 판단하는 중요한 요소가 되지만, 피해자인 동승자가 무단운전에 가담하였다거나 무단운전이라는 것을 알고 있었더라도 그 운전 경위나 운전 목적에 비추어 당해 무단운전이 사회통념상 있을 수 있는 일이라고 볼 만한 사정이 있거나, 그 무단운전이 운전자의 평소 업무와 사실상 밀접하게 관련된 것이어서 소유자 등의 사후승낙 가능성을 전적으로 배제할 수 없는 사정이 있는 경우에는 소유자 등이 운행지배와 운행이익을 완전히 상실하였다고 볼 수 없다(대법원 1998. 7. 10. 선고 98다1072 판결 등 참조).

(2) 자율주행자동차의 경우

자배법상 운행자 책임이 자율주행자동차에도 그대로 적용되어야 하는가? 자율주행자동차(autonomous driving car)란 자동차 스스로 주행환경을 인식하고, 주행하는 자동차이다. 그리하여 운전자의 주행조작을 최소화하고 스스로 안전주행이 가능하다.[5] 자율주행자동차가 발전하면 자배법상 배상문제 뿐만 아니라 자동차보험과 책임보험(종합보험)에까지 상당한 영향을 미칠 것이다. 자동차 사고의 유형 자체와 빈도에도 영향을 미칠 것으로 예상된다.[6]

---

[5] 이종영·김정일, "자율주행자동차 운행의 법적 문제", 중앙법학 제17집 2호, 2015.6, 146면.
[6] 이러한 동향에 대해서는 이미 수 년 전 예상된 바 있다(박준환, "자율주행자동차 교통사고시 손해배상 책임에 관한 쟁점", 이슈와 논점 제1136호, 국회입법조사처,

자율주행자동차의 경우(무인자동차 포함) 자동차 운전자의 과실로 인한 사고를 예방하여 교통사고를 현저히 줄일 것으로 기대된다. 그러나, 컴퓨터 해킹이 있거나 자율주행자동차에 탑재된 컴퓨터 프로그램이 오작동하거나 제조 또는 설계상 결함으로 인해 사고가 일어날 가능성도 있고[7] 실제로 요즘 일어나고 있다.

자율주행 자동차의 운행 중 사고에 대해서는 기존의 자동차와 다른 접근이 필요한데 자동제어 기능을 제공한 자와 그 관리자의 과실을 어떻게 계산하는가가 중요할 것이다. 자율주행 중 차량고장, 급박한 위험이 생겼을 때 운전자가 어떻게 대처하였는지가 중요하지만 이마저도 레벨이 상향될수록 애매하게 될 수 있다. 자동차 보유자 뿐만 아니라 자율주행 기술을 제공한 제조사, 시스템 관리자, 데이터 제공자, 해당 기술을 승인한 행정청(국토교통부) 등이 모두 자동차사고 책임자로 될 수 있다.[8] 나아가 호의동승의 경우 동승자의 과실 유무, 자동차 결함에 대한 인식, 무단운전에 대한 인식 여부 등 변수가 모두 변화한다는 점에서 사안에서와 같은 쟁점에서도 결론이 달라질 수 있다. 호의동승에서 운행자의 책임이 면제되거나 감경되는 경우가 훨씬 많아지고 다양한 사례가 나올 것으로 보인다. 이에 따라 자배법 제3조 자체가 개정되거나 제조물책임법이 달라져야 할 것이다. 만약 해킹으로 인해 자동차 사고가 유발된 경우, 자동차 보유자가 책임을 지는가? 해킹의 원인이 자동

2016.3.17, 2면; University of Michigan Transportation Research Institute, "A preliminary analysis of real-world crashes involving self-driving vehicles", 2015.10: Virginia Tech Transportation Institute, "Automated vehicle crash rate comparison using naturalistic data", 2016.1. 참고).
7) 오지용, "무인자동차와 관련된 자동차손해배상보장법 제3조의 해석", 법조 제708호, 2015.10, 102면.
8) 김영국, "자율주행자동차의 법적 쟁점과 입법과제", 숭실대학교 법학논총 제36호, 2016.7, 10면.

차의 구조상 결함이나 기능상 장애로 인한 것이라면 자동차 보유자의 책임이 있겠지만, 그렇지 않다면 면책되어야 한다.9) 그런데 자동차의 구조나 기능상 결함이 없는 경우 해킹에 의해 사고가 난 때 피해자는 아무런 배상을 받을 수 없다는 결론도 허용될 수 없다. 새로운 기술의 발전에 대응하는 배상책임구성이 있어야 할 것이고 이러한 점은 바로 배상책임 보험(자동차보험)에 적용되어야 한다.

자율주행자동차가 상용화된다면 다음과 같은 관리유형이 있을 수 있다. ⅰ) 자동차 제조사나 구글, 네이버, 카카오 같은 인터넷기업이 자율주행기능의 소프트웨어를 자동차에 부착하여 직접 그 운행방식을 관리하는 유형, ⅱ) 구글, 네이버, 카카오 같은 인터넷기업이 처음부터 자율주행자동차의 생산에 관여하여 운행방식도 관리하는 유형, ⅲ) 위의 각 형태를 취하더라도 자동차의 운행방식을 제3의 관리자가 맡는 유형.10) 이러한 각 경우에 대비하여 자배법상 운행자 개념이 수정되어야 할 것이다.

2. 호의 동승(好意 同乘)의 경우 자동차운행자의 책임

호의동승(好意 同乘)이라 함은 승차계약이 없이 순수한 호의(好意)에서 무상으로 타인을 자신의 자동차에 태워주는 것이다. 이러한 호의동승은 비계약성, 무상성(無償性), 호의성, 비운전성 등을 요소로 한다.11) 생각건대, 호의동승은 호의관계를 전제로 하는데 호의관계란 법률관계와 구별된다. 즉, 법률적 의무가 없이 사실적인 관계로 맺어져 있는 것인데 이러한 경우에도 불법행위책임을 부담하는가가 이 사안에

---

9) 김영국, 위의 논문, 15면.
10) 김영국, 위의 논문, 29면.
11) 송덕수, "호의동승", 민사법학 제18호, 2000.5, 580면.

서와 같이 문제된다. 호의관계에서 상대방의 청구권(운행자에 대한 상대방의 청구권)은 없다. 그러므로 상대방의 급부의무도 존재하지 않는다. 본래적인 급부의무(자동차 운송 등의 급부의무)는 없지만 부수적인 의무(신의칙상의 보호의무, 주의의무 등)조차 없는 것은 아니므로 부수의무를 소홀하게 하여 자동차 사고를 일으켜 사람을 사망하게 하거나 다치게 한다면 그 책임에서 자유로울 수는 없을 것이다. 다만, 본래의 급부의무가 없고 동승한 사람이 아무런 댓가없이(공짜로) 승차하였다면 유상으로 승차한 경우 등보다 책임에 영향이 있지 않은가 하는 점이 문제이다. 이 사례에서도 같다.

이에 대해서 면책·감경의 묵시적 합의와 무상계약에 관한 법리의 유추적용, 과실상계법리의 적용설,[12] 책임배제의 명시적 합의 필요설 등이 있다.

호의관계에서 사고를 낸 경우, 일반적 법률관계에서의 사고와 달리 사고자의 주의의무가 경감된다는 견해도 있다.[13] 이는 우리 민법이 독일법처럼 무상계약의 당사자가 경과실의 경우에는 면책된다는 규정을 두고 있지 않지만, 무상수치인의 경우 민법 제695조에서 주의의무를 경감하는 규정을 두고 있음을 근거로 든다. 법률관계에서 책임을 경감한다면 호의관계에서도 책임을 경감해야 하는 것 아니냐고 한다. 이는 계약상 책임을 전제로 하는 것이지만 불법행위에도 같다는 것이다.[14] 이 견해에서는 경과실의 경우 책임을 면제하는 것이 아니라 구체적 과실이 있는 경우에만 책임을 감경하자고 한다.[15] 그런데 이러한 것이

---

12) 이영준, 민법총칙, 박영사, 2007, 35-36면; 김상용, 민법총칙, 화산미디어, 2013, 103면; 김민중, 민법총칙, 두성사, 2006, 79면.
13) 송덕수, 앞의 논문, 589면.
14) 송덕수, 앞의 논문, 589면; 독일의 경우 Medicus, Schuldrecht Ⅰ Allgemeiner Teil, 8. Aufl., 1995, S. 171.을 참고한다.

호의동승시 사고가 난 경우에도 그대로 적용되는지가 검토되어야 한다. 학설은 다음과 같다.

(1) 책임제한 부정설

자동차 운행자는 호의동승의 경우 사고를 냈다면 원칙적으로 모든 책임을 지고 다만 구체적 사정에 따라 신의칙상 배상액 감액은 가능할 것이라는 것이다.[16] 이는 자동차 사고가 나는 경우 호의동승하였다는 이유로 다른 피해자와 다른 취급을 받는 것은 신의칙에 어긋나고, 자배법상 근거가 전혀 없으며, 위험책임의 법리를 취하여 피해자를 두텁게 보호해야 한다는 점을 논거로 한다.

(2) 책임제한 긍정설

ⅰ) **책임상대설**(운행자성 부정설)

운행자가 모든 경우에 호의동승자에 대해 책임이 면제되는 것은 아니지만, 일정한 요건 하에 면책되는 것이 가능하다는 것이다. 그 요건은 첫째, 운행자가 동승자의 편승을 예상하지 못하였고 알았다면 거절하였을 것, 둘째, 이것을 알았거나 알 수 있었을 동승자가 동승을 시도한 것이다.[17]

---

15) 송덕수, 앞의 논문, 589면.
16) 곽윤직, 채권각론, 박영사, 2003년, 776면; 김주수, 채권각론, 삼영사, 1993, 726-727면; 송흥섭, "무상동승자에 대한 손해배상액의 감경", 민사판례연구 11, 1989, 315-316면; 백태승, "호의동승에 관한 판례의 태도", 김현태박사 팔순기념논문집 「불법행위법의 특수문제」, 1997, 226면; 이은영, 채권각론, 박영사, 1989, 668면; 김상용, "호의동승", 한봉희박사 화갑기념논문집 「현대민법의 과제와 전망」, 1990, 1068 등 참조.
17) 김정수, "자동차사고에 있어서 무상동승(호의동승)에 관한 문제점", 재판자료 20집, 1984.6, 88-90면.

ii) 운행자성 비율조각설

이는 운행자가 전적으로 책임을 면할 수는 없지만 호의동승자와의 관계 등 구체적 사안에 따라 운행자로서의 지위를 일정 비율로 면할 수 있다는 것이다. ⅰ)의 견해처럼 책임을 전적으로 면제시키는 불합리를 피하고 구체적 타당성을 기할 수 있는 장점이 있다고 한다.[18]

iii) 비율적 책임설

이는 무상동승자도 자배법 제3조의 운행자성을 비율적으로 취득하는 경우가 생겨 이 범위에서 본래의 운행자는 책임이 감경된다는 것이다.[19] 그러나, 이는 위의 ii)의 학설과 거의 차이가 없어보인다.

iv) 신의칙 또는 공평설

운행자가 호의동승자를 태우고 가다가 사고를 낸 경우 책임이 감경될 수 있는 것은 신의칙이나 공평의 원칙 때문이라는 것이다.[20]

v) 금반언설(禁反言說)

호의 동승의 경우 운행자가 책임을 감경할 수 있는 것은 금반언에 근거를 둔다는 주장이다. 호의동승의 경우 운행자와 동승자 사이에는 강한 사회적 유대관계가 형성되어 있다고 한다. 호의동승자는 '선한 사마리아인'에게 가혹한 배상책임을 묻지 않는다는 객관적인 신뢰관계가

---

[18] 김선석, "무상동승과 배상액의 감경", 사법행정, 1987.9, 69-70면; 이보환, "무상동승론", 사법논집 20집, 1989.12, 241-248면; 이선우, "무상동승자의 손해배상청구", 판례연구(대구지방법원) 제2집, 1990, 159-165면 등.

[19] 고명식, "무상동승자에 대한 운행자의 책임", 부산대 법학연구 제35권 1호, 1994.12, 326-327면.

[20] 이영애, "호의 동승과 배상액의 감경", 대법원 판례해설 제9호, 1988.5, 82면; 양창수, "호의동승자에 대한 자동차소유자의 배상책임-외국의 예", 민법연구 제1권, 1991, 477면; 윤진수, "호의관계의 경제적 분석", 황적인 교수 화갑기념논문집 「손해배상의 제문제」, 1990, 331-332면 등.

형성되어 있다는 근거를 든다. 다만, 이는 운전자가 위험책임을 지는 경우이거나 운전자에게 경과실이 있는 때에만 해당된다고 한다. 그러나, 운전자와 호의동승자 사이에 '선한 사마리아인'에게 책임을 묻지 않겠다는 정도의 신뢰관계가 형성되어 있었는지는 매우 의문이다.

vi) 개별적 해결설

이는 운행자가 호의동승자에게 지는 책임을 감경할 수는 있지만 구체적 개별적인 경우를 살필 수 밖에 없다고 한다. 동승한 사람에게 과실이 있다면 과실상계, 신의칙이나 공평의 원칙을 적용해야 한다면 그를 적용하고(민법 제2조 등), 기타 구체적인 사정에 따라 각각의 감경근거가 있을 수 있다는 것이다.

판례의 경우에는 거의 운행자의 책임을 면제하거나 감경하지 않고 있다. 무단운전의 경우에 자동차 소유자의 책임을 면제하거나 피해자의 인식 여부를 문제삼거나 단순한 호의동승의 정도를 넘어 무단운전자에 대한 유도를 문제삼아 책임을 감경하거나, 피해자의 무단운전 승낙과 동승의 경우에만 극히 예외적으로 운행자 책임을 감경한 사례가 보일 뿐이다. 운행자로서는 자동차 운행과 보관 등에 대한 책임을 강하게 져야 한다는 견해이다. 즉, 판례는 자동차 보관에 대해 책임을 져야 하는 사안이라면 그 무단운행에 대해서도 책임을 져야 한다는 입장이다. 이는 이 사례에서도 마찬가지라고 보인다.

대법원 1971.3.13, 71다254판결은 ".... 피고회사 내 규칙으로 피고회사의 자동차를 운행하려면 누구나 중기공장 서무를 통하여 그 공장장의 허락을 얻어야만 운행하도록 되어있는 바, 이 사건 사고당일 이 사건 삼륜자동차의 운전수가 때마침 추석휴일이어서 서울에 가고 없는 틈을 타서 소외 "갑" 사무실 설합 속에 들어있던 위 자동차 열쇠를 몰래 꺼내어 위 자동차를 운행하여 같은 회사에 근무하는 소외 3,4와 더불어 밤늦게 극장구경을 가는 이 사건 피해자 "을"을 포함한 동네 처녀들을 탑승이 금지된 적재함에 태우고 옥천읍 등지를 늦도록 함께 놀러다니다가 위 피해자를 간음하려고 그녀만 적재함에 태우고 급히 전진함으로써 피해자가 추락사망하게 된 사고를 일으킨 일련의 사실을 확정한 다음, 이와 같은 사고는 객관적으로 보아도 피고회사의 사무집행에 관하여 일어난 것이라거나 피고회사를 위하여 자동차를 운행하다가 일어난 것이라고 볼 수 없고, 피해자 또한 소외 5가 위 자동차를 극장구경 등 피고회사와는 관련없이 운행한다는 것을 알면서 탑승이 금지된 적재함에 타고 있다가 사망하였다고 보는 것이 상당하다고 하여 원고들의 이 사건 손해배상청구를 배척하고 있음이 분명하다. 따라서 원심은 이 사건 자동차의 운행이 자동차손해배상보장법 제3조의 이른바 자기를 위하여 자동차를 운행하는 자가 운행한 것이라고는 볼 수 없다는 취지의 판단을 한 것이라고 할 것이므로 피고에게 위 자동차손해배상보장법 제3조에 의한 책임이 있다는 원고들의 주장에 대하여 판단을 하지 아니한 것이라고 할 수는 없고 또 위와 같은 원심 설시의 이 사건 사실관계에 의하면 이 사건 사고 차량의 운전원도 아닌 소외 1은 피고 회사 내 규칙에 위반하여 그 열쇠를 몰래 꺼내어 피고회사의 직무와 아무런 관련없이 추석휴일의 야간에 처녀들과 놀러가기 위하여 이 사건 자동차를 운행하게 되었다는 것이고 피해자 역시 이와같은 사정을 알면서 이 사건 자동차에 합승하고 늦도록 여기저기 놀러 다니게 되었다는 것이므로 이와 같은 사정 하에서 외관상으로도 이 사건 사고차량의 운행이 그 보유자인 피고회사를 위한 운행이 있었다고는 할 수 없다고 함이 상당할 것이니....."라고 하여 운행자 책임을 부인한다. 이 사례에서 자동차 보유자의 운행책임이 부인된 것은 자동차 보관상의 잘못이 없고 사고를 낸 운전자가 무단히 자동차를 운전한 잘못이 크다는 점을 질책하기 때문이라고 보인다.

대법원 1982.6.8, 82다카335판결은 "... 사고 차량의 운전사인 甲은 사고전날 퇴근 무렵인 21:00경 친구인 원고 OOO의 연락을 받고 위 차를 운전하고 나가 동 원고를 만났는데, 그 때 위 원고의 부탁을 무단히 받아들여 동 원고로 하여금 위 차량으로 운전연습을 하게 하다가 운전미숙으로 차량을 담벽에 충격하여 앞 밤바 등을 손괴하였던 관계로, 사고 당일 출근전까지는 위 甲 등의 계산과 책임 아래 위 차량을 수리해 놓기 위하여 통행금지가 해제되자마자 동 원고는 위 차의 조수석에 타고 甲이 운전하여 동인들이 개인적으로 잘 아는 정비공장으로 가는 도중 판시와 같은 사고로 동 원고가 부상한 사실 및 피고는 위 甲으로 하여금 위 차량으로 출퇴근할 것을 허용하여 퇴근 후 甲이 그 거주지에 주차시켜 관리하여 온 사실을 확정하고, 이러한 사정 아래에서는 위 차량의 위 인정과 같은 손괴가 피고의 승낙을 받지 않은 위 甲의 비호아래 동 원고의 행위로 인한 것이다....... 그 수리를 위한 운행에 관하여 피고의 승낙을 받은 바 없더라도, 그 수리는 위 차량의 정상운행을 위한 것으로, 결국 피고의 이익을 위한 것으로 볼 것.... 위 차량의 운행은 의연히 자동차손해배상보장법 제3조 소정의 피고를 위한 운행에 해당한다고 하여 피고에게 이 사고로 인하여 동 원고가 입은 손해의 배상책임이 있다고 판단하고 있다. 그러나, 사실관계가 원심이 확정한 바와 같이 사고차의 운전원도 아닌 동 원고의 무단운전으로 파손된 앞밤바 부분을 그 자동차의 소유자인 피고가 모르게 그들의 비용과 책임하에 출근시간 전에 수리하여 사고사실을 은폐하기 위하여 통행금지 해제 직후에 같이 타고 그들이 개인적으로 아는 정비공장으로 운행하다가 일어난 사고라고 한다면, 설사 피고가 위 甲에게 위 차로 출퇴근을 허용하였다고 하더라도 위 원고는 자기의 행위로 발생한 차량의 손괴부분을 피고 몰래 자기의 비용과 책임으로 수리하기 위하여 위 甲으로 하여금 위 차를 운행케 하고 동승한 것..... 위 운행은 전야의 무단운전행위의 연장이라 할 것이어서, 이는 피고가 금할 것임을 알 수 있으면서도 동 원고들의 개인 용무를 위하여 이루어진 것이라고 볼 것.... 위 자동차의 손괴의 원인이 원고 등의 불법운전에 기인한 것인 이상 그 수리책임은 원고 등에 있다 할 것.... 위 수리를 위한 운행이 반드시 피고의 이익에 귀속된다고 볼 수도 없다...... 위와 같은 동 원고의 동승의 경위나 동 차량의 운전의 목적, 운전시간 등에 비추어 보면 이와 같은 경우의 사고 차량의 운행이 그 보유자인 피고를 위한 운행이었다고는 할 수 없다...."고 하였다. 이 경우에 자동차 보유자의 운행자 책임을 부인한 이유도 사고를 당한 무단동승자가 함부로 자동차를 운전한 자와 공모한 정황이 중대하고 자동차를 함부로 운전한 것에 관해 자동차 보유자의 자동차 보관책임이 부정되어야 한다는 점에 있다.

대법원 1992.6.23, 91다28177판결은 "...자동차손해배상보장법 제3조에 정한 "자기를 위하여 자동차를 운행하는 자"는 자동차에 대한 운행을 지배하여 그 이익을 향수하는 책임주체로서의 지위에 있는 자를 의미하고, 한편 자동차의 소유자 또는 보유자는 통상 그러한 지위에 있는 것으로 추인된다 할 것.... 사고를 일으킨 구체적 운행이 보유자의 의사에 기인하지 아니한 경우에도 그 운행에 있어 보유자의 운행지배와 운행이익이 완전히 상실되었다고 볼 특별한 사정이 없는 한 보유자는 당해 사고에 대하여 위 법조에 정한 운행자로서의 책임을 부담하게 된다.... 자동차 소유자의 운행지배와 운행이익의 상실 여부는 평소의 차량관리상태, 소유자의 의사와 관계없이 운행이 가능하게 된 경위, 소유자와 운전자의 관계, 운전자의 차량반환의사의 유무와 무단운행 후의 보유자의 승낙가능성, 무단운전에 대한 피해자의 주관적 인식 유무 등 여러 사정을 사회통념에 따라 종합적으로 평가하여 이를 판단하여야 할 것이다.....비번인 회사택시 운전사가 동거녀의 언니를 집에 데려다 주기 위하여 회사로부터 비번인 택시를 가사사유로 출고받아 운전하여 가던 중 충돌사고로 언니를 사망케 한 경우에 있어 택시회사의 평소의 비번차량 관리상태, 사고택시의 출고 및 운행경위, 피해자로서는 비번차량인 점을 알기 어려웠던 점 등에 비추어 사고 당시 그 구체적 운행지배나 운행이익을 완전히 상실한 상태에 있었다고 볼 수 없다 하여 택시회사에게 운행자로서의 책임이 있다... 이 경우 위 차량의 운행목적이 전적으로 피해자를 위한 운행인 점, 운전사와 피해자와의 관계 등에 비추어 피해자는 단순한 호의동승자가 아니어서 위 교통사고에 대하여 택시회사에게 일반의 교통사고와 같이 책임을 지우는 것이 신의칙이나 형평의 원칙에 비추어 매우 불합리한 것으로 인정된다 하여 그 배상액을 감경함이 상당하다....."고 하였다.

이러한 책임감경은 매우 희귀한 사례로서 일반화하기는 극히 어렵다. 다만, 이 사례에서 예외적인 책임감경을 인정한 이유로는 피해자가 단순한 호의동승을 넘어 무단운전을 유도한 부분에 대한 신의칙을 적용한 것으로 보인다.

대법원 1992.11.10, 92다30849판결에서 ".... 이 사건 사고자동차인 (차량번호 생략) 로얄프린스 승용차는 육군 제○○○여단장인 피고 소유의 서울숙소 자가용이고, 위 소외 1은 그 운전병이라는 것이고, 그런데 위 소외 1은 1989.2.25. 서울의 피고 자택에서 피고의 처를 태우고 경기 포천에 있는 피고의 공관에 도착하여 대기중 피고의 공관차 운전병인 소외 2로부터 외박나간 사무실 근무병인 소외 3 등이 술을 마시

자고 연락이 왔으니 위 사고자동차를 타고 같이 나가 술을 마시자는 제의를 받고 이를 승낙한 후, 정문보초에게 피고의 심부름을 간다고 거짓말을 하고 부대를 빠져 나와 이튿날 03:50경까지 술을 마신 후, 위 소외 2가 숙소 자가용을 운전해보겠다고 하자 이를 승낙하여 위 소외 2가 운전하는 이 사건 사고자동차에 동승하여 귀대하던 도중 이 사건 사고가 발생하였다는 것인바, 그렇다면 위 소외 1은 이 사건 사고자동차의 운전사로서 무단운전을 개시하였고, 나아가 위 소외 2의 무단운전을 승낙하고 거기에 동승한 것으로서, 이러한 사실관계에서는 위 소외 1은 피고에게 자동차손해배상보장법이나 민법 제756조에 따른배상책임을 물을수 없다……"고 하였다.

여기서 자동차 보유자의 운행자 책임을 묻는 것은 신의칙상 무리한 것이다. 피해자 자신이 운전병의 무단운전에 적극적으로 가담할 정도의 승낙하에 동승한 것이어서 그 피해자의 과실이 많이 참작된 것으로 보인다.

그에 비해 대법원 2021. 3. 25. 선고 2019다208687 판결은 "…갑이 운전하던 을 보험회사의 피보험차량과 병이 운전하던 정 보험회사의 피보험차량이 충돌하는 사고가 발생하여 을 회사의 피보험차량에 동승하고 있던 갑의 남동생 무가 상해를 입자, 정 회사가 피해자인 무 측에 치료비가 포함된 보험금을 지급한 다음 갑과 을 회사를 상대로 구상금을 청구하는 선행소송을 제기하였고, 선행소송에서 갑의 과실비율을 50%로 인정하는 판결이 내려지자, 을 회사가 위 판결에 따라 갑의 보험자로서 갑을 대신하여 정 회사에 구상금을 지급하였는데, 그 후 을 회사가 정 회사를 상대로 '자동차보험 구상금 분쟁심의에 관한 상호협정(이하 '상호협정'이라 한다)'상 선처리사인 정 회사가 피해자 측 과실이 있는 경우의 구상절차 등에 관한 상호협정 시행규약의 조항을 위반하였다며 손해배상을 구한 사안에서, 상호협정 시행규약의 '우선보상처리기준'은 하나의 교통사고에 관여된 협정회사가 복수인 경우 협정회사들 사이에서 피해자에 대한 보상순위 및 그에 따른 구상절차를 정한 것인데, '우선보상처리기준'의 근거가 되는 상호협정과 그 시행규약에는 선처리사가 위 조항을 위반한 경우 후처리사에 대한 구상권 행사가 제한된다거나 그렇게 해석할 여지가 있는 내용은 찾아볼 수 없는 점, 상호협정과 그 시행규약을 마련한 주된 취지는 피해자에 대한 신속한 보상을 보장하는 것이므로 형식적 절차 위반을 이유로 신속하게 보험금을 지급한 선처리사에 불이익을 주고 후처리사에 의도치 않은 이익을 주는 것은 형평에 맞지 않는 점, '우선보상처리기준'의 일부인 위 조항에는 선처리사가 위 조항을 위반한 경우 후처리사에 대해 갖고 있던 구상권이 소멸되거나 구상권 행사가 제한된다는 내용은 명시되어 있지 않는 점에 비추어 보면, 선처리사가 위 조항을 위반하였다고 하더라도 상호협정 제30조에 따라 제재금을 부과받는 불이익을 받는 것에 그친다고 보아야 하고, 나아가 위 조항을 포함하여 상호협정과 그 시행규약은 협정회사들 사이의 계약이므로 협정회사가 아닌 피보험자 등의 제3자에 대해서는 적용될 수 없는 것이어서, 선처리사가 피해자에게 손해를 배상한 이상 그 과정에서 위 조항을 위반하였더라도 공동불법행위자인 후처리사의 피보험자를 상대로 구상권을 행사하는 데 아무런 지장이 없으므로, 선처리사인 정 회사에게 손해배상의무가 발생한다고 볼 수 없다... 자동차손해배상 보장법 제3조는 자기를 위하여 자동차를 운행하는 자가 그 운행으로 다른 사람을 사망하게 하거나 부상하게 한 경우에는 그 손해를 배상할 책임을 진다고 규정하고 있다. 여기서 '자기를 위하여 자동차를 운행하는 자'란 자동차에 대한 운행을 지배하여 그 이익을 향수하는 책임주체로서의 지위에 있는 자를 의미하고, '다른 사람'이란 자기를 위하여 자동차를 운행하는 자 및 당해 자동차의 운전자를 제외한 그 이외의 자.... 따라서 자동차 보유자나 사용권자의 배우자나 직계존비속 등의 친족이라도 운행자나 운전자에 해당하지 않는 한 '다른 사람'에 해당한다. 그리고 자동차 운행자나 운전자의 운행 중 과실로 인하여 피해를 입은 자가 운행자나 운전자와 신분상 내지 생활관계상 일체를 이루는 관계에 있더라도 그 운행자나 운전자와 피해자 사이에서 운행자나 운전자의 과실은 손해배상채무의 성립 요건이 될 뿐 손해배상책임의 감면 사유가 될 수 없다"고 하였다.

피해자의 신분이 운행자 등과 친척관계에 있더라도(호의동승) 이것이 운행자의 면책이나 책임감경의 사유는 될 수 없다고 한 것인데 호의동승 일반의 논리가 그대로 적용된 것이라 본다.

대법원 2017. 10. 31. 선고 2017다236824 판결은 "....자동차의 소유자 또는 보유자(이하 '소유자 등'이라고 한다)는 비록 제3자가 무단으로 그 자동차를 운전하다가 사고를 냈더라도 그 운행에 관하여 소유자 등의 운행지배와 운행이익이 완전히 상실되었다고 볼 특별한 사정이 없는 경우에는 그 사고에 대하여 자동차손해배상 보장법 제3조가 정한 운행자 책임을 부담한다. 소유자 등의 운행지배와 운행이익의 상실 여부는 평소 자동차나 그 열쇠의 보관과 관리상태, 소유자 등의 의사와 관계없이 운전이 가능하게 된 경위, 소유자 등과 운전자의 인적 관계, 운전자의 차량 반환의사의 유무, 무단운전 후 소유자 등의 사후승낙 가능성, 무단운전에 대한 피해자의 인식 유무 등 객관적이고 외형적인 여러 사정을 사회통념에 따라 종합적으로 평가하여 이를 판단하여야 한다.....특히 피해자가 무단운전자의 차량에 동승한 경우에는 그가 무단운전이라는 것을 알았는지 여부가 소유자 등의 운행지배 내지 운행이익의 상실 여부를 판단하는 중요한 요소가 되지만, 피해자인 동승자가 무단운전에 가담하였다거나 무단운전이라는 것을 알고 있었더라도 그 운전경위나 운전 목적에 비추어 당해 무단운전이 사회통념상 있을 수 있는 일이라고 볼 만한 사정이 있거나, 그 무단운전이 운전자의 평소 업무와 사실상 밀접하게 관련된 것이어서 소유자 등의 사후승낙 가능성을 전적으로 배제할 수 없는 사정이 있는 경우에는 소유자 등이 운행지배와 운행이익을 완전히 상실하였다고 볼 수 없다(대법원 1998. 7. 10. 선고 98다1072 판결 등 참조)"고 하였다.

여기서 피해자인 호의동승자가 무단운전인 점을 알고 있었다고 하더라도 무단운전이 본래 업무인 운전과 밀접한 관련이 있고 소유자의 사후승낙 가능성이 있는 경우에는 자동차 소유자(보유자)의 운행자 책임이 면제될 수 없음을 나타낸다.

대법원 1989.3.28, 88다카2134 판결은 "....원심은 소외 1은 피고의 남편으로 이 사건 사고차량을 관리하던 소외 2와는 10여년 전부터 사업상 거래관계로 친하게 지내던 사이로서, 1986.3.경부터 특별한 직업 없이 지내며 위 소외 2가 경영하는 대흥기업사라는 철물제조공장에 나와 위 차량을 운전하는 등 공장일을 거들어 주고 있었으나 위 소외 2와의 사이에 고용계약을 맺지는 아니한 사실, 이 사건 사고 전날인 1986.5.4. 19:00경 위 소외 1은 위 소외 2를 위 차량에 태우고 서울에서 의정부시까지 갔다가 다시 서울로 돌아와 위 소외 2를 노량진에 있는 그의 집에 내려놓으면서 자기의 집이 그곳에서 가까우니 집이 있는 서울 구로구 독산동으로 위 자동차를 가지고 갔다가 다음날 08:30까지 위 소외 2 집으로 가지고 오겠다고 말한 다음 위 자동차를 빌려타고 귀가하였는데 전남 고흥군에 있는 친척집에 문상을 갈 일이 생기자 피고의 승낙도 없이 위 차량에 원고 1을 태우고 같은 날 22:30경 서울을 떠나 초행길을 가다가 다음날인 같은 달 5. 04:30경 전남 화순군 동면 천덕리 소재 천동부락 앞길에 이르러, 위 소외 1의 운전부주의로 위 차량이 우측노견으로 이탈하면서 그곳에 있는 가로수 1그루를 들이받고 1미터 가량의 언덕 밑으로 굴러 떨어지게……위 원고로 하여금 좌측하지 비골간부 골절 등의 상해를 입히는 사고…. 위 원고는 소외 1과는 처남, 매제지간으로 위 소외 1이 피고나 위 소외 2의 승낙 없이 위 자동차를 운행하였다는 것을 잘 알고 있었던 사실…. 위 소외 1은 피고나 위 소외 2의 승낙 없이 위 자동차의 운행목적, 운행거리, 운행시간등에 비추어 피고나 위 소외 2가 이와 같은 무단운행을 사후에 승낙하리라고도 보여지지 아니할 뿐만 아니라, 위 원고는 이러한 무단운행사실을 알고 있었으므로 위 자동차의 운행이 객관적으로나 외형적으로 그 소유자인 피고나 관리자인 위 소외 2를 위한 운행이었다고 볼 수는 없으며, 또한 위 소외 1이 피고의 피용자로서 그 업무를 위하여 자동차를 운행하였다고 볼 수 없다고 설시하고, 피고에게 위 사고에 대한 손해배상책임이 있음을 전제로 한 원고들의 청구는 더 나아가 살펴볼 필요 없이 이유 없다고 판시하고 있다….. 원심판시와 같이 소외 2는 소외 1이 이 사건 차량을 가까운 자신의 집까지 가지고 갔다가 다음날 아침 08:30까지 위 소외 2의 집으로 가지고 오겠다고 말하여 일시 위 자동차를 빌려주었는데, 위 소외 1이 피고나 위 소외 2의 승낙도 없이 자신의 친척 문상을 위하여 돌연 서울에서 수백 킬로나 떨어진 전남 화순까지 가다가 이 사건 사고가 발생하였다면, 이는 그 승낙범위를 현저히 넘은 것으로서 위 소외 1의 운전행위는 피고나 위 소외 2의 의사에 기하지 아니한 무단운행에는 해당한다 할 것이라고…"고 전제하면서도 "….그러나 자동차의 소유자 또는 보유자는 통상 자동차손해배상보장법 제3조 소정의 "자기를 위하여 자동차를 운행하는 자"의 지위에 있다고 인정되므로 비록 제3자가 무단히 그 자동차를 운전하다가 사고를 내었다 하더라도 그 운행에 있어 소유자 등의 운행지배 및 운행이익이 완전히 상실되었다고 볼 특별한 사정이 없는 한, 당해 사고에 대하여 위 법조의 운행자로서의 책임을 져야 할 것이고, 자동차의 소유자 등이 그 차량에 대한 운행지배와 운행이익을 상실하였는지의 여부는 소유자 등의 의사와 관계없이 무단운전이 가능하게 된 경위, 소유자 등과 운전자와의 관계, 운전자의 차량반환의사의 유무와 무단운전후의 소유자의 승낙가능성, 무단운전에 대한 피해자의 주관적인 인식 유무등 여러 사정을 사회통념에 따라 종합적으로 평가하여 이를 판단"한다고 하면서 운행자 책임을 인정하였다.

사안에서는 피해자가 운전자의 호의로 무상 동승한 경우 그가 무단운행의 정을 알았는지의 여부가 운행자의 운행지배 내지 운행이익의 상실여부를 판단하는 중요한 요소가 된다 하면서도 운행자의 운행지배를 인정하였다. 생각건대, 운행자의 면책을 위해서는 피해자인 호의동승자의 무단운전 인지 여부로는 충분하지 않고 무단운전을 적극 유도하는 정도가 되는 책임사유가 있어야 할 것으로 본다.

대법원 1994.9.23, 94다9085 판결이 "....자동차손해배상보장법 제3조 소정의 '자기를 위하여 자동차를 운행하는 자'는 자동차에 대한 운행을 지배하여 그 이익을 향수하는 책임주체로서의 지위에 있는 자를 의미하므로 통상적으로 그러한 지위에 있다고 인정되는 자동차의 소유자는 비록 제3자가 무단히 그 자동차를 운전하다가 사고를 내었다고 하더라도 그 운행에 있어 소유자의 운행지배와 운행이익이 완전히 상실되었다고 볼 특별한 사정이 없는 경우에는 그 사고에 대하여 위 법조소정의 운행자로서의 책임을 부담하게 되고, 그 운행지배와 운행이익의 상실 여부는 평소의 자동차나 그 열쇠의 보관 및 관리상태, 소유자의 의사와 관계없이 운행이 가능하게 된 경위, 소유자와 운전자의 인적 관계, 운전자의 차량의 반환의사 유무, 무단운행 후 소유자의 승낙 가능성, 무단운행에 대한 피해자의 주관적 인식 유무 등 객관적이고 외형적인 여러 사정을 사회통념에 따라 종합적으로 평가하여 이를 판단하여야 하며, 특히 피해자가 운전자의 호의로 무상동승한 경우에는 그가 무단운행의 정을 알았는지의 여부가 운행자의 운행지배 내지 운행이익의 상실 여부를 판단하는 중요한 요소가 된다....피해자인 무상동승자가 운전자의 무단운행에 가담하였다거나 사고 당시 이를 알고 있었다 하더라도, 그 운행경위나 운행목적에 비추어 당해 무단운행이 사회통념상 있을 수 있는 일이라고 선해할 만한 사정이 있다거나 그 무단운행이 운전자의 평소 업무와 사실상 밀접하게 관련된 것이어서 소유자의 사후 승낙 가능성을 전적으로 배제할 수 없는 사정이 있는 경우 등에는 소유자가 운행지배나 운행이익을 전적으로 상실하였다고 단정할 수는 없다"고 한 것도 피해자인 호의동승자의 무단운전 인식 정도만으로는 자동차 보유자의 운행자성을 부인하기 어렵다는 점 때문이다.

대법원 1997.7.8, 97다15685 판결이 ".... 자동차 소유자의 운행지배와 운행이익의 상실 여부는 평소의 자동차나 그 열쇠의 보관 및 관리상태, 소유자의 의사와 관계없이 운행이 가능하게 된 경위, 소유자와 운전자의 인적 관계, 운전자의 차량 반환의사의 유무, 무단운행 후 소유자의 사후승낙 가능성, 무단운전에 대한 피해자의 인식 유무 등, 객관적이고 외형적인 여러 사정을 사회통념에 따라 종합적으로 평가하여 이를 판단하여야 하고, 특히 피해자가 무단운전자의 차량에 동승한 자인 경우에는 그가 무단운행의 정을 알았는지의 여부가 자동차 소유자의 운행지배 내지 운행이익의 상실 여부를 판단하는 중요한 요소가 되는 것이지만, 피해자인 동승자가 무단운행에 가담하였다거나 무단운행의 정을 알고 있었다고 하더라도 그 운행 경위나 운행 목적에 비추어 당해 무단운행이 사회통념상 있을 수 있는 일이라고 선해할 만한 사정이 있거나, 그 무단운행이 운전자의 평소 업무와 사실상 밀접하게 관련된 것이어서 소유자의 사후승낙 가능성을 전적으로 배제할 수 없는 사정이 있는 경우에는 소유자가 운행지배와 운행이익을 완전히 상실하였다고 볼 수 없을 것이다"라고 하고 있다.

이는 자동차 열쇠의 보관 등 책임이 있는 자동차보유자가 미성년 아들이 무단히 그 열쇠를 취득하여 운전 중 사고를 낸 데 대해서 자동차보유자의 '운행지배'를 여전히 인정하는 견해이다. 자동차를 운행하는 자는 그 자동차 열쇠 보관 관리의 소홀로 인한 책임도 감수할 수 밖에 없다는 것으로 이는 자배법상 피해자보호를 위한 취지와도 일치한다는 것이다. 그러나, 자동차 보유자의 미성년 아들이나 피용자와 같은 인적 관련조차도 전혀 없는 사람(절도범이나 강도범)이 자동차를 무단히 취득하여 운전하는 경우라면 판단이 달라질 것으로 보인다(자동차 보유자와의 인적 관계 고려).

대법원 1999.4.23, 98다61395 판결도 "....원심은, 이 사건 사고 당시 사고차량을 운전한 소외 1은 당시 18세로 차량 소유자인 소외 2의 외사촌 동생인데, 이 사건 사고 전부터 소외 2와 같이 살면서 소외 2가 경영하는 카센터에서 심부름 등을 하여 주고 정비기술을 배우고 있었던 사실, 소외 2는 이 사건 사고차량을 운전하지 않을 때에는 그 열쇠를 거실 탁자 위에 보관하여 왔는데, 이 사건 사고 전날 소외 1은 평소와 같이 거실 탁자 위에 놓여 있던 소외 2 소유 차량의 열쇠를 발견하고는 그 열쇠를 가지고 밖으로 나와, 위 카센터 옆에 있는 음식점의 종업원으로 평소 가깝게 지내던 소외 3에게 연락하여 만난 다음 소외 3을 사고차량의 운전석 옆자리에 태우고 운전을 하던 중 서로 손장난을 하다가 운전대를 잘못 조작하는 바람에 이 사건 사고가 발생하여 소외 3이 사망한 사실을 인정한 후, 운전자인 소외 1과 차량 소유자인 소외 2와의 관계, 소외 1의 직업과 연령, 평소 소외 2의 차량과 열쇠의 보관 및 관리상태, 무단운행의 목적과 무단운행에 이르게 된 경위 및 무단운행에 걸린 시간 등 제반 사정을 참작하면 피해자인 소외 3에 대한 관계에서 사고차량의 소유자인 소외 2는 운행지배나 운행이익을 전적으로 상실하였다고 단정할 수 없다고 판단하였는바, 기록과 위에서 본 법리에 비추어 보면, 원심의 위 인정과 판단은 정당하고, 거기에 피고가 주장하는 바와 같은 자동차손해배상보장법상의 운행자에 관한 법리오해, 채증법칙 위반으로 인한 사실오인 등의 위법이 있음을 찾아 볼 수 없다....."고 한 것도 이와 같은 취지이다.

대법원 1987.1.20, 86다카251 판결은 "....자동차교통사고에 있어서 피해자가 사고차량에 무상으로 동승하여 그 운행으로 인한 이익을 누리는 지위를 갖게 된다고 하여 특별한 사정이 없는 한 피해자에게 과실이 있다고 할 수 없다..."고 하였다. 호의동승의 경우에 왠만하면 운행자로서의 운행지배를 인정한다는 것이고, 피해자가 호의동승으로 누리는 이익은 '운행이익'의 일부로 볼 수 없어서 과실상계 또는 손익상계가 될 수 없다는 것이다. 그리하여 배상금의 감액도 허용되지 않는다. 즉, 호의동승자가 '운행이익'을 일부 누리고 있다고 하더라도 '운행지배성'을 저해하거나 그 책임을 감경할 정도는 결코 아니라면 운행자 책임의 면제나 감경은 있을 수 없다는 것이다.

대법원 1987.9.22, 86다카2580 판결도 "....원심은 이 사건 교통사고는 사고당일 비가 와서 건축공사장의 목공인 원고가 쉬고 있던 중 피고의 트럭운전사인 소외인이 물건을 팔러 김제 등지에 가니 함께 가서 놀고 오자는 제의를 하여 무상으로 동승하여 사고장소 노상을 운행하던 중에 위 운전사가 담배를 빼려다가 차량바닥에 떨어진 담배갑을 줍는 순간 핸들을 놓쳐 사고차가 차선을 이탈하여 그 진행방향 우측에 있던 가로수를 충격케 하여 함께 타고 있던 원고로 하여금 그 설시와 같은 상해를 입게 한 것..... 원고와 같은 단순한 동승자에게 운전자의 운전행위에 관심을 기울여 안전운전을 하도록 주의의무를 환기시켜야 할 의무가 있다고 볼 수 없어 피고의 과실상계의 항변은 이유 없다 할 것이나, 원고는 사고운전자의 제의를 받고 그와 함께 놀다올 목적으로 사고차량에 무상으로 동승하였던 것이므로 차량의 운행으로 인한 이익은 원고에게도 귀속된다 할 것이고 이러한 경우 원고는 운행이익의 향유자로서 운행공용자의 지위를 피고와 나누어 가진다 할 것이며, 따라서 그 운행으로 인하여 자신에게 발생할 수 있는 위험도 역시 분담하는 것이 타당하다 할 것이므로 피고가 배상할 손해액을 정함에 있어 이를 참작 감액해야 한다 하여 원고가 배상하여야 할 그 설시 재산상 손해 중 15퍼센트를 감액하고 있다......그러나 자동자손해배상보장법 제3조에서 말하는 자기를 위하여 자동차를 운행하는 자라 함은 객관적으로 자동차의 운행을 지배관리할 수 있는 지위에 있는 사람을 의미한다 할 것.... 비록 원고가 이른바 무상동승자라 하더라도 원심이 설시한 바와 같은 경위로 이 사건 사고차량에 타게 된 원고에게 그 자동차의 보유자인 피고에 대한 관계에 있어서 15퍼센트 정도의 자동차보유자성을 인정한 원심의 판단은 그대로 수긍이 되지 아니하여...."라고 하였다.

원심은 매우 희귀한 손해배상액 감액(15% 감액)의 예를 표시하였다. 그러나 대법원은 이를 부정하였다. 이는 학설에서 주장하는 바 운행자와 호의 동승자의 비율적 운행자성을 인정할 수 없다는 견해이다.

대법원 1989.1.31, 88다카3625 판결도 "... 원고가 충북 옥산에서 광주를 가려고 하던 중 그와 인척되는 피고를 만났고 피고는 청주까지 가는 중이므로 위 원고를 그의 승용차에 청주까지 태워주겠다고 하여 피고의 승용차에 동승하였다가 이 사건 사고를 당한 경우에 다른 특별한 사유도 없이 단순히 호의로 동승하였다는 사실만으로 손해액을 감액할 수는 없다고 할 것이고, 기록에 의하면 원고가 안전벨트를 착용하지 아니하였다는 피고의 과실상계항변에 대하여 이를 인정할 증거가 없다고 배척한 원심의 조치는 정당하다..."고 하였다.

피해자인 호의동승자가 안전벨트를 매지 않았다면 과실 상계가 될 수 있을지언정 호의동승 자체만으로는 과실상계가 될 수 없어서 손해액의 감액 사유가 될 수 없다는 것이다.

생각건대, 호의동승자에 대한 학설과 판례의 태도를 볼 때 본 건의 사례에서도 특별한 호의동승자의 기이한 운행유도, 운행지배에 대한 일부 간섭 정도가 없다면 자동차 보유자 자신의 운행지배와 운행이익(특히 '운행지배')을 부인하기 어렵다는 전통적인 자배법상의 운행자 책임성이 반영된 것으로 판단된다.

독일의 경우 호의동승한 피해자에 대한 '자초한 손해의 법리'는 독일의 Flad가 주창한 것이다. 이는 호의동승한 피해자는 그로 인한 재산적 신체적 손해에 동의한다는 의사를 표시한 것이라고 한다. 그리하여 가해자의 위법성은 조각되고 손해배상책임이 면제된다고 한다(Flad, Handeln auf eigene Gefahr, Das Recht 1919, 16).[21] 독일의 일부 판

례에서도 운행자(정확하게는 운전자)의 책임면제에 대해 언급한 것이 있다.22)

사례는 다음과 같다. A(자동차 소유자)와 B는 친구사이인데 여러 번 여행을 한 적이 있다. 여행을 할 때 유류비용을 분담하고 자동차 운전도 번갈아 한 적이 많았다. 사고가 난 날 B는 A를 대신하여 운전하였는데 사고가 나서 A가 상해를 입게 되었다. 이에 A는 그에 대한 손해배상을 청구하였다. 이에 대해 독일법원(BGH)은 그 청구를 기각하였다. 그 이유는 A, B가 여행을 함께 다닌 내용을 보면 일종의 조합계약(組合契約) 유사한 계약이 있다는 것이다. 함께 운전하는 사이이면서 단순한 과실(일종의 경과실)로 교통사고가 나는 때에는 동승한 피해자가 그 손해에 대해 책임면제계약을 체결하였을 것이라는 점을 이유로 든다.23)

이와 다른 불법행위 사례에서지만(자동차의 물적 손해 사례), 유사한 경우에 독일 법원이 피해자의 손해배상청구권을 부정한 경우가 있다. 그 근거는 다음과 같다. ⅰ) 사고가 난 날 술에 취해 운전할 수 없는 친구의 간청으로 운전하였다는 것은 전적으로 상대방의 이익을 위한

---

21) 사례로서는 말(馬) 주인이 같은 마을에 사는 이웃을 우연히 길에서 만나 호의로 동승시켰는데 도중에 말이 놀라 날뛰는 바람에 마차가 뒤집어져 동승한 이웃이 사망하게 된 것이다. 이에 대해 독일의 법원은 말 주인에게 전액의 손해를 배상하게 하였다. 그러나, 이는 게르만 민족의 상부상조의 정신에 배치된다고 비난을 받아 학설상 이를 수정해야 한다는 이론이 등장하게 되었다(이른바 '자초한 손해'의 법리)(최신섭, "독일법상 호의동승과 묵시적 책임면제계약-계약법 체계에서 호의행위의 법적 성질-", 민사법의 이론과 실무, 2021, 3면). 그러나, 이는 말과 마차와 관련된 사건이고 우리처럼 자동차손해배상책임법이 아닌 민사 일반의 불법행위에 관한 것임에 유념할 필요가 있다.
22) 최신섭, 위의 논문, 25면 이하.
23) BGHZ, JZ 1979, 101f.

것이었다는 점, ⅱ) 운전자는 법적 의무가 없는 호의운전을 하였다는 것이고 만일 상대방이 과도한 주의의무를 요구하였다면 운전자는 호의행위를 거절하였을 것이라는 점, ⅲ) 가해자인 운전자와 피해자 사이에는 운전을 부탁한 사이로서 경미한 과실에 대해서는 손해배상 책임을 면제한다는 묵시적 합의가 있었을 것이라는 점이었다.24) 이는 우리나라 자배법처럼 인적 사고가 아닌 물적 손해의 경우를 대상으로 하는 점에서 차이가 있지만 호의동승에 대한 독일의 태도를 보여주는 것이다. 다만, 이 경우에도 책임면제의 의사를 추정하는 요소가 있을 것을 요구한다.25)

독일의 경우 호의동승자는 상대방이 제공하는 호의를 그대로 받겠다는 의사를 가지고 있다고 보고26) 위험이 동반된 호의에 대해서 상대방에게 책임을 묻지 않겠다는 의사를 묵시적으로 표시한 것이라고 하는데27) 이는 의문이다. 비록 호의를 받아들인다고 하더라도 계약상 급부의무에서 경미한 하자가 있는 것을 그대로 받는다는 의미 정도일 뿐일 것이다. 가해자의 고의나 중과실로 인한 가해, 또는 불법행위에 대해서는 이러한 용인(容認)을 합의했다고 간주하거나 추정하기 어렵기 때문이다. 비록 독일에서 가정적 의사를 당사자의 내심적 의사(Psychologie)가 아니라 규범적 의사(법률의 취지에 따른 의사의 추정을 의미함)에 따라 정한다고 하더라도28) 이러한 묵시적 의사를 불법행위에까지 인정

---

24) LG Düsseldorf, NJW 1968, 2379.
25) 최신섭, 앞의 논문, 27면.
26) Willoweit, Schuldverhältnis und Gefälligkeit, JuS 1984, S. 909f; ders, Rechtsprechung zum Gefä lligkeitshandeln, NJW 1972, S. 96ff.
27) OLG München, NJW 1954, 1453; VersR 1955, 28; Blätter für Rechtsanwendung 72, 916.
28) Medicus, Vertragsauslegung und Geschäftsgrundlage, F.S, für Werner Flume, S. 637 ff; 이러한 묵시적 면제계약은 호의동승에서 발생하는 (자동차)사고에 대해서 경과실 면책이라는 효과를 부여하고자 한다(무상계약의 규정을 유추적용).

할 수 있을지는 상당한 의문이다. 다만, 호의동승자가 음주운전, 무면허운전, 자동차의 고장 등을 인식하고서도 동승하기를 감행한 것이라면 이러한 동승자가 사고를 당한 후 배상금액을 정함에는 과실을 상계(운전자 배상책임의 감액)할 수 있을 것이다(자기 결정의 원칙에 기속). 이러한 점을 지적하는 독일법의 법리(자초한 위험의 법리)는 그 범위에서 우리도 참고할 가치가 있다고 본다.

위에서 설명한 호의동승(好意同乘)의 법리에 따라 이 사례에서 원심이 호의동승이라는 이유만으로 오토바이 소유자의 자동차손해배상법상 '운행자 지위'를 부정함은 옳지 않다고 본다. 이 점에서 대법원의 판단을 지지한다.

9. 자동차보험 진료수가 청구와 건강심사평가원 공고규정의 구속력(부정)(대법원 2020.12,10, 2019다279962 판결)

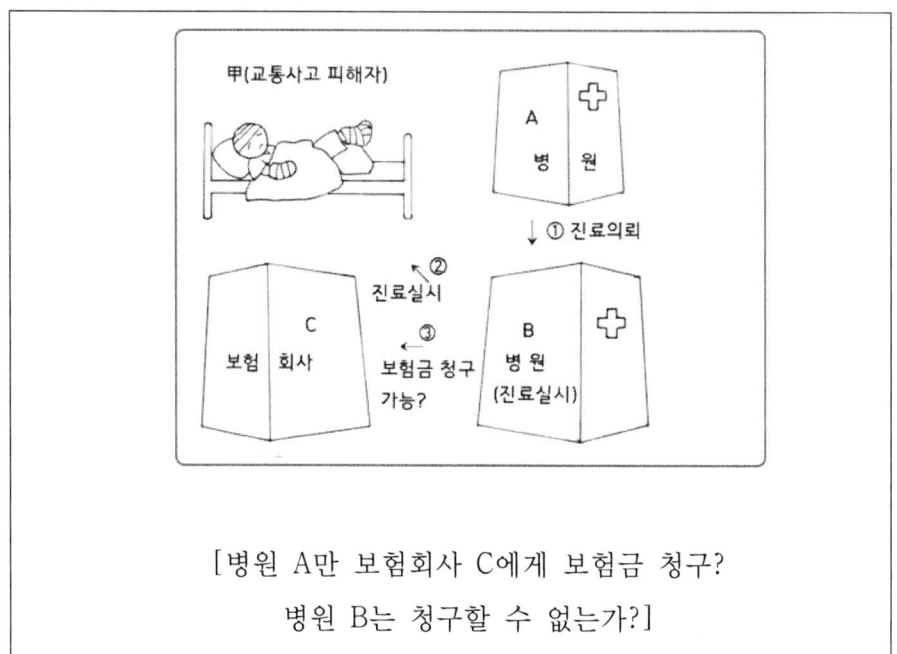

[병원 A만 보험회사 C에게 보험금 청구?
병원 B는 청구할 수 없는가?]
[건강심사 평가원 공고규정의 구속력 문제]

Ⅰ. 사실관계

자동차손배법 제12조의 2가 2012. 8. 23. 시행됨에 따라 보험회사 등은 진료수가의 심사·조정 업무 등을 대통령령으로 정하는 전문심사기관인 건강보험심사평가원에 위탁할 수 있게 되었는데, 건강보험심사평가원장은 2013. 6. 4. 입원환자 외래진료에 따른 진료수가 지급절차에 관하여.....진료수가 청구서·명세서 세부작성요령을 공고하여 진료실시 의료기관이 아닌 진료의뢰 의료기관으로 하여금 진료수가를 청구하도록 정하였다(건강보험심사평가원 공고 제2013-85호).....이 사건 공고 이후 건강보험심사평가원은 다른 의료기관의 의뢰를 받아 교통사고환자를 진료한 의료기관이 그 진료의뢰 의료기관을 통하지 아니하고 직접 진료수가 지급 청구를 하는 경우에는 그 심사를 거부하여 왔다... 한편 교통사고환자의 진료를 의뢰한 의료기관은 건강보험심사평가원에 입원환자 외래진료에 따른 진료수가를 청구하여 지급받은 후 이를 진료실시 의료기관에 지급하여야 하나, 위 진료수가가 자신의 수입으로 계산되어 그에 관하여 세금을 납부하여야 하는 등의 문제로 건강보험심사평가원에 입원환자 외래진료에 따른 진료수가를 청구하지 않는 경우가 발생하였고, 이러한 경우 진료실시 의료기관은 교통사고환자를 진료하였음에도 그에 따른 진료수가를 지급받지 못하는 상태에 처하였다....

원고들(진료실시 의료기관)에게 교통사고 입원환자들에 대한 진료를 의뢰한 의료기관들이 건강보험심사평가원에 입원환자 외래진료에 따른 진료수가의 지급을 청구하지 않자, 원고들은 직접 건강보험심사평가원에 진료수가의 지급을 청구하였다.... 건강보험심사평가원은 원고들이 이 사건 공고에서 정한 청구권자가 아니라는 등의 사유로 심사불능, 심사취소 등의 결정을 하였다....이에 원고들은 건강보험심사평가원으로부터 위와 같은 심사취소 등의 결정을 받은 건과 진료 후 아직 건강보험심사평가원에 진료수가의 지급을 청구하지 않은 건에 대하여 보험회사 등에게 직접 진료수가의 지급을 구하는 소를 제기하였다.

Ⅱ. 원심 판결(서울고등법원 2019. 9. 27. 선고 2017나2069695 판결)

(1) 건강보험심사평가원의 심사결정이 있는 청구 부분

"…별지3 표의 '원고'란 기재 각 원고들이 다른 의료기관으로부터 입원환자 진료를 의뢰받아 같은 표의 '환자명'란 기재 각 교통사고환자들에 대하여 영상진단 등의 진료를 실시한 후 건강보험심사평가원에 그에 따른 진료수가 지급을 청구하였고, 이에 대하여 건강보험심사평가원이 같은 표의 '심사결정액'란 기재와 같이 각 심사결정을 한 사실이 인정된다(피고 전국버스운송사업조합연합회가 당심 변론종결 후 제출한 참고자료에 따르면, 건강보험심사평가원이 이 사건 소송전에 원고의 심사청구에 대하여 진료수가를 123,700원으로 심사하였으면서도 최종 심사결정금액을 0원으로 결정함으로써 사실상 심사를 거부하였다가, 이 사건 소송계속 중인 2018. 8. 15. 진료수가가 121,840원이라는 심사결정을 하였고, 이에 위 피고가 이의제기하지 않아 위 심사결정이 확정되었는바, 2018. 8. 15.자 심사결정과 같은 내용의 합의가 성립하였다고 봐야 한다)… 별지3 표 기재 각 피고들은 위 각 원고들에게 같은 표 '심사결정액'란 기재 각 금액 및 이에 대한 지연손해금을 각 지급할 의무가 있다."

(2) 건강보험심사평가원에 대한 청구를 거친 청구 부분

"별지4 표의 '원고'란 기재 각 원고들이 다른 의료기관으로부터 입원환자 진료를 의뢰받아 같은 표의 '환자명'란 기재 각 교통사고환자들에 대하여 영상진단 등의 진료를 실시한 후 건강보험심사평가원에 그에 따른 진료수가의 지급을 청구하였으나, 건강보험심사평가원이 위 청구에 대하여 심사취소, 심사불능 등의 결정을 하여 진료수가 심사를 거부한 사실 및 위 원고들은 위 교통사고환자들에 대한 외래진료를 실시하기에 앞서 별지4 표 기재 각 피고들로부터 진료수가 지급의사를 통지받은 사실은 당사자 사이에 다툼이 없거나 앞서 든 증거를 종합하여 인정할 수 있다.....특별한 사정이 없는 이상 별지 4 표 기재 각 피고들은 위 원고들에게 같은 표 '청구액'란 기재 각 금액 및 이에 대한 지연손해금을 각 지급할 의무가 있다.....

피고들은, 원고들이 진료수가를 지급받기 위해서는 건강보험심사평가원에 대하여 그 지급을 청구하여야 하고 피고들에 대한 직접청구권은 인정되지 않는다고 주장한다....살피건대, 교통사고환자를 진료한 의료기관이 먼저 건강보험심사평가원에 진료수가를 청구하였으나 건강보험심사평가원으로부터 심사를 거부당하여 이후의 지급절차를 진행하지 못한 경우에는 직접 보험회사 등에 대하여 진료수가의 지급을 구할 수 있음은 앞서 본 바와 같고, 원고들의 이 부분 청구는 건강보험심사평가원에 대하여 진료수가 지급을 청구하였으나 심사거절 등으로 지급받지 못한 부분이다. 이와 다른 전제에 있는 피고들의 이 부분 주장은 받아들이지 않는다.....(또) 피고들은 건강보험심사평가원이 원고들로부터 진료수가 지급청구를 받고 심사를 거부한 것은 사실상 진료수가가 0원이라거나 더 이상 청구할 수 없다는 내용의 심사결정을 한 것과 같고, 원고들이 진료수가분쟁심의회에 이의를 제기하지 않았으므로 원고들과 피고들 사이에 진료수가가 0원이라거나 더 이상 진료수가를 청구하지 않는다는 내용의 합의가 성립하였다고 봐야 한다고 주장한다. 살피건대, 건강보험심사평가원이 진료수가에 관한 심사를 거부한 것을 그 진료수가가 0원이라는 심사결정을 한 것으로 봐야 한다거나 심사거부에 대한 이의제기가 없다고 하여 진료수가 청구권을 포기하는 내용의 합의가 성립한 것으로 볼 근거가 없으므로, 이와 다른 전제에 있는 피고들의 주장은 받아들이지 않는다.

Ⅲ. 대법원 판결(대법원 2020.12,10, 2019다279962 판결)

자동차보험진료수가 청구에 관한 자동차손해배상 보장법령과 보험회사(공제사업자를 포함한다. 이하 '보험회사 등'이라 한다)가 건강보험심사평가원과 체결한 업무위탁계약에는 보험회사 등으로부터 자동차보험진료수가의 심사·조정 업무 등을 위탁받아 수행하는 지위에 있는 건강보험심사평가원에 자동차보험진료수가를 청구할 수 있는 의료기관을 제한하거나 선택할 수 있는 법령상 또는 계약상 권한을 부여하는 규정은 없다. 그런데도 건강보험심사평가원의 '자동차보험진료수가 청구서·명세서 세부작성요령'(건강보험심사평가원 공고 제2013-85호)은 입원환자에 관하여 타 의료기관에 진료를 의뢰한 경우 진료의뢰 의료기관이 자동차보험진료수가를 청구하여야 하고, 진료실시 의료기관은 자동차보험진료수가를 청구할 수 없도록 정함으로써 자동차보험진료수가 청구권자를 제한하고 있다. 이는 국토교통부장관이 제정한 '자동차보험진료수가 심사업무처리에 관한 규정'(2013. 5. 9. 국토교통부 고시 제2013-224호) 제20조 제8항이 위임한 자동차보험진료수가 청구서·명세서의 '세부작성요령'이라는 문언적 의미의 한계를 벗어나는 것일 뿐만 아니라, 상위 법령이나 업무위탁계약에 근거하지 않은 채 자신의 업무 편의와 효율성을 위하여 일방적으로 규정한 것에 불과하므로 진료실시 의료기관이나 보험회사 등에게는 구속력이 없다.....교통사고환자를 진료한 의료기관은 보험회사(공제사업자를 포함한다. 이하 '보험회사 등'이라 한다)가 자동차손해배상 보장법(이하 '자동차손배법'이라 한다) 제12조 제1항에 따라 자동차보험진료수가의 지급의사와 지급한도를 통지한 경우에 보험회사 등에 대하여 자동차손배법 제15조에 따라 국토교통부장관이 정하여 고시한 기준에 따라 산정된 자동차보험진료수가를 청구할 권리를 취득하며, 건강보험심사평가원에 자동차보험진료수가를 청구한 이상

자동차손배법이 정한 자동차보험진료수가 청구권의 행사방법을 준수한 것으로 보아야 한다. 건강보험심사평가원은 보험회사 등과의 업무위탁계약에 의하여 위탁받은 자동차보험진료수가 심사업무를 수행하는 것이다. 업무위탁계약 자체에서 진료실시 의료기관의 자동차보험진료수가 청구를 제한하지 않았으므로, 보험회사 등이 진료실시 의료기관에 대하여 자동차손배법 제12조 제1항에 따라 자동차보험진료수가의 지급의사와 지급한도를 통지한 경우에는 건강보험심사평가원은 진료실시 의료기관의 자동차보험진료수가 청구가 자동차손배법 제15조 제1항에 따른 자동차보험진료수가에 관한 기준에 적합한지를 심사할 의무가 있다..... 그런데도 건강보험심사평가원이 자신의 업무 편의와 효율성을 위하여 일방적으로 만든 내부 규정을 들어 진료실시 의료기관의 자동차보험진료수가 청구에 대한 실체적 심사를 거부하는 경우에는, 보험회사 등이 건강보험심사평가원에 업무위탁계약의 이행을 촉구하는 등의 조치를 취할 필요가 있다. 그러나 보험회사 등이 그러한 조치를 취하지 않는 경우에는, 진료실시 의료기관으로서는 직접 보험회사 등에 자동차보험진료수가의 지급을 청구할 수 있다고 보아야 한다. 이와 같은 직접 청구를 허용하지 않을 경우 진료실시 의료기관이 이미 취득한 자동차보험진료수가 청구권을 행사할 다른 유효·적절한 방법을 찾기 어렵기 때문이다.

IV. 쟁점

교통사고로 진료를 의뢰한 의료기관과 그 의뢰를 받아 진료를 실시한 의료기관 사이에서 누가 보험회사에게 보험금을 청구해야 하는가의 문제이다. 특히 국토교통부고시(진료수가 심사업무처리에 관한 규정)가 진료실시 의료기관이 아니라 진료의뢰 의료기관이 건강심사평가원에 직접 진료수가를 청구해야 한다고 규정한 것이 유효한가의 문제이다.

V. 해설

이행의 소에서 당사자적격은 소송물인 이행청구권이 자신에게 있음을 주장하는 자에게 있는 것이고, 실제로 이행청구권이 존재하는지 여부는 본안심리를 거쳐서 판명되어야 할 사항이다.

진료수가 이행청구와 관련하여 당사자적격을 제한하는 법령은 존재하지 아니한다(자배법의 규정에도 불구하고). 원고들이 피고들에 대하여 직접 진료수가를 청구할 수 있는지의 여부는 이행청구권의 존재 여부의 문제일 뿐이다. 자동차손배법은 건강보험심사평가원의 심사결과에 이의가 있는 때에는 이의제기 결과를 통보받은 날로부터 30일 이내에 진료수가분쟁심의회에 그 심사를 청구할 수 있고, 이 기간 내에 심사를 청구하지 아니하면 그 기간이 끝나는 날에 의료기관이 지급 청구한 내용 또는 심사결과에 합의한 것으로 본다고 정하고(제19조 제1항, 제3항), 위와 같은 심사청구에 대한 위 심의회의 심사결정을 통지받은 당사자가 심의회의 결정 내용을 받아들인 경우에는 그 수락 의사를 표시한 날에, 통지를 받은 날부터 30일 이내에 소(訴)를 제기하지 아니한 경우에는 그 30일이 지난 날의 다음 날에 당사자 간에 결정내용과 같은 내용의 합의가 성립된 것으로 본다고 정하고(제21조 제2항) 있다. 그러나, 위 각 규정은 진료수가의 청구절차나 청구가능범위(합의 유무)에 관한 것, 즉 본안에서 판단될 사항을 정한 것에 불과하다. 당사자 간에 합의가 의제된다고 하더라도 재판상 화해와 같은 효력이 없다. 이는 제소행위 자체를 제한하는 것으로 볼 수 없다. 그러므로 이러한 규정을 근거로 하여 진료실시의료기관이 보험회사에게 직접 청구함을 금지할 수는 없다고 생각된다. 이를 구체적으로 보면 다음과 같다.

자동차손해배상보장법은 보험회사 등은 교통사고환자가 발생한 것을 안 경우 지체 없이 교통사고환자를 진료하는 의료기관에 해당 진료에 따른 진료수가의 지급의사 유무와 지급한도를 알려야 하고(제12조 제1항), 보험회사 등으로부터 진료수가 지급 의사와 지급 한도를 통지받은 의료기관은 그 보험회사 등에게 국토교통부장관의 고시 기준에 따라 진료수가를 청구할 수 있다고 정하고 있다(제12조 제2항). 이는 교통사고환자의 보험사에 대한 직접 청구권을 근거로 하여 의료기관에게 인정된 법정 권리이다. 법률에 명시적인 근거가 없는 한 이와 같은 권리를 제한하는 것은 허용되지 않는다.

의료기관이 보험회사 등에 진료수가의 지급을 청구하면, 보험회사 등은 그 청구내용이 진료수가기준에 적합한지 여부를 심사하여 지급하는 것이 원칙이다. 다만 보험회사 등은 건강보험심사평가원에 심사업무를 위탁할 수 있다.[1] 그 경우 건강보험심사평가원은 보험회사 등과의 계약에 따라 보험회사 등을 대신하여 진료수가 심사업무를 수행할 뿐이다. 건강보험심사평가원이 심사 자체를 거부하는 경우에는 보험회사 등

---

[1] 2011년 자배법 개정으로 2013년 7월부터 보험회사가 건강보험심사평가원에 심사기능을 위탁하게 한 것(동법 제12조의 2) 자체에 관한 부정적인 견해로는 정정일, "자동차보험진료수가 심사위탁에 관한 소고", 원광법학 제29권 제2호, 2013, 20면 이하 참조. 그러나, 자동차 사고로 인한 피해와 진료에 대해 전문석인 능력과 경험을 시닌 건강보험심사평가원이 위탁을 받아 심사를 하게 한 것에 대해서는 긍정적으로 봐야 할 것으로 본다; 김대환·오영수, "건강보험심사평가원을 활용한 실손의료보험의 보험금 관리방안", 리스크관리연구 제27권 1호, 2016.3, 123면 이하에서는 이러한 위임(위탁) 제도를 긍정적으로 보고 있다. 즉, 국내 자동차보험과 택시 공제 등 자동차사고로 인해 운전자가 병원에 가는 경우 전문성이 부족한 보험회사가 심사를 하는 문제를 극복하고, 보험회사나 공제조합에 따라 보험금(합의금)이 달라지는 불합리함을 보완하는 제도로 이해한다.

으로부터 위탁받은 심사업무를 수행하지 않는 것이어서 그 실질이 심사업무위탁이 없는 경우와 다르지 않다. 이는 보험회사 등이 진료수가 지급과 관련하여 자신의 채무를 이행하지 않은 것과 같은 결과이다. 그로 인한 불이익을 보험회사 등의 부담으로 함이 합리적이다.

의료기관이 건강보험심사평가원의 심사결정에 불복하는 경우 진료수가분쟁심의회에 심사청구를 할 수 있고(제19조 제1항), 그 심의회의 심사결정을 통지받은 때에는 보험회사 등을 상대로 진료비 지급을 구하는 등 심사결정의 내용과 양립할 수 없는 취지의 소를 제기함으로써 심사결정에 불복할 수 있다(제21조 제2항). 그러나, 이러한 규정의 문언과 취지로 보아 그와 같은 소가 제기되면 심사결정은 아무런 법적 구속력이 없다.[2] 건강보험심사평가원의 심사는 의료기관의 보험회사 등에 대한 진료수가 청구권의 발생요건이라기보다는 진료수가 지급 절차의 일부로 봄이 타당하고, 그 성질상 채무자인 보험회사 등의 의무영역에 속한다.

자동차손배법은 보험회사 등이 진료수가의 심사·조정 업무 등을 전문심사기관에 위탁한 경우 진료수가의 청구, 심사, 이의제기 등의 방법 및 절차 등은 국토교통부령으로 정한다고 한다(제12조의2 제4항). 그에 따라 자동차손배법 시행규칙 제6조의2 제1항은 보험회사가 건강보험심사평가원에 심사업무를 위탁한 경우 의료기관은 건강보험심사평가원에 진료수가를 청구하여야 한다고 정하고 있다. 이는 보험회사와 건강보험심사평가원의 심사·조정 업무 위탁계약을 전제로 그 위탁계약의 실효성을 확보하여 의료기관과 보험회사 사이에 발생할 수 있는 분쟁을 최소화하기 위한 것이다. 그리하여 의료기관의 보험회사에 대한 진료수

---
[2] 대법원 2008. 10. 23. 선고 2008다41574, 41581 판결 참조.

가 청구권에 본질적인 영향을 미친다고 볼 수 없다. 다만 의료기관이 보험회사로부터 진료수가를 지급받기 위해서는 먼저 건강보험심사평가원에 청구하여야 하는 제한을 받을 뿐이다. 달리 자동차손배법령에 의료기관이 진료수가를 지급받기 위하여 이행하여야 할 요건이 정해져 있지 아니하다. 의료기관으로서는 보험회사 등으로부터 진료수가 지급의사를 통지받고 교통사고환자를 진료한 다음 건강보험심사평가원에 대하여 진료수가 청구를 한 이상 보험회사로부터 진료수가를 지급받기 위한 법정 요건은 모두 갖추었다고 봐야 한다.

법률의 근거 없이 국민의 권리를 제한하거나 의무를 부과하는 것은 허용되지 않는다. 국토교통부고시(진료수가 심사업무처리에 관한 규정)가 제20조 제1항, 제2항에서 진료수가를 청구하는 서면서식과 전자문서 작성요령에 관하여 규정하고, 제8항에서 제1항 및 제2항에 따른 요령에서 정하지 않은 세부작성요령은 건강보험심사평가원장이 정할 수 있도록 규정하고 있을 뿐이다. 그런데 이를 기화로 건강보험심사평가원장이 청구서 작성에 관한 세부요령을 정하는 데에 그치지 아니하고 의료기관의 진료수가 청구권 자체를 배제하는 것은 위임받은 범위를 넘는 것이라고 생각된다. 따라서 이 사건 공고는 법률의 근거 없이 해당 의료기관의 권리를 제한하는 것으로 무효라고 본다.

건강보험심사평가원이 의료기관의 청구에 따른 심사를 거부한 경우에도 의료기관(진료의뢰 의료기관과 실시 의료기관 등)이 보험회사 등에 대하여 직접 진료수가의 지급을 구할 수 없다고 해석하게 되면, 건강보험심사평가원의 심사를 강제할 방법이 없는 의료기관으로서는 부당히 그 권리를 보호받지 못하는 결과가 된다. 그와 같은 경우에는 해당 의료기관이 직접 보험회사 등을 상대로 진료수가의 지급을 청구할 수 있다고 해야 한다. 다른 의료기관으로부터 진료위탁을 받아 진료를 한 의료기관이라고 하여 달리 취급할 근거가 없다.

진료수가 청구권은 교통사고환자를 진료한 의료기관의 보험회사 등에 대한 권리로서 자동차손해배상보장법에서 인정된 것이다. 이 공고 (국토교통부고시: 진료수가 심사업무처리에 관한 규정)에 따르면 입원환자 진료의뢰 의료기관이 자신이 실시하지 않은 진료에 대한 진료수가를 보험회사 등으로부터 지급받게 되고, 진료실시 의료기관은 자신이 실시한 진료에 대한 진료수가를 보험회사 등으로부터 지급받지 못하게 된다. 이 사건 공고는 법률의 근거 없이 진료실시 의료기관의 진료수가 청구권을 박탈하는 것이 되어 허용되지 아니한다(진료의뢰 의료기관이 보험회사 등으로부터 진료수가를 지급받아 진료실시 의료기관에게 전달하는 것은 두 의료기관의 계약에 따른 사후정산에 불과하다).

의료기관이 다른 의료기관으로부터 진료위탁을 받아 진료를 하였다는 사정만으로 직접 건강보험심사평가원에 진료수가 지급청구를 할 수 없고, 보험회사 등을 상대로도 진료수가의 지급도 구할 수 없다면, 진료위탁 의료기관이 진료위탁 외에 진료수가 청구 및 수령 대행에 대하여는 아무런 약정이 없음을 이유로 진료실시 의료기관의 진료 부분에 대한 진료수가 지급청구를 거부하는 경우 진료실시 의료기관으로서는 그 진료비용을 지급받지 못하는 부당한 처지에 놓이게 된다. 이러한 결과는 심히 부당하다고 본다.

결론적으로 진료를 실시한 의료기관에서 보험회사에 직접 보험금을 청구함을 제약하는 건강심사평가원 공고규정을 무효로 본 원심과 상고심의 판단이 옳다고 본다.

10. 보험약관의 설명의무
(대법원 2020. 10. 29. 선고 2019다267020 판결)

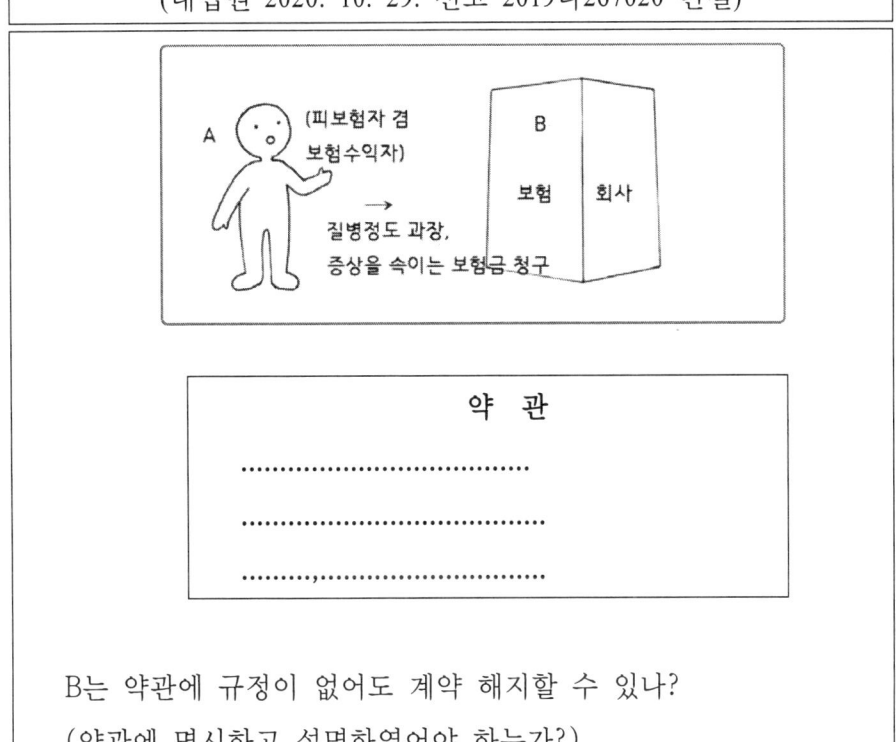

Ⅰ. 사실관계

원고 A는 2015. 11. 14. 피고 B보험회사와, 피보험자, 후유장해보험금 수익자 및 사망보험금 수익자를 각 원고 A로 하고, 상해·사망 또는 후유장애 발생 시 정액 보험금 지급을 기본계약으로, 상해 또는 질병으로 인한 입원·통원 의료비, 입원 일당 등을 보장하는 것을 선택계약으로 하여 이 사건 보험계약을 체결하였다. 원고 A는 통원치료가 가능함에도 장기간 입원하는 등의 방법으로 피고 B를 포함하여 8개 보험회사로부터 실제 지급받을 수 있는 보험금보다 다액의 입원 의료비 등 보험금을 지급받아 편취하였다는 범죄사실로 기소되어 유죄판결을 선고받았고 그 판결이 확정되었다. 피고 B보험회사는 원고 A를 상대로 관련 형사사건에서 공소가 제기된 기간 동안 지급한 보험금의 부당 편취를 원인으로 하여 부당이득금의 반환을 구하는 소를 제기해 승소판결을 받았고 그 판결이 확정되었다. 원고 A는 피고 B보험회사에게 이 사건 보험계약 중 질병 입원 의료비 보장 특약 등을 보험금 지급사유로 하여 이 사건 보험금 청구를 하였는데, 관련 형사사건에서 유죄로 인정된 범죄사실 중 이 사건 보험금 청구로 원고가 피고로부터 편취한 금액은 합계 11,045,855원 상당이다. 피고 B보험회사는 2018. 7. 27. 원고 A가 관련 형사사건에서 유죄판결을 받았음을 이유로, 이 사건 보험계약의 보통약관 제14조 제1항 제1호, 제3호, 상법 제653조, 제659조를 근거로 이 사건 보험계약을 해지한다는 이 사건 해지 통지를 하였다. 이 사건 보험계약의 보통약관 제14조(보상하지 아니하는 손해) 제1항은 피보험자나 계약자의 고의를 원인으로 하여 생긴 손해는 보상하지 아니한다고 규정하고, 제2항은 이러한 사유가 발생한 때에는 계약을 해지할 수 있다고 규정한다. 이 사건 특약에 관한 특별약관 제2조(보상하지 않는 손해) 제1항과 제2항은 보통약관 제2조와 내용이 동일하다. 이에 대해 원고 A는 질병의 정도를 과장하거나 증상을 속이는 방법으로 입원치료를 받은 것은 이 보험의 보통약관이나 특별약관상 해지사유로는 될 수 없고 만약 어떤 사유로든 해지사유가 된다고 하더라도 그 사유를 보험계약자인 A에게 설명했어야 하는데 보험회사 B가 이를 이행하지 않아서 설명의무를 위반한 것이라고 주장하였다.

Ⅱ. 대법원 판결

보험계약은 장기간의 보험기간 동안 존속하는 계속적 계약일 뿐만 아니라, 도덕적 위험의 우려가 있어 당사자의 윤리성과 선의성이 강하게 요구되는 특성이 있으므로 당사자 사이에 강한 신뢰관계가 있어야 한다. 따라서 보험계약의 존속 중에 당사자 일방의 부당한 행위 등으로 인하여 계약의 기초가 되는 신뢰관계가 파괴되어 계약의 존속을 기대할 수 없는 중대한 사유가 있는 때에는 상대방은 그 계약을 해지함으로써 장래에 향하여 그 효력을 소멸시킬 수 있다…보험계약자 측이 입원치료를 지급사유로 보험금을 청구하거나 이를 지급받았으나 그 입원치료의 전부 또는 일부가 필요하지 않은 것으로 밝혀진 경우, 입원치료를 받게 된 경위, 보험금을 부정 취득할 목적으로 입원치료의 필요성이 없음을 알면서도 입원을 하였는지 여부, 입원치료의 필요성이 없는 입원 일수나 그에 대한 보험금 액수, 보험금 청구나 수령 횟수, 보험계약자 측이 가입한 다른 보험계약과 관련된 사정, 서류의 조작 여부 등 여러 사정을 종합적으로 고려하여 보험계약자 측의 부당한 보험금 청구나 보험금 수령으로 인하여 보험계약의 기초가 되는 신뢰관계가 파괴되어 보험계약의 존속을 기대할 수 없는 중대한 사유가 있다고 인정된다면 보험자는 보험계약을 해지할 수 있고, 위 계약은 장래에 대하여 그 효력을 잃는다.…한편 이러한 해지권은 신의성실의 원칙을 정한 민법 제2조에 근거한 것으로서 보험계약 관계에 당연히 전제된 것이므로, 보험계약자에게 사전에 설명할 의무가 있다거나 보험자가 이러한 해지권을 행사하는 것이 상법 제663조나 약관의 규제에 관한 법률 제9조 제2호를 위반한 것이라고 볼 수 없다. 보험자가 보험금 지급에 관한 심사를 하는 단계에서 지급요건을 충족하지 못한 것을 밝히지 못하고 보험금을 지급했다는 이유만으로, 보험자가 이러한 해지권을 행사하는 것이 보험계약상 신의성실의 원칙 위반이라고 볼 수도 없다. 다만 이러한 해지권은 보험약관에 명시되어 있지 않고 또 구체적 사안에서 해지사유가 있는지 여부가 명확하지 않은 면이 있을 뿐만 아니라, 보험자가 부당한 보험금 청구를 거절하거나 기지급 보험금을 반환받는 것을 넘어서 보험계약 자체를 해지하는 것은 자칫 보험계약자 측에 과도한 불이익이 될 수 있다는 점을 고려할 때, 구체적 사안에서 보험자가 이와 같은 해지권을 행사할 수 있는지는 신중하고 엄격하게 판단하여야 한다....보험계약은 당사자의 윤리성과 선의성이 강하게 요구되는 특성으로 인하여 당사자 사이에 강한 신뢰관계를 요구한다. 따라서 보험계약이 당사자 일방의 부당한 행위로 계약의 기초가 되는 신뢰관계가 파괴되어 상대방이 그 계약을 해지하는 경우, 신뢰관계를 파괴하는 당사자의 부당한 행위가 해당 보험계약의 주계약이 아닌 특약에 관한 것이라 하더라도 그 행위가 중대하여 이로 인해 보험계약 전체가 영향을 받고 계약 자체를 유지할 것을 기대할 수 없다면, 특별한 사정이 없는 한 해지의 효력은 해당 보험계약 전부에 미친다고 보아야 한다.

III. 쟁점

이 보험계약에서 보통약관 제14조(보상하지 아니하는 손해) 제1항은 피보험자나 계약자의 고의를 원인으로 하여 생긴 손해는 보상하지 아니한다고 규정하고, 제2항은 이러한 사유가 발생한 때에는 계약을 해지할 수 있다고 규정한다. 이 사건 특약에 관한 특별약관 제2조(보상하지 않는 손해) 제1항과 제2항은 보통약관 제2조와 내용이 동일하다. 질병의 정도를 과장하거나 증상을 속이는 방법으로 입원치료를 받은 것은 이 보험의 보통약관이나 특별약관상 해지사유로는 될 수 있는지가 해지의 적법성 요건으로 논의되고, 또 나아가 어떤 사유로 해지사유가 된다면 그 설명의무를 이행한 것인지가 문제로 되었다.

Ⅳ. 해설

1. 사기적 보험금청구는 보험금 지급의 면책사유

우리 사회 공동체에서 보험사기는 반드시 억제·추방되어야 한다. 보험사기를 억제하는 방법으로 보험사기를 조기에 발견하고 처벌하는 것이 제안되지만,[1] 가장 좋은 방법은 효과적인 제재의 법규를 두는 것이다.[2]

보험사기에 악용되는 방화나 살인처럼 독립한 처벌법규가 있어서 별도로 처벌할 수 있는 경우도 있지만 그 외의 경우에는 사기죄의 예비나 음모 처벌규정이 없어서 제재할 방법이 없다. 이러한 단점을 보완하지 않는다면 보험사기의 많은 사례가 기존 사기죄의 구성요건에 해당하지 않는다는 이유로 不罰 영역에 남게 된다. 병의원에서 경미한 상해의 환자가 퇴원을 거부하는 경우 강제적으로 퇴원시키는 것은 사실상 많은 어려움이 있다고 한다.[3] 무엇보다 사기죄 이외에 보험사기의 죄책을 묻는다면 적어도 이러한 문제는 쉽게 해결할 수 있고 보험사기의 유혹과 잘못된 인식을 억제할 수 있을 것이다.

---

[1] 보험사기를 억제하기 위해서는 보험사기를 하는 사람의 협상력을 낮추기 위해 사기피해자의 처벌 강도를 낮추어야 한다는 특이한 분석으로는 양채열, "보험사기범죄에 대한 분석: 고의 교통사고 유도 -합의금 요구 사건을 중심으로-", 재무관리연구 제23권 제1호, 2006.6, 238면.
[2] 로이드보험은 개인 보험자의 연합체(syndicate)가 모여 보험자단체를 구성한다. 이러한 경우 보험사기에 어떻게 대처할 것인가? 계약이나 약관에 의하기보다는 통일적인 법규가 존재한다면 매우 편리하게 되는 대표적인 예이다.
[3] 이에 관한 논평과 대응방안에 대해서는 신의기, "교통사고환자의 장기입원과 사기행위", 형사정책연구 제77호, 2009 봄호, 536-537면.

보험사기의 다양한 태양과 그를 처벌하는 데 대한 거부감은 행위태양에 대한 처벌방식, 정도를 달리함으로써 해소할 수 있을 것으로 보인다. 독일의 경우에도 사기죄와는 별도로 보험사기죄(형법 제263조)를 두었다가 보험남용죄(형법 제265조)로 죄명을 바꾸어 처벌범위를 넓혔다. 즉 독일형법 제265조는 (1) 침몰, 손괴, 효용침해, 분실 또는 도난에 대비하여 보험에 든 물건을 자신 또는 제3자에게 보험의 급부를 취득케 할 목적으로 손괴, 파괴, 효용침해, 제거 또는 제3자에게 교부한 자는, 제263조에 의하여 그 행위가 처벌되지 않는 경우, 3년 이하의 자유형 또는 벌금형으로 처벌한다. (2) 미수는 처벌한다'고 하고 있어서 우리 형법상 사기죄의 실행 착수 이전의 행위(예비: 우리 형법상 사기죄의 예비 음모는 처벌하지 않음)도 처벌하도록 함에 주목할 필요가 있다. 생각건대, 보험사기의 구조상 이를 효과적으로 제어하는 것은 쉽지 않다. 수 백 종류나 되는 보험의 유형상 수 백, 수 천가지의 보험사기가 존재할 수 있고 금액의 거액으로 인해 폭력화·조직화되고 있기 때문이다. 그러나, 무엇보다 행위자 스스로나 피해자, 심지어 학자, 국회의원마저 어떤 연유에서인지 반(反)기업정서로 인해 보험사기를 강력히 제어함에 반대하는 경우마저 관찰되기 때문이다.

우리 나라에서도 이미 십 수 년 전부터 보험사기 내지 보험범죄가 보험금의 허위·과다 청구, 교통사고시 병의원의 과잉진료 정도에 그치지 않고 自殺, 自傷行爲, 고의적 교통사고 유발, 방화, 살인, 상해로 발전하였음을 심각히 받아들여야만 한다.[4]

보험감독법적 측면에서는 보험사기 억제를 위하여 보험업법에 관련

---

[4] 그 당시 초기 연구로는 조해균, "범 국가적 차원의 보험사기 대처방안에 관한 연구", 경제연구 제22권 제2호, 한양대 경제연구소, 2001.11, 46면.

규정을 둘 수도 있다. 이에 관련된 규정이 있기는 하지만 충분하지 않다. 현재 보험업법은 2개의 조문을 2010. 7월의 개정시 추가한 바 있다.5) 그러나, 보험업법 제102조의 2에 보험사기를 금지하는 규정에도 불구, 그 위반의 경우 보험계약의 무효여부, 보험금 지급의 금지여부, 지급된 보험금의 반환여부에 대해 아무런 구체화 규정이 없어서 보험사기를 억제하는 실효성이 없다. 제102조의 3 위반의 경우에도 행위자의 업무정지나 등록취소 규정만 존재할 뿐이다.6)

보험사기 행위에 대한 민사법적, 금적적 불이익을 효과적으로 부여할 수 있는 방안은 보험계약법에 의한 계약의 무효, 보험금의 부지급이다. 이에 관해서 보험법학계의 수 년간에 걸친 노력과 법무부 보험법 개정 자문위원회의 입법노력이 있어왔고 2013년 2월 5일 그로 인한 개정안이 국회에 제출된 바 있다. 그 내용은 특히 3개의 사항으로 요약되고 상법 제655조의 2, 657조의 2, 638조의 3개 조문으로 입안된 바

---

5) 보험업법 제102조의2(보험계약자 등의 의무) 보험계약자, 피보험자, 보험금을 취득할 자, 그 밖에 보험계약에 관하여 이해관계가 있는 자는 보험사기행위를 하여서는 아니된다.
   보험업법 제102조의3(보험 관계 업무 종사자의 의무)
   보험회사의 임직원, 보험설계사, 보험대리점, 보험중개사, 손해사정사, 그 밖에 보험 관계 업무에 종사하는 자는 다음 각 호의 어느 하나에 해당하는 행위를 하여서는 아니된다.
 1. 보험계약자, 피보험자, 보험금을 취득할 자, 그 밖에 보험계약에 관하여 이해가 있는 자로 하여금 고의로 보험사고를 발생시키거나 발생하지 아니한 보험사고를 발생한 것처럼 조작하여 보험금을 수령하도록 하는 행위
 2. 보험계약자, 피보험자, 보험금을 취득할 자, 그 밖에 보험계약에 관하여 이해가 있는 자로 하여금 이미 발생한 보험사고의 원인, 시기 또는 내용 등을 조작하거나 피해의 정도를 과장하여 보험금을 수령하도록 하는 행위
6) 보험사기금지를 위반한 보험설계사, 보험중개사, 보험대리점의 업무를 일정기간(6개월 이내) 정지하거나 그 등록을 취소하도록 하는 내용일 뿐이고(개정 보험업법 제86조 제2항, 제88조 제2항, 제90조 제2항), 정작 보험사기 주도행위를 한 보험계약자, 피보험자, 보험수익자, 공모자 등에 대한 제재규정은 존재하지 않는다.

있다.7) 그러나, 이는 국회 법안심사소위원회에서 본회의에 부의되지 않고 사기적 계약의 무효화, 사기성 보험금청구에 대한 보험회사의 면책조항,8) 최대선의의 조항9)을 제거한 안을 새로 만들어 법사위에 부의하여 보험사기에 관한 내용은 전혀 받아들여지지 않게 되고 말았다. 보험금을 과다하게 청구한 경우, 軟性詐欺라고 하여 다른 보험사기인 硬性詐欺와 구분하고 그 제재에 대해 보험금을 전혀 지급하지 않는 것은 지나친 제재라는 주장도 법안통과를 저해한 원인이었다. 그러나, 일부 학자의 견해에도 불구, 보험금 과다 청구에 대한 엄격한 제재를 하지 않

---

7) 상법 제655조의 2(사기에 의한 계약) ① 보험계약의 당사자 또는 피보험자의 詐欺로 인하여 체결된 보험계약은 무효로 한다. ② 제1항의 경우에 보험자는 그 사실을 안 때까지의 보험료를 청구할 수 있다. 다만, 인보험에서 보험수익자를 위하여 적립한 금액은 보험계약자에게 지급하여야 한다.
  제657조의 2(사기에 의한 보험금청구) ① 보험계약자, 피보험자, 보험수익자 또는 보험금청구권을 가지는 제3자가 보험금을 청구한 경우에 사기의 목적으로 다음 각 호의 어느 하나에 해당하는 행위를 하여 보험금의 지급 여부 또는 그 산정에 중대한 영향을 미친 때에는 보험자는 그 사실을 안 날로부터 1개월 이내에 보험금청구권이 상실된다는 뜻을 통지하여 보험금의 지급책임을 면할 수 있다.
1. 손해의 통지 또는 보험금 청구에 관한 서면이나 증거를 위조하거나 변조하는 행위
2. 손해통지 또는 보험금 청구에 관한 서면에 거짓된 사실을 기재하는 행위
3. 그 밖에 보험금의 지급여부 또는 그 산정에 중대한 영향을 미치는 사항을 거짓으로 알리거나 숨기는 행위
② 제1항의 경우 보험자가 이미 보험금을 지급한 경우에는 그 반환을 청구할 수 있다.
제638조(보험계약의 의의 및 최대선의의 원칙)
 ① (생략)
 ② 보험계약의 당사자는 보험계약의 체결, 권리의 행사 및 의무의 이행을 최대선의의 원칙에 따라 하여야 한다.
8) 보험사기에 의한 면책은 보험사기에 대한 가장 강력한 견제방안이다. 이를 강행규정으로 할지 임의규정으로 할지에 대한 소개로는 村田敏一, "生命保險契約における保險者の免責事由", 保險法改正の論点, 法律文化社, 2009, 341-342頁. 보험계약자나 피보험자의 고의살인이나 피보험자의 자살에 대해 면책을 하는 것은 당연한데 그 구체적인 면책방식에 대해 여러 입법론이 있었던 정도로 이해된다.
9) 일본의 보험법상 신의칙 규정을 두는 논의에 대해서는 萩本 修, 保險法, 商事法務, 2009, 37頁. 생각건대, 신의칙(최대선의의 의무)의 보험법 규정을 두는 것은 각국의 보험발달 정도와 양태에 따라 달리해야 할 것으로 본다.

으면 이를 제어할 방법이 없다는 점이 주지되어야 한다.10)

보험사기를 억제하는 私法上 立法을 저지하는 주된 이유 중 하나는 보험금 과장청구의 경우를 보험사기로 보게되면 피보험자·보험수익자가 보험금을 전혀 수령하지 못하게 되어 지나치지 않은가라는 意識이다. 그러나, 사기보험에 대한 경각심을 일으키고 근절하기 위해서는 사기행위에는 반드시 제재와 불이익이 따른다는 것을 보여주지 않으면 안된다. 보험금 과장청구의 경우 형사 판례는 청구된 보험금 전액에 대한 사기죄를 인정하고 있다. 즉, 보험사고에 해당할 수 있는 사고로 인하여 경미한 상해를 입었다고 하더라도 이를 기화로 보험금을 편취할 의사로 그 상해를 과장하여 병원에 장기간 입원하고 이를 이유로 실제 피해에 비해 과다한 보험금을 지급받는 경우 사기죄가 성립한다는 전제에서 그 죄책의 범위를 보험금 전액이라고 본다.11) 보험계약법상 사기보험의 경우 사법상 보험금지급의무의 면책도 그와 같이 이해해야 할 것이다.

독일의 경우 보험계약법(VVG)에서 제74조 제2항(사기로 인한 초과보험의 무효), 제78조 제3항(사기로 인한 중복보험의 무효), 제81조(고의의 보험사고시 보험자의 면책), 제137조(고의의 보험사고시 보험자의 면책), 162조(보험급부 권리자에 의한 살해시 보험자의 면책과 보험수익자지정 무효), 제183조(고의의 보험사고시 보험자의 면책)에서 보험사기에 관해 정하고 있다.12) 프랑스의 경우에도 보험사기에 관해

---

10) 같은 의견으로 양기진, "보험사기 방지를 위한 보험계약법 개정방향", 부산대 법학연구 제55권 제3호, 2014.8, 11면.
11) 대법원 2007.5.11, 2007도2134.; 대법원 2005.9.9, 2005도3518 등.
12) 2008년 독일보험계약법 개정 이후의 보험계약자의 정보진실의무에 대해서는 W. Rüffner 외, VVG, Nomos, 2009, SS. 134-135; 독일에서 부수의무(Obliegenheit) 중 계

여러 방면에서 규제를 하고 있다.13) 미국의 경우 보험사기를 重罪(felony)로 보아 별도의 보험사기방지법 등이 제정되어 있고14) 여러

약상 부수의무까지 인정하는 것(Looschelders/Paffenholz, Versicherungsvertragsrecht, Kohlhammer, 2011, SS. 73-74)은 보험대상에 대한 일방 당사자의 無知를 보충 보완하려는 노력으로 생각된다. 그런데 이러한 계약상 통지의무, 정보의무를 무한정 약관상으로 허용할 수는 없고 법률에서 규정하는 것이 옳은데 특히 보험사기에 관한 관련규정은 그 필요가 더욱 절실하다고 생각된다; K.S.Abraham, Insurance law and regulation, Foundation, 2005, p. 17은 보험계약 당사자의 영미법상 진실의무 위반 여부를 객관적인 중요성(materiality)과 주관적인 의존성(reliance)의 두 요소로 본다.

13) 프랑스 보험법 L.121-3조는 "보험계약이 보험목적물의 가치보다 높은 금액으로 동의된(consenti) 때에, 당사자 중 일방의 사기 또는 기망이 있는 때에는, 타방 당사자는 그 무효를 요구하는 외에 손해배상을 청구할 수 있다"고 하고 제L.132-7조는 "사망보험은 피보험자가 계약의 첫해 중에 고의적으로 자살한 경우에는 무효"라고 하고 있다. 그리고, 제L.132-24조(보험수익자에 의한 피보험자의 살해)는 '보험계약은 피보험자 또는 보험계약자를 고의적으로 살해했다는 이유로 판결을 받은 보험수익자에 대한 관계에서 효력을 잃게 된다. .... 보험수익자가 피보험자를 살해하려 한 경우에는, 수익자가 이미 그를 수익자로 한 지정을 승낙했더라도 보험계약자는 보험수익 부여를 철회할 권리가 있다'고 하고, 제L.172-5조(체결 전에 알고 있었던 경우)는 '만약 보험계약 체결 전에, 피보험자가 보험사고 발생사실을 알고 있었거나 보험자(l'assureur)가 보험목적의 도착사실을 알고 있었음이 증명된 경우, 좋은 소식 또는 나쁜 소식에 관한 보험(l'assurance sur bonnes ou mauvaises nouvelles)은 이를 무효(nulle)로 한다'고 하였다. 그리고, 제L.172-6조(사기로 인한 초과보험)는 '보험자(l'assureur)가 피보험자 또는 그의 대리인측의 사기(fraude)를 입증한 경우, 보험목적의 시가를 초과한 금액으로 체결된 보험계약은 무효이며, 해당 보험료(prime)는 보험자에게 귀속한다. 보험가액이 협정가액인 경우에도 또한 같다'고 한다. 제L.172-8조(사기적 중복초과보험)는 '보험금의 합계가 보험목적의 가액을 초과하는 중복보험(les assurances cumulatives)이 사기적 의도(une intention de fraude)로 체결된 경우, 그 전부를 무효로 한다'고 하며. 제L.173-22조(예정보험)는 '통보에 의해 내용이 정해지는 보험의 피보험자가, 데크레 소정의 의무를 준수하지 않은 경우, 계약은 보험자의 요청에 따라 즉시 해지될 수 있으며, 보험자는 또한 무통보 선적화물에 상응하는 보험료(primes)를 청구할 수 있다. 피보험자가 악의(de mauvaise foi)인 경우, 피보험자의 최초의 고의적 통보 누락(omission intentionnelle) 이후의 선적화물에 관한 보험사고에 관하여 보험자는 지급한 보험금의 반환을 청구할 수 있다'고 규정하였다.

14) Current anti-fraud legislation, Model Insurance Fraud Act, Model Fraud Bureau Act, Model Act ― Automobile Pre-Insurance Inspection, Model Anti-Runners Bill 등; 미국에서의 보험규율에 관한 연방과 각주의 관할 문제에 대한 태도변화에 대해서는 Peter M. Lencsis, Insurance regulation in the United States, Quorum, 1997, p. 2-3. 보험

공적·사적 기구가 보험사기 방지를 위해 조직되어 있다.15) 일본은 보험사기에 관해 상대적으로 간단한 규정을 두고 있다.16) 이는 보험사기에 관해 일본 사회가 관대하다고 하기보다 보험사기의 빈도, 정도를 반영한 것이라고 본다.

보험사기를 근절하기 위해 입법적 노력을 다해야 하지만 다른 한편 앞에서 지적한 바와 같이 보험사기의 동기를 추적한 결과 발견된 우리 사회의 윤리 도덕 문제로 접근하는 것도 대단히 중요하다. 국민들에 대해 널리 교육하고 홍보하는 노력을 게을리해서는 안된다. 보험은 신뢰로 이루어지는데 사기가 개입되면 그 신뢰가 무너지므로 사회적 신뢰의 재정립 과제로 접근해야 한다. 제도적인 처벌법규의 구축도 이러한 윤리, 신뢰 회복의 노력 없이는 실효성을 거둘 수 없고 처벌법규의 신설에 대한 거부, 반대논리를 압도하여 설득할 수 없게 된다. 한 사회에서 효과적인 제도가 정착하려면 주권자인 국민의 공감을 이끌어내야 한다. 법과 약관 등 제도는 한 사회의 인식 수준을 넘을 수 없기 때문이다. 또 한편 보험사기에 대한 효과적인 억제 중 하나가 사기행위자의 움직임을 민감하게 발견하는 정보의 공유와 조사·수사의 공조인데 이는 사회적 공감 없이는 불가능하다. 왜냐하면 한 제도의 신설은 다른 법익과

도 상행위(commerce)로 본다면 보험사기에 관한 입법에도 연방이 관여할 수 있다는 결론이 된다.
15) 예컨대, 여방수사국, 경찰, 각 州의 보험사기국, 자동차도난대책위원회, 전미 보험범죄방지국, 보험사기 대책연맹, 전미 보험범죄연수원, 전미 의료사기대책협회 등이다. 미국의 보험범죄 분석프로그램에 대한 상세한 설명으로는 櫻井大二 外, "諸外國における防犯·防災對策の實態-保險犯罪を中心として-", 財團法人 損害保險事業總合研究所研究部, 2005 참조; 뉴욕주 보험법 제401조 (d)도 보험사기의 방화에 기인하는 손해는 보험료의 인상으로 바로 연결됨을 주의적으로 규정하고 있다.
16) 제17조(보험자의 면책) 보험자는 보험계약자 또는 피보험자의 고의나 중과실에 의해 생긴 손해를 보상할 책임을 지지 않는다. 전쟁 기타의 변란에 의해 생긴 손해에 대해서도 같다.

의 충돌을 불가피하게 불러일으키기 때문이다.17)

앞에서 본 것처럼 보험사기의 심각성을 인지하면서도 그를 위한 형사적, 감독적, 민사적 제재방안은 현재 매우 미흡하다. 단지 보험회사가 보험사기로 인한 피해액을 보험료 인상에 반영한다는 미봉책에 머무르는 한 보험사기는 근절될 수 없다. 그리고 무엇보다도 보험사기에 무관심하거나 관대한 사회적 시각이 보험사기의 주요한 원인으로 자리함을 간과할 수 없다. 이러한 사회심리적 풍토가 적극적인 법제마련을 저해하는 것으로 보인다. 보험사기의 의심이 있는 경우에도 적극적인 조사를 하지 못하고 정보를 공유하지 못하는 미봉책에 머무르고 마는 이유 중 하나는 개인의 정보보호 정도를 넘어서 반(反)기업정서가 자리하기 때문임을 부인할 수 없다. 사회의 기반을 파괴하는 범죄에 대처해야 하는 법적, 윤리도덕적 과제를 놓고 반(反)기업정서가 그를 방해하는 장애물로 되고 있는 것은 문제라고 생각된다.18) 보험회사도 보험사기에 대해 엄격하게 대처하지 못하고 계약실적에만 집착해서는 안된다.

생각건대, 보험사기를 근절하기 위해서는 계약자의 보험가입시 보험사기의 의심이 있는 경우를 유형화하고 보험회사간 정보를 공유하는 방안이 강구되어야 한다.19) 현재의 보험조사협의회20), 금융감독원의 보

---

17) 보험사기에서는 개인의 정보보호의 법익, 범죄 조사·수사로 인해 제한·침해되는 사생활의 비밀과 자유 등이 필연적으로 존재한다.
18) 한 당사자(A)에 대한 정당한 사회적 비난을 다른 당사자(B)에 대한 비판적 評判(이른바 兩批論)으로 희석한다면 공정타당한 규범정립이 어려울 수 밖에 없다.
19) 또, 보험사기 폐해에 대한 교육과 홍보도 강화해야 한다. 일반적인 공중파 방송·신문 등 대중매체만으로는 부족하고 금융감독원 등 전문기관이 체계적인 홍보 방안을 마련해야 한다.
20) 이는 대학의 교원, 근로복지공단, 국민연금관리공단, 국민건강보험공단, 금융위원회, 금융감독원, 생명보험협회, 손해보험협회 등으로 구성된다.

험사기 인지시스템, 경찰의 범죄정보 관리시스템, 생명보험협회의 보험계약정보 통합시스템만으로는 정보의 공유, 수사기관과의 공조가 충분하지 못하다. 보험사기 행위자의 행동모형 분석 결과 기회주의적 보험사기에 영향을 미치는 변수는 주관적 규범, 태도, 지각된 행동통제라는 연구도 있다.[21] 생각건대, 보험사기 행위가 근절되기 위해서는 보험사기로 인해 얻는 경제적 이득이 없음을 보여야만 한다. 간이하고 편안한 방법으로 보험금을 領得하려는 비뚤어진 동기가 억제되지 않으면 보험사기를 막을 수 없다. 그리하여 여러 입법적 노력과 함께 해석에서도 적극적인 태도가 필요하다. 이 사례에서처럼 사기적 보험금청구에 대해서는 보험금 지급의무는 면책임을 해석론으로 지지해야 하는 이유다. 보험계약의 존속 중에 당사자 일방의 부당한 행위 등으로 인하여 계약의 기초가 되는 신뢰관계가 파괴되어 계약의 존속을 기대할 수 없는 중대한 사유가 있는 때에는 상대방은 그 계약을 해지함으로써 장래에 향하여 그 효력을 소멸시킬 수 있다는 대법원 판단에 동의한다.

2. 보험약관의 설명의무

보험약관의 교부·설명의무란 보험계약을 체결할 때 보험자가 보험계약자에게 보험약관을 교부하고 그 약관의 중요한 내용을 설명해야 할 의무를 말한다(商 제638조의 3). 보험계약이 낙성·불요식 채권계약이지만 수많은 보험계약자를 상대로 약관을 사용하는 현실을 인정하면서 계약체결 전에 이 약관의 교부·설명을 하게 하려는 것이다. 본시 계약 약관에 관한 일반법으로서 약관규제법이 약관의 명시·설명의무에 대해 규정하고 있지만, 상법 보험편에 특별히 보험약관에 관한 규정을 마련한 것이다. 보험계약자가 계약약관의 내용을 교부받지 못하거나 설명받지

---

[21] 이명진/김광용, "보험사기행동모형 개발에 관한 실증적 연구", 한국 IT 서비스학회지 제6권 제2호, 2007.8, 13면.

못한다면 예상하지 못한 손해를 입을 우려가 있기 때문에 그 보호의 필요상 이를 인정한다.22) 보험약관의 설명에는 특별한 방식이 필요하지 않다. 보험자, 보험대리점 또는 보험설계사가 어떤 방식으로든 중요한 내용을 보험계약자가 이해할 수 있도록 설명하면 된다. 모든 약관 내용을 설명할 필요는 없고 '보험약관의 중요한 내용'을 설명하면 된다(상법 제638조의 3 제1항). '중요한 내용'이란 고객의 이해관계에 중대한 영향을 미치는 사항으로서 계약 체결 여부에 영향을 주는 사항이다. 예를 들면, 보험료와 그 지급방법, 보험사고의 내용, 보험금액과 그 지급방법, 보험기간(특히 보험자의 책임개시 기간을 정한 때에는 그 始期), 보험계약의 해지사유 또는 보험자의 면책사항, 보험목적 양도의 효과, 자동차보험이라면 주운전자제도의 내용, 오토바이 운전자의 재해보상제외 등이다. 보험사고의 구체적 내용이나 그 범위는 중요한 내용이 된다.23) 그리고, 담보배제사유, 면책사유와 같이 보험사고시에도 보험금을 지급하지 않는다는 것은 중요사항이 됨이 통상적이다. 업무용자동차 보험계약 체결시 보험자가 유상운송면책 약관에 관한 명시·설명의무를 위반한 경우, 피보험자의 유상운송 중 발생한 사고에 대하여 면책을 주장할 수 없다고 한다.24) 또, 오토바이 운전자의 경우 보험금의 지급이 제한된다는 약관의 내용에 관하여 보험계약자인 망인에게 구체적이고 상세한 설명을 하지 않음으로써 그 명시·설명의무를 다 하지 못하였으므로, 피고는 이 사건 약관의 내용을 이 사건 보험계약의 내용으로 주장할 수 없다고도 한다.25)

그러나, 보험약관의 중요한 사항이라고 하더라도 모두 설명할 필요

---

22) 대법원 1999.2.12 98다51374, 51381.
23) 대법원 2005.10.7, 2005다28808 판결.
24) 대법원 1999. 5. 11. 선고 98다59842 판결.
25) 대법원 2005. 10. 28. 선고 2005다38713, 38720 판결.

는 없고 신속 대량의 거래가 이루어질 필요성도 있는 현실에서 이를 모두 설명할 수도 없다는 한계가 분명히 존재한다. 이러한 예외가 존재할 수 밖에 없고 분쟁은 바로 여기에서 발생한다. 이 사안 또한 여기에 해당한다. 비록 '중요한 사항'이라고 하더라도 거래상 일반적이고 공통된 것이어서 보험계약자가 별도의 설명 없이도 충분히 예상할 수 있었던 사항(가입자가 잘 알고 있는 사항, 거래상 널리 알려진 사항), 이미 법령에 의해 정해진 것을 되풀이하거나 부연하는 것에 불과한 사항(예, 고지의무, 통지의무 등)은 보험자가 설명할 필요가 없다.

ⅰ) 이미 가입자가 잘 알고 있는 사항은 설명할 필요가 없다. 약관을 설명하는 이유는 보험계약자가 예측하지 못한 불이익을 피하게 하려는 데 목적이 있기 때문이다.[26] 보험계약이 갱신되는 경우 보험계약자 측이 이미 약관내용을 잘 알고 있는 경우가 많지만 반드시 그렇지도 않다는 점에 유의해야 한다.[27]

ⅱ) 거래상 널리 알려진 사항

보험계약자가 이미 알고 있다면 위의 ⅰ)처럼 설명할 필요가 없지만 그에 준하는 경우에도 그러하다. 거래상 이미 알려진 사항(공지의 사항)은 설명할 필요가 없다. 그리하여 계약자 또는 피보험자가 손해의 통지 또는 보험금청구에 관한 서류에 고의로 사실과 다른 것을 기재하였거나 그 서류 또는 증거를 위조하거나 변조한 경우를 보험금청구권의 상실사유로 정한 보험약관은 설명의무의 대상이 아니라고 한다.[28]

---

26) 대법원 2006.1.26, 2005다60017, 60024 판결; 대법원 2003.1.10, 2002다32776 판결.
27) 대법원 2001.7.27, 99다55533판결.
28) 대법원 2003.5.30, 2003다15556 판결.

iii) 법령이 정하는 사항

이는 위 ii)의 예시라고도 할 수 있다. "법의 무지는 구제될 수 없다"는 법언(法諺)대로이다. 법령이 정하는 사항에 대해 별도로 설명해야 한다는 것은 상당한 노력과 비용의 낭비이기도 하다. 예를 들어, 화재보험보통약관에서 보험계약을 체결한 후 뚜렷한 위험의 변경 또는 증가와 관련된 피보험 건물의 구조 변경·개축·증축 등의 경우 보험계약자 또는 피보험자는 지체 없이 이를 보험자에게 알릴 의무를 규정하고 있다고 하더라도 이는 상법 제652조 제1항에서 이미 정하여 놓은 통지의무를 화재보험에서 구체적으로 부연한 정도의 규정에 해당하여 그에 대하여는 보험자에게 별도의 설명의무가 인정된다고 볼 수가 없다.[29]

iv) 계약에 영향을 미치지 않는 사항

설명의무는 보험계약자측의 불의타를 방지하려는 것인데 설명을 받지 않더라도 보험계약의 체결에 영향이 없었다면 이는 설명의무의 대상이 아니다. 다음과 같은 판례가 있다. "... 피고 회사의 자동차종합보험 보통약관 (대인배상보험) 제10조는 피고 회사가 「보상하지 아니하는 손해」를 규정하면서 그 제2항 제1호에서 「보험증권에 기재된 피보험자 또는 그 부모, 배우자 및 자녀가 죽거나 다친 경우에는 보상하지 아니합니다」라고 규정하고 있음을 알 수 있는 바, 이러한 면책조항은 피보험자나 그 배우자 등이 사고로 손해를 입은 경우에는 그 가정 내에서 처리함이 보통이고 손해배상을 청구하지 않는 것이 사회통념에 속한다고 보아 규정된 것으로서(대법원 1993.9.14. 선고 93다10774 판결 참조), 그러한 사정은 사실혼관계의 배우자에게도 마찬가지라 할 것이므로 여기서 "배우자"라 함은 반드시 법률상의 배우자만을 의미하는 것이 아니라, 이 사건에서와 같이 관행에 따른 결혼식을 하고 결혼생활을 하

---

[29] 대법원 2000. 7. 4. 선고 98다62909,62916 판결.

면서 아직 혼인신고만 되지 않고 있는 사실혼관계의 배우자도 이에 포함된다고 봄이 상당하다고 할 것이다....객관적으로 보아 보험계약자인 소외인이 위 약관면책조항의 배우자에 사실혼관계의 배우자가 포함됨을 알았더라면 피고 회사와 이 사건 보험계약을 체결하지 아니하였으리라고 인정할만한 사정도 엿보이지 않는 이 사건에서 위 사실은 약관의 중요한 내용이 아니라...."고 한다.30)

ⅴ) 설명이 현저하게 곤란한 경우

거래에서는 시간과 장소 등 사정에 의해 약관의 내용을 설명하기 곤란한 경우도 있게 마련이다. 약관규제법 제3조 제2항은 이러한 경우를 약관설명의무의 예외로 정하고 있다. 무인시설이나 자동판매기에 의한 상거래, 집단적 대량적 거래가 이루어지는 은행, 증권거래소, 백화점, 여행업 등을 보면 쉽사리 이해가 된다.31)

이 사안은 사기적 보험금 청구사례인데 약관상에 면책사유가 명시되어 있지 않더라도 면책사유로는 무방하다. 또 위의 설명에 의할 때 이러한 면책사유를 반드시 상대방에서 설명할 필요는 없다고 본다. 나아가 이러한 해지권은 신의성실의 원칙을 정한 민법 제2조에 근거한 것으로서 보험계약 관계에 당연히 전제된 것이므로 보험자에게 사전에 설명할 의무가 없다(약관상에 규정한 바가 없기도 하다)고 보는 견해에 동의한다.

그런데 이 사례처럼 만약 질병의 증상을 과장하거나 허위입원한 때

---

30) 대법원 1994. 10. 25. 선고 93다39942 판결.
31) 동지: 정병석, "보험약관의 설명의무: 판례에 비춰본 보험법 개정안", 원광법학 제23권 제2호, 2007, 440면.

보험금 지급 면책사유로 규정한 약관이 존재하고 이를 보험자가 설명하지 않은 경우라면 어떻게 될 것인가? 앞에서 설명한 바와 같이 사기적 보험금 청구도 일종의 보험사기이므로 보험사기를 거래상 허용하지 않는다는 것은 공지의 사실 내지 당연히 예상할 수 있는 사항이다. 이와 유사한 사례에 대한 판례가 있다. 이는 다음과 같다.

"...일반적으로 보험자 및 보험계약의 체결 또는 모집에 종사하는 자는 보험계약의 체결에 있어서 보험계약자 또는 피보험자에게 보험약관에 기재되어 있는 보험상품의 내용, 보험료율의 체계 및 보험청약서상 기재사항의 변동사항 등 보험계약의 중요한 내용에 대하여 구체적이고 상세한 명시·설명의무를 지고 있으므로 보험자가 이러한 보험약관의 명시·설명의무에 위반하여 보험계약을 체결한 때에는 그 약관의 내용을 보험계약의 내용으로 주장할 수 없다고 할 것이나, 보험자에게 이러한 약관의 명시·설명의무가 인정되는 것은 어디까지나 보험계약자가 알지 못하는 가운데 약관에 정하여진 중요한 사항이 계약 내용으로 되어 보험계약자가 예측하지 못한 불이익을 받게 되는 것을 피하고자 하는 데 그 근거가 있다고 할 것이므로, 보험약관에 정하여진 사항이라고 하더라도 거래상 일반적이고 공통된 것이어서 보험계약자가 별도의 설명 없이도 충분히 예상할 수 있었던 사항이거나 이미 법령에 의하여 정하여진 것을 되풀이하거나 부연하는 정도에 불과한 사항이라면 그러한 사항에 대하여서까지 보험자에게 명시·설명의무가 인정된다고 할 수 없다....
"계약자 또는 피보험자가 손해의 통지 또는 보험금청구에 관한 서류에 고의로 사실과 다른 것을 기재하였거나 그 서류 또는 증거를 위조하거나 변조한 경우"를 보험금청구권의 상실사유로 정한 보험약관이 설명의무의 대상이 아니라...."고 한다.[32]

---

32) 대법원 2003. 5. 30. 선고 2003다15556 판결.

이러한 취지에서 볼 때 사기적 보험금 청구를 면책사유로 한 것은 「거래상 일반적이고 공통된 것이어서 보험계약자가 별도의 설명 없이도 충분히 예상할 수 있는」 형법상 범죄행위(刑 제347조 詐欺罪) 내지는 민법상 기망행위(民 제110조 사기에 의한 의사표시)에 해당한다. 이러한 사항은 「법령에 정해진(형법 또는 민법) 사항」이기도 하다. 이 점을 명시·설명의무의 대상으로 할 수는 없다. 사기적 보험금 청구를 이유로 하여 계약해지 사유를 규정한 약관의 내용은 동전의 양면에 해당하는 것이어서 이는 약관의 명시·설명의무에서 제외된다고 할 것이다. 대법원 판결에 찬성한다.

11. 암보험 약관 분쟁(보험약관상 고액암의 판정방법; 암보험 약관상 원발부위 기준 조항의 해석 등)

(대법원 2020. 10. 15. 선고 2020다234538, 234545 판결(원심 부산지법 2020. 5. 20. 선고 2019나53266, 53273 판결)

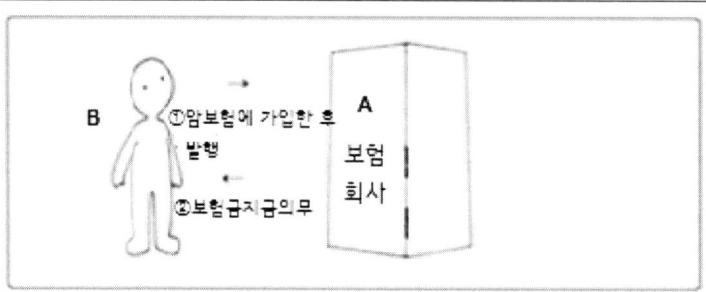

[쟁 점]

ⅰ) 편평 상피 세포암으로 보상 ?

ⅱ) 두개안면골의 악성 신생물(C41)로 보상? (고액의 보상금 지급)

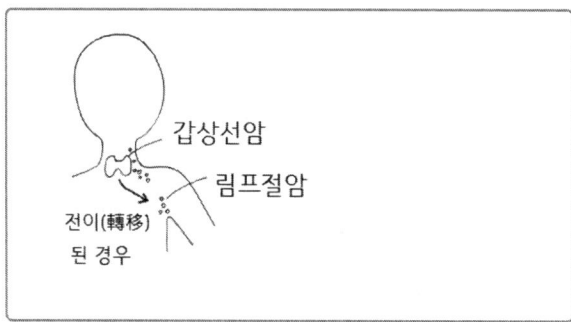

[원발(原發) 부위(剖葦) 기준]으로 한다는 암 약관의 해석 문제

① 「원발(原發) 부위(剖葦) 기준」으로 하는 약관의 해석 ?

② 이 약관이 불명확한가?

③ 약관의 체계적, 객관적 해석?

④ 작성자 불이익의 해석?

Ⅰ. 사실관계

이 보험계약의 피보험자는 B(소송 중 사망), 보험계약자는 B의 상속인들인 C, 보험자는 A이다. 보험계약자 C가 B를 피보험자로 하여 가입한 A 보험회사의 실버암보험에 대한 보험약관에 의하면, B(피보험자)가 암보장개시일 이후에 고액암으로 진단확정 받았을 때 고액암진단 보험금을 최초 1회에 한하여 지급하기로 되어 있다(제6조 제1호).

그런데 이 사건 보험약관 제3조는 '[암, 기타피부암, 갑상선암의 정의 및 진단확정]'이라는 제목하에, 제1항에서 '암'의 의미는 한국표준질병사인분류의 기본분류에서 악성신생물(암)로 분류되는 질병([별표 4])으로서 기타피부암이나 갑상선암, 그리고 전암상태(암으로 변하기 이전의 상태)를 제외한다고 규정하고 있다. 그리고 그와 별도로 제4항에서 '고액암'은 제6차 개정 한국표준질병사인분류의 기본분류에 있어서 악성신생물(암)로 분류되는 질병 중 백혈병, 뇌암, 골수암에서 정한 질병이라고 규정하고 있었다. 그리고 제7항에서 암(기타피부암 및 갑상선암 제외)의 '진단확정'은 병리 또는 진단검사의학의 전문의사 자격증을 가진 자에 의하여 내려져야 하고, 이 진단은 조직(fixed tissue)검사, 미세바늘흡인(fine needle aspiration biopsy)검사 또는 혈액(hemic system)검사에 대한 현미경 소견을 기초로 하여야 하며, 다만 그러한 진단이 가능하지 않을 때에는 피보험자가 암으로 진단 또는 치료를 받고 있음을 증명할만한 문서화된 기록 또는 증거가 있어야 한다고 규정하고 있다.

이 사건 보험약관에 의하면, 피보험자가 암보장개시일 이후에 고액암으로 진단확정받았을 때 받는 고액암진단 보험금은 고액암 이외의 암(갑상선암, 기타피부암, 제자리암, 경계성종양 제외) 중 유방암 또는 전립선암 이외의 암으로 진단확정 받았을 때 받는 암진단 보험금의 2배, 유방암 또는 전립선암으로 진단확정 받았을 때 받는 암진단 보험금의 10배이다(제6조 제1호, 제2호, [별표 1] 보험금지급기준표).

피보험자 B는 2017. 3.경 ○○○○○○○병원에서 실시한 병리검사 결과 편평상피세포암(Squamous cell carcinoma)으로, 2017. 8.경 같은 병원에서 다시 실시한 병리검사 결과 역시 편평상피세포암으로 진단되었다.

그런데 문제는 피보험자 B가 2018. 5.경 같은 병원의 담당의사인 이비인후과 전문의로부터는 이 사건 보험약관이 정한 고액암에 해당하는 '두개안면골의 악성신생물(C41)' 등으로 병명이 기재된 진단서를 발급받은 것이다. 그러나, 제1심법원의 병리과 전문의사에 대한 진료기록 감정 결과, 감정인은 '비록 임상의사와 병리의사의 관점이 달라 진단명이 상충될 수는 있으나 병리의사의 관점에서는 망인의 병은 편평세포암이고, 뼈로 침윤 및 전이되는 악성 종양이라고 해서 질병 분류를 C41(골의 악성신생물)로 할 수는 없다.'는 감정의견을 밝혔다.

원심(제2심: 항소심)은 피보험자 B의 상속인인 C에 대한 A의 고액암진단 보험금 지급의무를 인정하였다. 그 이유는 1) 병리 또는 진단검사의학의 전문의사 자격증을 가진 의사에 의한 진단확정이어야 한다는 이 사건 보험약관 제3조 제7항은 고액암의 경우에는 적용되지 않고, 2) 망인이 임상의사로부터 '두개안면골의 악성신생물(C41)' 진단확정을 받은 것이 '망인이 고액암으로 진단확정을 받았을 때'에 해당한다는 것이다.

II. 원심 판결(부산지법 2020. 5. 20. 선고 2019나53266, 53273 판결)

1. 인정사실

이 법원이 이 부분에 관하여 설시할 이유는, 아래와 같이 고치거나 추가하는 것 외에는 제1심판결의 이유 제1항 기재와 같으므로, 민사소송법 제420조 본문에 의하여 이를 그대로 인용한다..... 제1심판결문 제2쪽 아래에서 제2행 중 "'실버암보험' 상품"을 "별지 제2항 기재와 같은 보험(이하 '이 사건 보험계약'이라고 한다)"으로 고치고, '해당 상품의 약관' 다음에 "(이하 '이 사건 보험약관'이라고 한다)"를 추가한다....제1심판결문 제3쪽 표 아래 제1행 중 '실버암보험 약관 제3조'를 '이 사건 보험약관 제3조'로 고친다.....제1심판결문 제4쪽 제1행 중 "두개안면골의 악성 신생물'이라는 진단"을 "별지 제1항 기재와 같은 진단(이하 '이 사건 진단'이라고 한다)"으로 고친다...제1심판결문 제4쪽 제2행 중 '망인의'와 '보험금 청구에' 사이에 '2017. 6. 21.자'를 추가한다.

2. 당사자의 주장

가. 원고(보험회사)의 주장

이 사건 보험약관 제3조 제7항에 의하면, 고액암의 진단확정은 병리 또는 진단검사의학의 전문의사 자격증을 가진 자에 의하여 내려져야 하는데, 이 사건 진단을 한 의사는 병리 또는 진단검사의학의 전문의사

자격증을 가진 자가 아니므로 망인은 고액암에 해당하는 진단을 받았다고 할 수 없다. 따라서 원고는 피고들에게 고액암 진단보험금을 지급할 의무가 없다.

나. 피고(보험수익자)들의 주장

이 사건 보험약관 제3조 제7항은 환자에게 발생한 병변이 암인지 여부를 판단함에 있어 적용될 뿐이고, 고액암의 진단확정과는 관련이 없다. 망인은 의사가 발급한 진단서상 고액암에 해당하는 진단확정을 받았으므로, 원고는 피고들에게 고액암 진단보험금을 지급할 의무가 있다.

3. 판단

이 사건 보험약관 제3조 제7항은 "'암'의 진단확정은 병리 또는 진단검사의학의 전문의사 자격증을 가진 자에 의하여 내려져야 한다"고 규정하고 있을 뿐이고, 위 조항에서 정한 '암'이 '고액암'을 의미한다고 볼 만한 아무런 근거가 없다. 약관의 뜻이 명확하지 않은 경우에는 고객에게 유리하게 해석하여야 하므로, 위 조항은 환자에게 발생한 병변이 암인지 여부를 판단함에 있어 적용되는 규정이라고 봄이 타당하고, 이를 넘어 발생한 암이 '고액암'인지 여부까지 판단함에 있어 적용되는 규정이라고 볼 수 없다..... 인정사실에서 본 바와 같은 사실들 및 앞에서 든 증거들과 제1심 법원의 가톨릭대학교 부천성모병원장에 대한 감정촉탁결과 및 사실조회결과에 의하여 인정되는 다음과 같은 사정들에 비추어 볼 때, 망인은 2017. 5. 23. 담당의사로부터 고액암에 해당하는 두개안면골의 악성 신생물(C41) 진단확정을 받은 사실을 인정할 수 있으므로, 원고는 피고들에게 고액암 진단보험금 19,000,000원(20,000,000원 - 망인에게 이미 지급한 1,000,000원)을 상속비율에 따라 지급할 의무가 있다.....두개안면골의 악성 신생물(C41)은 이 사건 보험약관에서 정한 고액암(기타 및 상세불명 부위의 뼈 및 관절 연골의 악성 신생물, C41)에 해당한다....원고의 의뢰로 의료자문에 응한 강남세브란스병원 소속 이비인후과 의사는 망인에 대하여 '측두골 악성 종양(C41)으로 진단하는 것이 합당할 것으로 보임, 임상적으로 외이도암, 측두골암 두 가지 진단명이 모두 적정합니다'라는 취지의 의견을 제시하기도 하였다....제1심 법원의 감정촉탁에 따라 감정을 한 감정인은 '주상병은 임상의사가 환자의 전반적인 상태를 종합하여 판단하여 정하는 것이다. 임상의사 입장에서는 골전이로 판단하여 C41로 볼 수도 있다'는 의견을 제시하였다.....따라서 원고는 상속비율에 따라 피고 1에게 보험금 8,142,857원(19,000,000원 × 3/7), 피고 2, 피고 3에게 각 보험금 5,428,571원(19,000,000원 × 2/7) 및 위 각 돈에 대하여 망인이 보험금 청구서류를 접수한 날부터 3영업일이 지난 2017. 6. 27.부터 원고가 그 이행의무의 존부 및 범위에 관하여 항쟁함이 상당하다고 인정되는 당심 판결 선고일인 2020. 5. 20.까지는 민법이 정한 연 5%, 그 다음 날부터 다 갚는 날까지는 소송촉진 등에 관한 특례법이 정한 범위 내에서 피고들이 구하는 바에 따라 연 12%의 각 비율로 계산한 지연손해금을 각 지급할 의무가 있고(이 사건 보험약관 제11조 제1항에 의하면 원고는 보험금 청구서류를 접수한 날부터 3영업일 이내에 보험금을 지급하도록 되어 있으므로, 지연손해금은 2017. 6. 27.부터 인정한다), 원고에게 위에서 인정된 금액을 초과하는 피고들에 대한 보험금 지급채무가 존재하지 아니하며, 피고들이 원고의 보험금 지급채무의 존부 및 액수에 관하여 다투고 있는 이상 그 확인을 구할 이익이 있다.... 그렇다면 원고의 피고들에 대한 각 본소청구 및 피고들의 각 반소청구는 각 위 인정 범위 내에서 이유 있어 인용하고, 각 나머지 본소청구 및 반소청구는 이유 없어 이를 각 기각하여야 한다. 제1심판결은 이와 결론을 일부 달리하여 부당하므로, 제1심판결을 위와 같이 변경하기로 하여 주문과 같이 판결한다.

III. 대법원 판결

보험약관은 신의성실의 원칙에 따라 당해 약관의 목적과 취지를 고려하여 공정하고 합리적으로 해석하되, 개개의 계약당사자가 기도한 목적이나 의사를 참작함이 없이 평균적 고객의 이해가능성을 기준으로 보험단체 전체의 이해관계를 고려하여 객관적·획일적으로 해석하여야 한다....C가 B를 피보험자로 하여 A 보험회사와 체결한 암보험계약의 보험약관은 '피보험자가 암보장개시일 이후에 고액암으로 진단확정 받았을 때 고액암진단 보험금을 지급한다'고 규정하면서, 암(기타피부암 및 갑상선암 제외)의 '진단확정'은 '병리 또는 진단검사의학의 전문의사 자격증을 가진 자에 의하여 내려져야 한다'고 정하고 있다. B가 甲 대학병원에서 실시한 두 차례의 병리검사 결과 '편평상피세포암'으로 진단받은 다음, 같은 날 위 병원의 담당의사인 이비인후과 전문의 D로부터 보험약관에서 정한 고액암에 해당하는 '두개안면골의 악성신생물(C41)' 등으로 병명이 기재된 진단서를 발급받은 사안에서, 보험약관의 내용, 체계 및 기타피부암과 갑상선암을 제외한 나머지 암에 대해서는 병리 또는 진단검사의학의 전문의사 자격증을 가진 자에 의한 진단확정을 요구하면서 그보다 더 고액의 보험금이 지급되는 고액암의 경우에는 그러한 진단확정을 요구하지 않는다고 보는 것은 타당하지 않은 점 등을 종합하면, 보험약관의 해석상 고액암의 진단확정 역시 병리 또는 진단검사의학의 전문의사 자격증을 가진 자에 의하여야만 고액암진단 보험금 지급사유로 인정될 수 있다고 보아야 한다. 그런데 D는 병리 또는 진단검사의학의 전문의사 자격증을 가진 자에 해당하지 않으므로, 그가 B의 병명을 두개안면골의 악성신생물 등으로 진단하였더라도 보험약관에서 정한 고액암진단 보험금 지급사유에 해당한다고 보기 어렵다.....보험약관은 신의성실의 원칙에 따라 당해 약관의 목적과 취지를 고려하여 공정하고 합리적으로 해석하되, 개개의 계약당사자가 기도한 목적이나 의사를 참작함이 없이 평균적 고객의 이해가능성을 기준으로 보험단체 전체의 이해관계를 고려하여 객관적·획일적으로 해석하여야 한다(대법원 2010. 11. 25. 선고 2010다45777 판결 등).....이 사안에서 보험약관의 내용, 체계 및 기타피부암과 갑상선암을 제외한 나머지 암에 대해서는 병리 또는 진단검사의학의 전문의사 자격증을 가진 자에 의한 진단확정을 요구하고 있다. 그런데 그보다 더 고액의 보험금이 지급되는 고액암의 경우에는 그러한 진단확정을 요구하지 않는다고 한다면 이는 정의와 형평에 반한다....이 사건 보험약관 제3조 제7항의 '암'은 한국표준질병사인분류의 기본분류에서 악성신생물(암)로 분류되는 질병(기타피부암 및 갑상선암 제외)을 의미하는 것으로 해석해야 할 것이다. 그런데 그 질병 중 백혈병, 뇌암, 골수암에서 정한 질병에 해당하는 '고액암'이 제외된다고 할 수 없다. 약관의 해석상 고액암의 진단확정 역시 병리 또는 진단검사의학의 전문의사 자격증을 가진 자에 의하여야 고액암진단 보험금 지급사유로 될 것이다. 이것이 이 사건 보험약관 제3조 제7항의 체계적 객관적 해석이다.....그러나, 원심은 별다른 이유 없이 고액암의 경우에는 이 사건 보험약관 제3조 제7항이 적용되지 않는다고 판단하고 있다. 병리 또는 진난검사의힉의 전문외사 자격증을 가진 자에 의한 진단확정이 이루어지지 않아도 고액암진단 보험금의 지급사유인 '고액암으로 진단확정 받았을 때'에 해당될 수 있다고 보는 것은 약관해석의 원리와 부합하지 않는다.....생각건대, 암, 고액암의 진단확정은 모두 이 사건 보험약관 제3조 제7항에 의하면 병리 또는 진단검사의학의 전문의사 자격증을 가진 자에 의한 진단확정일 것을 필요로 한다. 다만 여기에는 병리 등의 전문의사 자격증을 가진 자에 의한 진단확정 뿐만 아니라, 환자를 직접 대하여 진단 및 치료를 하는 임상의사가 병리 등의 전문의사 자격증을 가진 자의 병리검사 결과 등을 토대로 진단을 하는 것도 포함할 수는 있을 것이다. 그러나, 임상의사가 병리 등의 전문의사 자격증을 가진 자의 병리검사 결과 없이 그런 판단을 하는 것은 허용될 수 없을 것이다. 또, 병리검사 결과와 다르게 진단을 하는 것은 더욱 더 불가능하다. 이렇게 보는 것이 이 사건의 보험약관 제3조 제7항의 해석에 부합한다……이비인후과 전문의는 이 사건 보험약관 제3조 제7항에서 정한 '병리 또는 진단검사의학의 전문의사 자격증을 가진 자'에 해당하지 않는다. 비록 담당의사인 이비인후과 전문의가 피보험자 B의 병명을 두개안면골의 악성신생물 등으로 진단하였다고 하더라도, 병리 등의 전문의사 자격증을 가진 자의 병리검사 결과 없이 그런 판단을 하는 것은 구속력이 없다. 또, 이 사안에서 병리과 전문의사가 그와 다르게 암의 진단확정을 한 것인 이상 이 병리과 전문의사의 판단에 의해야 할 것이다. 그리하여 이 사건 보험약관에서 정한 고액암진단보험금 지급사유에 해당되지 않는다고 할 것이다.

Ⅳ. 쟁점

피보험자 B가 받은 암진단이 보험약관상 '고액암'에 해당하는지, 그렇지 않은지가 문제이다. 원심과 상고심에서 그 판단을 달리 하고 있는 바, 과연 보험약관을 어떻게 해석해야 하는지가 쟁점이다. 특히 약관의 해석원칙 중 객관적 획일적 해석이 주요 논점이 되고 있지만, 최근 암보험에서 발생하는 분쟁 유형 중 하나라는 점에서 주목된다.

V. **해설**(보험약관상 고액암의 판정방법; 암보험 약관상 원발부위 기준 조항의 해석 등 암보험 약관상 원발부위 기준 조항의 해석)

(1) 이 사안에서는 약관 제3조 7항이 「암(기타 피부암 및 갑상선암 제외)의 진단확정은 병리나 진단검사의학의 전문의사 자격증을 가진 자에 의하여 내려져야...」라고 규정하고 있다. '기타 피부암 및 갑상선암'의 진단이 아니라면 어떤 암이라도 그 진단은 병리나 진단검사 의학의 전문의사 자격증을 가진 자에 의하지 않으면 안된다는 것은 명백하다고 보인다. 이 점에서 원심보다 대법원 판단을 지지한다.

(2) 그런데 추가적으로 암보험과 관련하여 빈발하는 분쟁을 언급하고자 한다. 이는 '원발부위(原發部位) 기준 조항'의 해석문제이다.

암보험과 관련하여 빈발하는 분쟁 중에 보험약관상 '원발부위(原發部位) 기준조항'을 두어 보상하는 것으로 규정한 사례가 있다. 이는 약관에서 갑상선암(C73)이 림프절로 전이되어 림프절 전이암(C77)으로 진단된 경우에 C73으로 보상할 것인가, C77로 보상할 것인가에 관한 것이다.[1] 보통 갑상선암(C73)으로 보상하는 경우에는 통상적인 암보다 소액인 보상을 하고 있어서 분쟁의 원인이 되어 온 것이다. 갑상선 암으로 진단된 경우에는 일반암 진단금의 10-20% 정도의 소액암진단금을 지급하고 있으므로 '원발부위'를 기준으로 한다면 림프절로 전이된

---

[1] 제7차 한국표준질병사인분류표에 의하면 C73은 갑상선의 악성 신생물(Malignant neoplasm of thyroid gland)라고 분류된다. C77은 림프절의 이차성 및 상세불명의 악성 신생물(Secondary and unspecified malignant neoplasm of lymph nodes)이다. 이와 구별되는 것은 원발성(原發性)이라고 명시된, 림프절의 악성 신생물(Malignant neoplasm of lymph nodes, specified as primary)이다. 이는 별도로 C81 - C86, C96 -)으로 분류되고 2차적으로 발생한(즉, 轉移된) 림프절 암과는 구별되고 있다.

암(C77)의 경우에도 그 '원발부위'가 갑상선이라면 갑상선암에 대한 진단금을 지급하는 것이라고 하는데(보험자측의 주장), 보험계약자 측에서는 소액암 진단금과 함께 일반암진단금을 모두 지급해야 한다는 것이다(보험계약자측의 주장). 최근 10여 년 동안 이를 둘러싸고 많은 분쟁이 있어서 금융분쟁조정위원회와 법원의 판결이 엇갈리고 있다.

암보험이 판매된 이후 의학이 발전(의료기술과 의료장비의 발달)하고 적극적인 건강검진이 이루어지면서 갑상선암 진단율이 매우 높아지고 있었다. 갑상선암의 경우 다른 암과 달리 치료비용이 매우 저렴하고 치료효과가 현저히 높은 특징이 있어서 갑상선암으로 진단되면 그 진단금이 다른 암보다 적은 진단금(통상 10-20%의 진단금)을 지급하는 것으로 2007년 4월 보험약관을 개정하였다.[2] 이 때부터 갑상선암(C77)인가, 아닌가의 분쟁이 시작되었다. 그 후 2011년 4월에는 '원발부위(原發部位) 기준조항'을 신설하게 되는데 림프절 전이암(C77)으로 진단이 된 경우에 그 원인이(일차성 암이라고도 함) 갑상선암으로 밝혀진다면 림프절 전이암(C77)이 아니라, 갑상선암(C73)을 기준으로 진단금을 지급한다는 내용이다.[3] 이를 둘러싸고 분쟁이 격화하자 2021년 1월 1일 이후에는 원발부위 기준을 예시하는 조항을 추가하게 되었다.[4]

---

[2] 2007. 4월부터 2011. 3월까지의 암보험약관: 여기에서 약관은 암보험 중에서 '소액으로 치료되는 암'(소액암)과 '소액암 이외의 암'으로 2대별하게 되고 갑상선암은 '소액암'에 속하게 되었다.

[3] 그 내용은 "한국표준질병사인분류 지침서의 '사망 및 질병이환의 분류번호 부여를 위한 선정준칙과 지침'에 따라 C77 - C80(2차성 및 상세불명 부위의 악성 신생물(癌)의 경우 일차성 악성신생물(癌)이 확인되는 경우에는 원발부위(최초 발생한 부위)를 기준으로 분류됩니다"라는 것이다.

[4] 그 내용은 "유의사항: C73(갑상선암의 악성신생물)이 림프절로 전이되어 C77(림프절의 이차성 및 상세불명의 악성신생물)로 진단된 경우에도 C73(갑상선의 악성신생물)에 해당하는 질병으로 봅니다"라는 것이다. 이와 함께 유방암이 폐암으로 전이된

갑상선암으로 진단되었다가 그 후 림프절 암으로 전이된 경우 갑상선암으로 암보험 진단금을 지급해야 하는가, 림프절 암의 진단금을 지급해야 하는가에 대해 분쟁이 빈발하였다.

이에 대해서는 일반암 진단금을 지급해야 한다는 주장도 상당하다. 그 주장 중에는 작성자 불이익 원칙을 적용해야 한다는 것이 있다. '기타 피부암, 갑상선암 이외의 암'에는 피보험자의 질병과 같이 갑상선암이 인근 국소 림프절로 전이된 경우도 포함된다고 하면서 다만, 이는 해당 약관이 불명확하므로 작성자 불이익 원칙이 적용되어야 한다고 보는 견해이다. 또는, 이 사건 특약을 평균적 고객의 이해가능성을 기준으로 하는 합리적 해석에 의할 때 피보험자에게 내려진 '중앙 목 림프절 전이(C77)진단은 약관 별표에 정해진 암(일반암)에 해당하고, 만일 그렇지 않다고 하는 경우에도 약관의 해석상 일반암에 해당하는지 소액암에 해당하는지가 불명확하다고 본다. 그리하여 고객인 피보험자에게 유리하도록 해석하여 일반암에 해당한다고 해야 한다는 것이다. 다만, 이는 해당 약관이 불명확한 것인가에 쟁점을 집중하고 있다.5)

그리고, 일반암 진단특약과 소액암 진단특약 가입, 갑상선의 악성신생물(질병분류번호 C73)과 머리, 얼굴 및 목의 림프절의 이차성 상세불명의 악성신생물(질병분류번호 C77) 진단, 원발부위 기준 특약의 내용에 의하면, 이차성 및 상세불명의 악성신생물의 경우 암이 최초 발생한 부위인 집싱신을 기준으로 분류하게 되어 실질적으로 보험금 지급 여부를 결정하는 기준이 된다고 보고 있다. 이는 보험계약의 중요한 내용이고 설명의무의 대상이 된다고 주장한다. 결론적으로 설명의무 위반

경우, 위암이 뇌암으로 전이된 경우도 유방암 또는 위암을 기준으로 진단금이 지급된다는 예시도 포함되었다.
5) 서울남부지방법원 2015.7.24, 2014나50673 판결; 부산지방법원 2015.5.14, 2013나44321, 2014나7992 판결; 대구고등법원 2016.5.18, 2015나24004, 2016나22234 판결.

으로 원발부위 기준조항은 약관의 내용을 주장할 수 없다고 하기도 한다.6)

갑상선에서 전이된 림프절암은 악성신생물 분류표에서 '암'으로 규정하고 있는 '불명확한, 이차성 및 상세불명 부위의 악성신생물'(질병분류번호 C76-80)에 해당한다고 하고 이를 단순히 갑상선암(질병분류번호 C73)의 진행정도를 나타낸 것에 불과하다고 할 수 없다는 주장을 한다. 이는 설명의무를 위반한 것으로 원발부위 기준조항을 계약의 내용으로 주장할 수 없다는 것이다. 따라서 주계약상의 진단금을 지급하여야 한다고 하였다. 이 또한 약관의 설명의무 위반을 근거로 하고 있다.7)

그러나, 갑상선암으로 암보험 진단금을 지급하면 된다는 것이 옳다고 본다. 왜냐하면 보험약관상 C73과 C77이 진단된다면 C73으로 보상한다는 것이 명백하고 이것이 이 갑상선암 약관의 핵심이기 때문이다. 이러한 취지의 판결도 다수 있다.

우선 전이암은 별도의 질환이 아니라 암의 진행정도를 나타내는 것이라고 본다. 갑상선암(C73)과 목림프절 전이(C77)를 별도로 표기한 것은 암의 종류가 2가지라는 것을 뜻하는 것이 아니라 암의 진행정도를 나타내는 표기방법일 뿐이었다. 갑상선암이 목의 림프절로까지 전이되었다는 사실을 명시하기 위한 것이다. 진단서에 갑상선암, 목의 림프절 전이라고 기재되어 있는 것은 의사는 목의 림프절 전이를 별도의 암

---

6) 서울중앙지방법원 2021.9.27, 2021가단5076664 판결; 유사한 취지로 울산지방법원 2021.10.12, 2020나15096 판결.
7) 서울중앙지방법원 2021.10.14, 2020가단5171807 판결.

으로 진단한 것이 아니라 주된 질병인 갑상선암의 진행정도를 명확히 나타내기 위하여 C77을 부여한 것에 불과하므로 C73에 대한 보험금만 지급하면 되고 추가 보험금을 지급할 채무가 없다고 본다.[8]

또, 갑상선 수술 도중 인근의 경부 림프절에서 발견된 전이는 C77에 해당하지 않는 것이고, 일의적으로 해석되어 작성자 불이익원칙은 적용되지 않는다. 원래부터 C77로 진단받을 것이 아니었기 때문에 약관의 변경에 의하여 C73으로 바뀌거나 해석이 달라지는 것은 아니다.[9] 나아가 대한갑상선학회와 대한병리학회 등의 자문결과와 대구지방법원 판결사례를 토대로 보험자는 당해 약관상 일반암 진단비를 보험금으로 지급할 책임이 없다고 보아야 한다.[10] 일반암과 갑상선암을 구분하여 보험금에 차등을 두고 있는 것은 갑상선암의 발병빈도, 치료 난이도, 비용, 완치율 등을 고려한 것이다. 임상학적으로도 '림프절에 전이된 암'과 '림프절에서 비롯된 암'이 유사한 암이 아니라고 해야 할 것이다.[11]

보험회사가 C77을 C73의 갑상선암의 범주에 포함할 것인지 별도의 전이암으로 볼 것인지를 판단함에 있어서 보험제도의 성격을 고려해야 한다. 암 해당 여부는 의학적 판단에 의존하므로 진료기록 감정촉탁결과에서 C73을 부여하는 것이 타당하다고 보이고, C77을 전제로 한 피보험자의 보험금청구권은 인정되지 않는다고 사료된다.[12] 무엇보다, 갑상선암이 림프절로 전이된 경우와 림프절 전이가 없는 갑상선암이 구별

---

[8] 대구지방법원 2013.8.29, 2013가합 201756 판결의 취지.
[9] 서울남부지방법원 2014.1.17, 2012가단215406 판결의 취지.
[10] 금융분쟁조정위원회 조정결정 2014.4.29 결정 제2014-12호의 내용.
[11] 서울중앙지방법원 2014.8.20, 2013가단165064 판결의 취지.
[12] 광주지방법원 2015.10.8, 2014가단526965 판결의 취지.

된다는 것은 분명하다. 이러한 경우를 예상하여 '원발부위'를 기준으로 한다는 약관을 두었고, 그 약관의 내용이 객관적 해석에 의하여 분명하다면 약관의 문면대로 '원래 발병한 부위를 기준으로' 해석하여야 할 것이다. 특히 C77이 일반암에 해당하는가에 무관하게 C73에서 발전 전이된 암이 분명하다면 약관상 '원발기준'에 의하면 C73에 의한 보험금(갑상선암 진단의 보험금)을 지급하는 것이 타당하지 않은가한다. 약관의 규정이 불명확한가, 그 약관이 설명의무의 대상이 되는가, 대상이 되는 경우 설명의무를 이행하였는가는 별도의 쟁점사항일 뿐이다. 약관의 해석에 관한 객관적 체계적 해석원칙이 우선하는가 작성자불이익 원칙이 우선하는가, 약관의 설명의무 위반여부라는 일반론의 논의가 여기에서 추가로 논의될 뿐이다.

생각건대, 약관의 내용이 불명확하다는 판시(평균적인 고객의 입장에서 약관을 해석할 때 불명확하다는 입장)에 대해서는 과연 그러한지 구체적인 보험자의 암보험약관을 검토해보아야 할 것이다. 약관의 문언이 일부 모호하고 추상적으로 기재되어 있다고 하여[13] 바로 작성자불이익 원칙을 적용[14]하는 것은 성급하다.[15] 표준 약관에 근거한 암보험

---

[13] 보험약관을 전혀 아무런 분쟁의 가능성이 없게 완벽하게 작성하는 것은 거의 불가능하다는 점에서 일부 추상적인 규정이 있을 수 밖에 없다(백영화·박정희, "암보험 관련 주요 분쟁사례 연구", 보험개발원 연구보고서 2019.4-2019.10, 4면.
[14] 김진우, "금융거래에서의 약관에 대한 사법적 통제", 민사판례연구 37호, 2015, 1125면; 한창희, 보험법 개정 제4판, 국민대학교 출판부, 2019, 87면; 정준아, "보험약관의 해석에 있어서 작성자 불이익의 원칙- 대법원 2018. 7. 24, 2017다256828 판결, 대법원 2018. 6. 28, 2018다203395판결- 소비자법연구 제5권 제3호, 2019.11, 92면; 다만, KCD의 암보험 약관 내용은 보험약관의 내용을 이루고 중요한 내용이라고 보면서도 이를 보험자의 설명의무 대상은 아니라고 보는 견해도 있다(박영준, "암보험에서 보장하는 암의 정의에 관한 연구", 단국대 법학논총 제44권 제4호, 2020, 317면).
[15] 유주선, "보험계약상 작성자불이익원칙에 관한 연구", 상사판례연구 제32권 제3호, 2019.9, 114면(여기에서 논자는 작성자불이익 원칙을 먼저 적용하는 경우 오히려

약관이 보험자별로 크게 차이나지 않는다는 점도 고려하여야 한다. C73으로 진단되었다가 그 후 C77로 진단되는 경우 원발부위를 기준으로 한다는 약관 조항이 어떻게 평균적인 고객의 입장에서 불명확한가는 매우 의문이다. 그리고 이 판단은 수학적이나 통계학적인 평균 보험계약자, 피보험자를 기준으로 하는 것이 아니라 건전한 상식을 지닌 사회거래인을 기준으로 하는 것이다. 이것이 약관의 객관적 체계적 해석이다. 또, C73에 대해 "....암 분류에서 제외한다"는 것과 유사한 문구가 있다고 하여도 이는 C73이 암이 아니라는 것이 아니라 일반적인 암 보험금과 별도의 암 보험금(진단 보험금)을 지급하려는 취지라고 보아야 할 것이다. 보험약관에서 '암(癌)'을 정의하면서 기타 피부암, 갑상선암, 대장점막내암 및 비침습방광암을 제외하면서 규정한 것은 의학적 관점에서 암이 아니라는 것이 아니다. '암(癌)'이라고 불리면서 의학적으로 '암(癌)'이 아니라는 것은 용어상, 논리상 모순일 수 밖에 없다. 다만, 이러한 규정을 둔 것은 보험금 지급의 차이를 두기 위함일 뿐이다(보험 정책적인 용어 선택).

그리고, 원발부위 기준 조항이 약관의 설명의무 대상이 된다는 점도 쉽사리 수긍할 수 없다. 이를 약관의 설명의무 대상으로 보고 그 의무위반을 주장한 견해는 이 조항이 소비자(보험계약자)측으로서는 보험금이 어떻게 지급되느냐는 중대한 기로라는 점을 든다. 그러나, 보험약관 중 어떤 조항이라도 그렇지 않은 조항은 없다. 이 원발부위 기준 조항 내용을 알았다면 보험계약자가 보험계약의 체결을 하지 않았을까? 아마도 체결한다는 사례가 압도적 다수일 것이다. 뿐만 아니라 원발부위 기

객관적이고 공정한 해석에 이르지 못할 우려가 있다고 한다. 또, 이로 인하여 다수의 선량한 보험계약자가 제대로 보호받지 못하거나 사회적 비용이 늘어나는 부작용이 있을 수 있다고 한다).

준조항은 거래계에 널리 알려져 있기도 하다. 그렇다면 이 약관 조항을 설명하지 않아도 계약체결에 영향이 없는 경우이고 이러한 조항이 보험약관에 압도적으로 다수 존재한다. 현실적으로 당사자의 권리의무에 중요하다고 하여 모두 약관의 설명의무 대상이 된다고 한다면 보험계약 체결이 불가능할 것이다. 보험약관 설명의무 대상의 예외가 광범하게 인정되는 이유다.

▮전 우 현▮

[약력]

- 서울대학교 법과대학 사법학과 졸업
- 서울대학교 법과대학원 석사, 박사(상법학 전공)
- 사법시험 출제위원 · 변호사시험 출제위원
- 한국소비자원 소비자분쟁조정위원
- 공정거래위원회 약관심사위원
- 공정거래위원회 공정거래조정원 조정위원
- 금융위원회 자체규제심사위원, 법령해석위원
- 금융감독원 제재심의위원, 분쟁조정위원
- 현)한양대학교 법학전문대학원 교수(상법담당)
- (사) 한국보험법학회 회장
- (사) 한국상사판례학회 회장

[저서]

- 상법총칙 · 상행위법, 박영사, 2011.3.
- 상법총칙 · 상행위법[최신판], 동방문화사, 2019.1.
- 해상법, 동방문화사, 2016.1.
- 보험중개사의 법률관계, (주)학술정보, 2006.4.
- 보험법(상), 보험연수원, 2006.3(공저).
- 보험법(하), 보험연수원, 2006.3(공저).
- 가짜 민족주의 · 진짜 민족주의, 동방문화사, 2014.1.
  그 외 논문 다수

보험, 왜 싸우는지? - 대표 분쟁 사례 해설 -

지은이 / 전 우 현	초 판 / 2022. 12. 20
펴낸이 / 조 형 근	
펴낸곳 / 도서출판 동방문화사	

서울시 서초구 방배로 16길13(방배동). 지층
전화 : 02-3473-7294   팩스 / 02-587-7294
메일 : 34737294@hanmail.net   등록 / 서울 제22-1433호

저자와의 합의로 인지생략

파본은 바꿔 드립니다.   본서의 무단복제행위를 금합니다.
정 가 : 22,000원   ISBN 979-11-89979-59-1 93360